Hartmut Aufderstraße
Jutta Müller
Thomas Storz

Lagune

Arbeitsbuch 2
Deutsch als Fremdsprache

Hueber Verlag

Redaktion: Veronika Kirschstein, Gondelsheim
Zeichnungen: Frauke Fährmann, Pöcking
Fotos: siehe Quellenverzeichnis S. 224

Das Werk und seine Teile sind urheberrechtlich geschützt.
Jede Verwertung in anderen als den gesetzlich zugelassenen
Fällen bedarf deshalb der vorherigen schriftlichen Einwilligung
des Verlags.

Hinweis zu § 52a UrhG: Weder das Werk noch seine Teile
dürfen ohne eine solche Einwilligung überspielt, gespeichert
und in ein Netzwerk eingespielt werden. Dies gilt auch für
Intranets von Firmen, Schulen und sonstigen
Bildungseinrichtungen.

Eingetragene Warenzeichen oder Marken sind Eigentum des
jeweiligen Zeichen- bzw. Markeninhabers, auch dann, wenn
diese nicht gekennzeichnet sind. Es ist jedoch zu beachten,
dass weder das Vorhandensein noch das Fehlen derartiger
Kennzeichnungen die Rechtslage hinsichtlich dieser
gewerblichen Schutzrechte berührt.

7.	6.	5.		Die letzten Ziffern
2017	16	15	14 13	bezeichnen Zahl und Jahr des Druckes.

Alle Drucke dieser Auflage können, da unverändert,
nebeneinander benutzt werden.
1. Auflage
© 2007 Hueber Verlag GmbH & Co. KG, 85737 Ismaning, Deutschland
Umschlagfoto: © gettyimages/Jean-Pierre Pieuchot
Umschlagsgestaltung: Martin Lange Design, Karlsfeld
Satz, Layout, Grafik: Martin Lange Design, Karlsfeld
Druck & Bindung: Himmer AG, Augsburg
Produktmanagement und Herstellung: Astrid Hansen, Hueber Verlag, Ismaning
Printed in Germany
ISBN 978-3-19-011625-6

Vorwort

Liebe Deutschlernerin, lieber Deutschlerner,

was Sie im Lagune-Kursbuch gelernt haben, können Sie im Arbeitsbuch jetzt weiterüben und vertiefen. Hier finden Sie wichtige Informationen für Ihre Orientierung:

 Nummer der Lerneinheit

 Nummer der Übung im Arbeitsbuch

 Entsprechende Übung im Kursbuch. Zu einer Kursbuch-Übung können mehrere Arbeitsbuch-Übungen gehören.

 Die Übung bezieht sich direkt auf den Inhalt eines bestimmten Textes im Kursbuch.

 Die Grammatik jeder Lerneinheit auf einen Blick

Verweis auf Paragrafen der systematischen Grammatik-Übersicht im Kursbuch

Am Schluss jeder Lerneinheit finden Sie den Lernwortschatz. Wörter der Niveaustufe A2 sind **fett** gedruckt. Diese sollten Sie auf jeden Fall lernen. Die anderen Wörter brauchen Sie darüber hinaus für das Verständnis der Texte und Übungen: Normal gedruckte Wörter (Niveau B1) müssen Sie erst zu einem späteren Zeitpunkt aktiv beherrschen, die *kursiven* sollten Sie in einem Text wiedererkennen können. Wichtige Wörter, Wendungen und Bedeutungsvarianten werden im Kontext eines Satzes vorgestellt. Zusätzlich lernen Sie hier auch Varianten kennen, wie sie in der Schweiz oder in Österreich gebraucht werden.

 Das kann ich jetzt — Hier können Sie Ihren Lernfortschritt **selbst** einschätzen.

Lösungsschlüssel — Hier finden Sie die Lösungen oder Lösungsvorschläge. Schauen Sie erst im Schlüssel nach, wenn Sie mit der Aufgabe fertig sind.

Ein vergnügliches und erfolgreiches Deutschlernen mit diesem Arbeitsbuch wünschen Ihnen

Ihre Autoren und der Hueber Verlag

Inhalt

Themenkreis **Feste und Feiern**		Seite 6
1	Lerneinheit	6
	Grammatik	8
	Lernwortschatz	9
2	Lerneinheit	10
	Grammatik	14
	Lernwortschatz	15
3	Lerneinheit	16
	Grammatik	18
	Lernwortschatz	18
4	Lerneinheit	19
	Grammatik	24
	Lernwortschatz	24
5	Lerneinheit	25
	Lernwortschatz	28
⚓	Das kann ich jetzt	29

Themenkreis **Essen und Trinken**		Seite 31
6	Lerneinheit	31
	Grammatik	35
	Lernwortschatz	36
7	Lerneinheit	37
	Grammatik	41
	Lernwortschatz	42
8	Lerneinheit	43
	Grammatik	47
	Lernwortschatz	48
9	Lerneinheit	49
	Grammatik	53
	Lernwortschatz	54
10	Lerneinheit	55
	Grammatik	59
	Lernwortschatz	60
⚓	Das kann ich jetzt	61

Themenkreis **Umzug und Einrichtung**		Seite 63
11	Lerneinheit	63
	Grammatik	68
	Lernwortschatz	68
12	Lerneinheit	69
	Grammatik	73
	Lernwortschatz	73
13	Lerneinheit	75
	Grammatik	78
	Lernwortschatz	79
14	Lerneinheit	80
	Grammatik	83
	Lernwortschatz	83
15	Lerneinheit	84
	Lernwortschatz	87
⚓	Das kann ich jetzt	88

Themenkreis **Aussehen und Geschmack**		Seite 90
16	Lerneinheit	90
	Grammatik	94
	Lernwortschatz	94
17	Lerneinheit	95
	Grammatik	100
	Lernwortschatz	101
18	Lerneinheit	102
	Grammatik	106
	Lernwortschatz	107
19	Lerneinheit	108
	Lernwortschatz	111
20	Lerneinheit	112
	Grammatik	115
	Lernwortschatz	115
⚓	Das kann ich jetzt	116

Themenkreis **Ausbildung und Berufswege**		Seite 118
21	Lerneinheit	118
	Grammatik	122
	Lernwortschatz	122
22	Lerneinheit	123
	Grammatik	128
	Lernwortschatz	129
23	Lerneinheit	130
	Grammatik	134
	Lernwortschatz	135
24	Lerneinheit	136
	Grammatik	140
	Lernwortschatz	140
25	Lerneinheit	141
	Grammatik	145
	Lernwortschatz	146
⚓	Das kann ich jetzt	147

Themenkreis **Nachrichten und Berichte**		Seite 149
26	Lerneinheit	149
	Grammatik	153
	Lernwortschatz	154
27	Lerneinheit	155
	Grammatik	160
	Lernwortschatz	161
28	Lerneinheit	162
	Grammatik	166
	Lernwortschatz	166
29	Lerneinheit	167
	Lernwortschatz	170
30	Lerneinheit	171
	Lernwortschatz	174
⚓	Das kann ich jetzt	175

Themenkreis **Länder und Leute**		Seite 177
31	Lerneinheit	177
	Grammatik	181
	Lernwortschatz	181
32	Lerneinheit	182
	Grammatik	186
	Lernwortschatz	187
33	Lerneinheit	188
	Lernwortschatz	192
34	Lerneinheit	193
	Grammatik	196
	Lernwortschatz	196
35	Lerneinheit	197
	Lernwortschatz	201
⚓	Das kann ich jetzt	202
Lösungsschlüssel		**204**

Lerneinheit 1

1 Ergänzen Sie. → 2

a. Wem gratuliert der Chef?
(der Briefträger) Er gratuliert dem Briefträger.
(die Sekretärin) Er gratuliert der Sekretärin.
(das Kind) Er gratuliert dem Kind.
(die Eltern) Er gratuliert den Eltern.

b. Wem gratuliert das Kind?
(der Vater) Es gratuliert ....
(die Mutter) ....
(das Ehepaar) ....
(die Mädchen) ....

c. Wem gratuliert die Reporterin?
(der Lehrer) Sie gratuliert ....
(die Fotografin) ....
(das Kind) ....
(die Leute) ....

d. Wem gratuliert der Mann?
(der Arzt) Er gratuliert ....
(die Ärztin) ....
(das Mädchen) ....
(die Geschwister) ....

2 Wie heißen die Sätze? → 3

der Frisör → die Sekretärin → der Chef → das Mädchen → die Krankenschwester → die Großeltern → das Kind

a. Der Frisör gratuliert der Sekretärin.
b. Die Sekretärin gratuliert dem Chef.
c. Der Chef ....
d. ....
e. ....
f. ....

3 Kombinieren Sie und erfinden Sie Sätze. → 4

- der Arzt / die Ärztin
- der Polizist / die Polizistin
- der Taxifahrer / die Taxifahrerin
- der Rechtsanwalt / die Rechtsanwältin
- der Schüler / die Schülerin

- helfen
- danken
- antworten
- winken
- zuhören

- der Feuerwehrmann / die Feuerwehrmänner
- die Fotografin / die Fotografinnen
- der Fußgänger / die Fußgänger
- die Sekretärin / die Sekretärinnen
- der Mitschüler / die Mitschüler

Der Arzt hilft dem Fußgänger.
Die Polizistin winkt den Feuerwehrmännern.

Lerneinheit 1

4 Ergänzen Sie. →5

a. Die Lehrerin schenkt dem Pfarrer den Hut.   _Sie_ schenkt _ihm_ den Hut.
b. Der Pfarrer bringt dem Kind den Apfel.   .... bringt .... den Apfel.
c. Das Mädchen gibt der Lehrerin einen Handschuh.   .... gibt .... einen Handschuh.
d. Die Clowns schenken der Polizistin eine Bluse.   .... schenken .... eine Bluse.
e. Der Feuerwehrmann gibt den Sängern die Schokolade.   .... gibt .... die Schokolade.
f. Die Kinder geben dem Hund ein Eis.   .... geben .... ein Eis.

5 Was passt zusammen? →5

a. Das Schwein bekommt ein Eis. **4**   1. Sie gefallen ihr nicht.
b. Die Krawatte gefällt dem Bürgermeister nicht.   2. Sie gefallen ihnen nicht.
c. Die Clowns haben ein Bild gewonnen.   3. Es schenkt sie dem Briefträger.
d. Die Lehrerin hat Handschuhe bekommen.   4. Es schmeckt ihm.
e. Der Hut gefällt dem Pfarrer nicht.   5. Er passt ihr leider nicht.
f. Das Kind isst keine Schokolade.   6. Es gefällt ihnen nicht.
g. Die Bäuerin hat einen Bikini bekommen.   7. Er gibt ihn dem Bürgermeister
h. Die Sänger haben Krawatten gewonnen.   8. Er schenkt sie dem Pfarrer.

6 Wie heißen die Antworten? →6

a. ◆ Wem schenkst du den Ball? (mein Freund) ⊙ _Ich schenke ihn meinem Freund._
b. ◆ Wem gibst du den Schlüssel? (meine Freundin) ⊙ ....
c. ◆ Wem schenkst du das Foto? (meine Eltern) ⊙ ....
d. ◆ Wem bringst du die Brille? (meine Großmutter) ⊙ ....
e. ◆ Wem gibst du das Buch? (mein Kind) ⊙ ....

7 Ergänzen Sie. →6

a. ◆ Schenkst du deinem Freund einen Ball? (Feuerzeug) ⊙ _Nein, ich schenke ihm ein Feuerzeug._
b. ◆ Schenkst du deiner Freundin ein Parfüm? (Uhr) ⊙ _Nein, ich schenke ihr eine Uhr._
c. ◆ Schenkst du deinem Kind Autos? (Hund) ⊙ _Nein,_ ....
d. ◆ Schenkst du deiner Schwester eine DVD? (CD) ⊙ _Nein,_ ....
e. ◆ Schenkst du deinen Eltern einen Kalender? (Vase) ⊙ _Nein,_ ....

sieben 7

Grammatik

8 Nomen im Dativ

	Nominativ	Dativ
Maskulinum	**der** Vater	**dem** Vater
Femininum	**die** Mutter	**der** Mutter
Neutrum	**das** Kind	**dem** Kind
Plural	**die** Kinder	**den** Kinder**n**

Wer gratuliert **wem**?
Der Sohn gratuliert **dem** Vater.
Die Tochter gratuliert **der** Sekretärin.
Das Mädchen gratuliert **dem** Kind.
Die Eltern gratulieren **den** Kinder**n**.

9 Personalpronomen im Akkusativ und Dativ: 3. Person → § 11

	Nominativ	Akkusativ	Dativ
Maskulinum	er	**ihn**	**ihm**
Femininum		sie	**ihr**
Neutrum		es	**ihm**
Plural		sie	**ihnen**

Wen besuchen wir?   **Wem** helfen wir?
Wir besuchen **ihn**.   Wir helfen **ihm**.
Wir besuchen **sie**.   Wir helfen **ihr**.
Wir besuchen **es**.   Wir helfen **ihm**.
Wir besuchen **sie**.   Wir helfen **ihnen**.

10 Verben mit Dativergänzung → § 20 a

antworten	Die Schüler antworten **der** Lehrerin.	**Wem** antworten sie?	Sie antworten **ihr**.
helfen	Der Sohn hilft **dem** Vater.	**Wem** hilft er?	Er hilft **ihm**.
gefallen	Das Geschenk gefällt **dem** Kind.	**Wem** gefällt es?	Es gefällt **ihm**.
gratulieren	Der Chef gratuliert **der** Sekretärin.	**Wem** gratuliert er?	Er gratuliert **ihr**.
schmecken	Die Schokolade schmeckt **den** Kinder**n**.	**Wem** schmeckt sie?	Sie schmeckt **ihnen**.
winken	Das Mädchen winkt **dem** Freund.	**Wem** winkt es?	Es winkt **ihm**.
…			

11 Verben mit Dativ- und Akkusativergänzung → § 20 b, 21

geben	Der Vater gibt **dem** Sohn **den** Schlüssel.	Er gibt **ihm den** Schlüssel. Er gibt **ihn dem** Sohn.
mitbringen	Die Kinder bringen **den** Eltern **die** Blumen mit.	Sie bringen **ihnen die** Blumen mit. Sie bringen **sie den** Eltern mit.
schenken	Die Mutter schenkt **der** Tochter **die** Bluse.	Sie schenkt **ihr die** Bluse. Sie schenkt **sie der** Tochter.
schicken	Das Mädchen schickt **dem** Hochzeitspaar **das** Foto.	Es schickt **ihm das** Foto. Es schickt **es dem** Hochzeitspaar.
schreiben	Der Sohn schreibt **dem** Vater **den** Brief.	Er schreibt **ihm den** Brief. Er schreibt **ihn dem** Vater.
…		

Lernwortschatz 1

Nomen

r Bikini, -s
e Bluse, -n
r Bürgermeister, –
r Clown, -s
e Creme, -s
s Eis
r Enkel, –
e Feier, -n
s Fest, -e
s Feuerwehrfest, -e ➔ Fest
s Feuerzeug, -e
r Führerschein, -e
e Führerscheinprüfung, -en
s Fußballspiel, -e
e Gratulation, -en
e Halskette, -n
r Handschuh, -e
s Hochzeitspaar, -e
r Kalender, –
s Kleid, -er
r Nachbar, -n
s Parfüm, -s
r Pullover, –
e Schokolade, -n
e Schülerin, -nen
e Sekretärin, -nen
e Tafel, -n
e Tischlerin, -nen
e Tombola, -s
r Weihnachtsbaum, ⸚e ➔ Baum

Verben

bestehen, besteht, hat bestanden
ergänzen
feiern
notieren
passen
schenken
schmücken
singen, singt, hat gesungen
zu·hören

Andere Wörter

reihum
wem

Wörter im Kontext

Der Bürgermeister hat ein **Bild** gewonnen.
   (Ein Maler hat das Bild gemalt.)
Er schenkt ihr eine **Tafel Schokolade**.
Die Bluse **passt ihr** nicht.
Der Sohn hat **die Führerscheinprüfung bestanden**.
Der Vater hat **den Führerschein gemacht**.
Die Söhne haben **das Fußballspiel gewonnen**.
Das Eis **schmeckt ihm** nicht.
Üben Sie **reihum** im Kurs.
Wem schenkst du den Kalender?

In Deutschland sagt man:

r Bürgermeister, -
e Creme, -s
s Eis
r Führerschein, -e
s Kleid, -er

In der Schweiz sagt man auch:

r Ammann / r Stadtpräsident, -en

e Glace, -n
r Führerausweis
r Rock, ⸚e

In Österreich sagt man auch:

e Creme, -n

Lerneinheit 2

1   Was passt? Ergänzen Sie. → 1

a. Bei diesem Fest gibt es Hasen aus Schokolade und Eier.   1. Weihnachten
b. Man kann das Feuerwerk anschauen. Man trinkt nachts Sekt.   2. Nationalfeiertag
c. Es gibt ein Fest am Brandenburger Tor.   3. Karneval
d. Zu Hause schmückt man einen Baum. Es gibt Geschenke.   4. Ostern
e. Man ist lustig und trägt Masken und Kostüme.   5. der Erste Mai
f. Die Gewerkschaften veranstalten Demonstrationen.   6. Silvester

2   Mir, dir, uns oder euch? Ergänzen Sie. → 3

a. ◆ Geht es euch gut?   ○ Ja, es geht *uns* gut.
b. ◆ Geht es dir gut?   ○ Danke, *mir* geht es gut.
c. ◆ Wie geht es euch?   ○ Es geht *uns* sehr gut.
d. ◆ Schreibst du mir?   ○ Ja, ich schreibe *mir* bald.
e. ◆ Schreibt ihr uns?   ○ Ja, wir schreiben *euch* aus dem Urlaub.
f. ◆ Hast du mir zugehört?   ○ Ja, natürlich habe ich *dir* zugehört.
g. ◆ Helft ihr uns?   ○ Ja, wir helfen *euch* gerne.
h. ◆ Antwortest du mir bald?   ○ Ja, sicher antworte ich *dir* bald.

3   Was steht im ersten Teil der E-Mail? Richtig r oder falsch f ?   → Kursbuch S. 14 → 5

a. Katja liebt das Weihnachtsfest.
b. Als Kind hatte sie keine Angst vor dem Nikolaus.
c. Katja und ihr Bruder sind immer ganz brav gewesen.
d. Der Nikolaus hat den Kindern Spielsachen und Süßigkeiten geschenkt.
e. Bei Katja hat der Adventskranz früher immer im Kinderzimmer gestanden.
f. Der Vater hat abends die Kerzen am Adventskranz angemacht.
g. Am Heiligabend ist die Familie immer zu den Großeltern gefahren.
h. Sie haben Weihnachten mit etwa zehn Personen gefeiert.

Lerneinheit 2

4 Was schreibt Katja? Was passt zusammen? → Kursbuch S. 14 → 5

a. Ich — 4
b. Meine Mutter — 6
c. Mein Vater — 1
d. Meine Großeltern — 3
e. Der Nikolaus — 2
f. Der Adventskranz — 5

1. hat abends die Kerzen am Adventskranz angemacht.
2. hat gesagt: „Ich habe euch etwas mitgebracht."
3. haben auf dem Bauernhof gewohnt.
4. habe vor Weihnachten immer sehr wenig Zeit.
5. hat immer auf dem Tisch gestanden.
6. hat mit mir ab November Plätzchen gebacken.

5 Ergänzen Sie. → 5

a. Ich möchte (du) **dir** etwas zu Weihnachten schenken.
b. Schickst du (ich) **mir** zu Weihnachten eine Karte?
c. Schenkst du (ich) **mir** etwas zu Weihnachten?
d. Der Nikolaus hat (wir) **uns** immer sehr streng angeschaut.
e. Was hat der Nikolaus (du) **dich** gefragt?
f. Die Großeltern haben (wir) **uns** ein Spiel geschenkt.
g. Wir möchten (ihr) **euch** nach Weihnachten besuchen.
h. Was hat (ihr) **euch** der Großvater vorgelesen?
i. Meine Großmutter hat (ich) **mir** oft Nüsse geschenkt.
j. An Weihnachten haben meine Eltern (ich) **mich** immer früh geweckt. wecken + Akk.
k. Meine Eltern haben (wir) **uns** vor dem Weihnachtsbaum fotografiert.
l. Ich möchte (sie [pl.]) **ihnen** von Weihnachten erzählen.

- mich
- dich
- uns
- euch
- mir
- dir
- ihnen

6 Ergänzen Sie. → 5

a. Wir schicken euch einen Brief. Schickt **ihr uns** auch einen Brief?
b. Ich schicke dir ein Päckchen. Schickst **du mir** auch ein Päckchen?
c. Ich liebe dich. Liebst **du mich** auch?
d. Wir sehen euch. Seht **ihr uns** auch?
e. Ich möchte dich fotografieren. Möchtest **du mich** auch fotografieren?
f. Ich verzeihe dir. Verzeihst **du mir** auch?
g. Wir helfen euch. Helft **ihr mir** auch? ihr ihnen/dir
h. Das Essen schmeckt mir gut. Schmeckt **es** auch gut?
i. Die Schuhe passen mir. Passen **Sie ihr** auch?
j. Das Bild gefällt uns. Gefällt **es euch** auch?

Lerneinheit 2

7 Ergänzen Sie: bei oder zu. → 5

a. Wir sind an Weihnachten .... den Großeltern gefahren.
b. Der Nikolaus ist .... uns gekommen.
c. Wir haben .... den Großeltern gefeiert.
d. Ich bin an Weihnachten .... meinen Eltern gewesen.
e. Der Adventskranz hat .... uns immer auf dem Küchentisch gestanden.
f. An Weihnachten kommt meine Schwester .... uns.
g. Wir gehen morgen .... meiner Schwester.
h. Mein Bruder wohnt bis Silvester .... mir.
i. Ich fahre an Weihnachten immer .... meinen Eltern.

8 Was steht im zweiten Teil der E-Mail? Richtig r oder falsch f ? → Kursbuch S. 15 → 6

a. ○ Die Großmutter hat immer den Weihnachtsbaum geschmückt.
b. ○ Die Kinder haben am Weihnachtsbaum ein Gedicht aufgesagt.
c. ○ In der Nacht haben alle Gans mit Klößen und Rotkohl gegessen.
d. ○ Katja hat die Weihnachtsgeschenke für die Kinder gut versteckt.
e. ○ Gerade backt sie Plätzchen.
f. ○ Katja hat an Weihnachten gerne Gäste.

9 Was schreibt Katja? Was passt zusammen? → Kursbuch S. 15 → 6

a. Ich ○   1. war wunderschön und hat „Mama" gesagt.
b. Meine Großmutter ○   2. hat uns ins Wohnzimmer gerufen.
c. Mein Großvater ○   3. war so glücklich.
d. Die Geschenke ○   4. hat unter dem Baum gestanden.
e. Die Krippe ○   5. hat wunderbar geschmeckt.
f. Die Puppe ○   6. hat uns etwas vorgelesen.
g. Die Weihnachtsgans ○ 7. haben unter dem Weihnachtsbaum gelegen.

Lerneinheit 2

10 Was passt zusammen? → 6

a. Hast du eine E-Mail von Clara bekommen?
b. Ist die E-Mail gestern gekommen?
c. Besuchst du mich vor Weihnachten?
d. Backst du schon im Oktober Weihnachtsplätzchen?
e. Wann hast du die Weihnachtsgeschenke gekauft?
f. Wie lange ist dein Bruder schon bei euch?
g. Bist du an Weihnachten bei deinen Eltern?

1. Die habe ich schon vor vier Wochen ausgesucht.
2. Er ist seit drei Tagen bei uns.
3. Nein, die besuche ich erst nach Weihnachten.
4. Nein, ich warte schon seit drei Wochen.
5. Ich komme nach Weihnachten zu dir.
6. Nein, schon vor einer Woche.
7. Nein, die gibt es bei uns erst ab November.

11 Was passt? Ergänzen Sie. → 6

singen ○ ~~anzünden~~ ○ füllen ○ hängen ○ warten ○ schieben ○
vorlesen ○ feiern ○ beginnen ○ gratulieren ○ verstecken ○ schreiben

a. die Kerzen am Baum _anzünden_
b. die Plätzchen in den Backofen _____
c. die Geschenke im Schrank _____
d. den Mantel in den Schrank _____
e. der Freundin einen Brief _____
f. auf eine Antwort _____
g. mit den Vorbereitungen _____
h. Weihnachtslieder _____
i. eine Geschichte _____
j. die Gans mit Äpfeln _____
k. dem Vater zum Geburtstag _____
l. mit der Familie Weihnachten _____

12 Ergänzen Sie. → 6

alle ○ allen ○ jeder ○ jede ○ jedes ○ jedem ○ jeden

a. _Jedes_ Kind hat Spielsachen bekommen.
b. _Alle_ Kinder haben Spielsachen bekommen.
c. Der Nikolaus hat _jedem_ Kind etwas geschenkt.
d. Der Nikolaus hat _jede_ Kindern etwas geschenkt.
e. _Jeder_ Kerze hat gebrannt.
f. _Alle_ Kerzen haben gebrannt.
g. _Jede_ Gast hat ein Geschenk bekommen.
h. _Alle_ Gäste haben ein Geschenk bekommen.
i. Katja liest _____ Brief von Anny.
j. Die Kinder machen _____ Päckchen auf.

Grammatik

13 Personalpronomen im Akkusativ und Dativ: alle Formen → § 11

Nominativ	Akkusativ	Dativ
ich	mich	mir
du	dich	dir
er	ihn	ihm
sie	sie	ihr
es	es	ihm
wir	uns	uns
ihr	euch	euch
sie	sie	ihnen
Sie	Sie	Ihnen

Wen sieht er?
Er sieht **mich**.
Sie kennt **dich**.
Wir besuchen **ihn**.
Wir hören **sie**.
Wir sehen **es**.
Ihr kennt **uns**.
Wir treffen **euch**.
Wir suchen **sie**.
Ich verstehe **Sie**.

Wem gratuliert er?
Er gratuliert **mir**.
Sie dankt **dir**.
Wir helfen **ihm**.
Wir hören **ihr** zu.
Wir helfen **ihm**.
Ihr antwortet **uns**.
Wir gratulieren **euch**.
Wir winken **ihnen**.
Ich helfe **Ihnen**.

14 Artikelwort jeder / alle

	Definiter Artikel	Artikelwort „jeder"		
	Nominativ	Nominativ	Akkusativ	Dativ
Maskulinum	**der** Mann	**jeder** Mann	**jeden** Mann	**jedem** Mann
Femininum	**die** Frau	**jede** Frau	**jede** Frau	**jeder** Frau
Neutrum	**das** Kind	**jedes** Kind	**jedes** Kind	**jedem** Kind
Plural	**die** Kinder	**alle** Kinder	**alle** Kinder	**allen** Kindern

Lernwortschatz 2

Nomen

r Advent
r Adventskranz, ⸚e
e Angst, ⸚e
r Anhang, ⸚e
r Apparat, -e
e Aufregung, -en
r Backofen, ⸚
e Christbaumkugel, -n
e Demonstration, -en
e Erinnerung, -en
e Farbe, -n
r Feiertag, -e
s Festessen
s Feuerwerk, -e
e Gans, ⸚e
e Gewerkschaft, -en

r Karneval
e Kindheit
r Kloß, ⸚e
s Kostüm, -e
e Krippe, -n
r Küchentisch, -e
e Kugel, -n
e Maske, -n
e Mitternachtsmesse, -n
r Nationalfeiertag, -e
r Nikolaustag
e Nuss, ⸚e
r Onkel, –
r Opa, -s
r Osterhase, -n
s Päckchen, –

s Plätzchen, –
r Rotkohl
r Rücken
r Sack, ⸚e
r Sekt
e Spielsache, -n
e Süßigkeit, -en
e Tradition, -en
e Vorbereitung, -en
e Watte
e Weihnachtsgeschichte
s Weihnachtslied, -er
r Weihnachtsschmuck
r Wunschzettel, –

Verben

an·haben, hat an, hat angehabt
an·zünden
auf·machen
auf·sagen
backen
basteln
brennen, brennt, hat gebrannt
erfahren, erfährt, hat erfahren
erlauben
fehlen
funkeln
grüßen
mit·schicken
veranstalten
verstecken
verzeihen, verzeiht, hat verziehen

Andere Wörter

Weihnachten
Ostern
Silvester
Heiligabend

euch
uns

abends
aufgeregt
brav
endlich
etwas
fleißig
früher
furchtbar
ganz
gefüllt
kaum
lustig
mindestens
natürlich
sicher
streng
wundervoll

Wörter im Kontext

Man bemalt Eier **mit Farbe**.
Dann haben wir die **Päckchen** aufgemacht.
Da **brennen** schon **zwei Kerzen**.
Der Weihnachtsbaum **darf nicht fehlen**.
Schreib mir **doch** mal wieder eine Mail.
Es ist ein bisschen wie **früher**.
Wir waren **furchtbar** aufgeregt.
Welche Traditionen sind **gleich**?
Sicher hast du wenig Zeit.
Ich habe lange nichts **von dir gehört**.
Da **hatte** ich als Kind immer ein bisschen **Angst**.
Endlich war es so weit.
Bis bald!

In Deutschland sagt man:
e E-Mail, -s
r Kloß, ⸚e
in diesem Jahr

In der Schweiz sagt man auch:
s E-Mail, -s

In Österreich sagt man auch:
s E-Mail, -s
r Knödel, -
heuer

fünfzehn 15

3 Lerneinheit

1 Ordnen Sie das Gespräch. → 2

- ○ Und dann wollen Sie dort feiern?
- ○ Meine erste Frage: Gefällt Ihnen der Weihnachtsmarkt?
- 1 ○ Guten Tag. Wir machen Interviews zu Weihnachten. Darf ich Sie etwas fragen?
- ○ Dann wünsche ich Ihnen eine gute Reise.
- ○ Wo sind Sie denn an Weihnachten? Darf ich das fragen?
- ○ Haben Sie etwas gekauft?
- ○ Ach so. Dann haben Sie bestimmt auch keinen Weihnachtsbaum?
- ◆ Ja, er gefällt mir gut. Es ist mir ein bisschen zu voll hier, aber es ist schön.
- ◆ Nein, eigentlich nicht. Wissen Sie, wir haben keine Kinder; deshalb feiern wir Weihnachten gar nicht.
- ◆ Vielen Dank!
- ◆ Ja, bitte, gern.
- ◆ Wir fliegen am 20. Dezember nach Australien.
- ◆ Nein, wir haben nichts gekauft. Mein Mann und ich, wir sind an Weihnachten gar nicht zu Hause. Wir haben nur einen Glühwein getrunken und eine Bratwurst gegessen. Das machen wir immer.
- ◆ Ein Weihnachtsbaum? Nein, der fehlt mir nicht. Und das ist mir auch zu viel Arbeit. Wir machen ganz einfach Urlaub.

2 Was passt zusammen? → 3

a. Wie wollen Sie Weihnachten feiern?
b. Wer schmückt den Baum?
c. Gibt es bei Ihnen eine Weihnachtsgans?
d. Haben Sie einen Weihnachtsbaum?
e. Haben Sie Kinder?

1. Nein, eine Gans finde ich zu kompliziert.
2. Ja, unsere Tochter ist fünf.
3. Mein Mann macht das und ich helfe ihm.
4. Ja, ein Baum ist mir sehr wichtig.
5. Ruhig und gemütlich soll das Fest sein.

3 Ergänzen Sie. → 4

○ trotzdem ○ Atmosphäre ○ gekauft ○ Platz ○ wichtig ○ Freundin ○
○ nett ○ Spaß ○ Uhr ○ Weihnachten ○ klein ○ Kerzen ○

a. Er meint, der Weihnachtsmarkt ist ganz .... und die .... findet er schön. b. Er ist mit seiner .... da. c. Die kauft gerade .... d. Für einen Weihnachtsbaum haben sie keinen ...., denn ihre Wohnung ist sehr .... e. Ihm ist Weihnachten nicht so ...., aber es gibt .... Geschenke: Er hat eine .... für seine Freundin .... f. An .... kochen sie zusammen. Kochen macht ihnen ....

Lerneinheit 3

4 Ergänzen Sie. →4

a. Trinkt ihr den Kaffee nicht? – Nein, _der_ ist _uns_ zu schwach.
b. Schmeckt Ihnen der Apfel nicht? – Nein, _den_ finde _ich_ ein bisschen zu alt.
c. Isst du die Pizza nicht? – Nein, _die_ ist _mir_ zu groß.
d. Möchten Sie den Wagen kaufen, Herr Fischer? – Nein, _den_ finde _ich_ zu langsam.
e. Gefällt den Leuten Ihr Buch? – Nein, _das_ ist _ihnen_ zu kompliziert.
f. Gefallen deinem Sohn die Computerspiele? – Nein, _die_ findet _er_ zu langweilig.
g. Geht deine Schwester nicht ins Wasser? – Nein, _das_ ist _ihr_ wohl zu nass.
h. Geht ihr auch heute Nacht im Fluss schwimmen? – Nein, _der_ ist _uns_ in der Nacht zu unheimlich.
i. Kaufen Jochen und Karin die Wohnung? – Nein, _die_ finden _ihnen_ zu teuer.
j. Passt dir die Jacke nicht? – Doch, aber _die_ ist _mir_ zu bunt.
k. Möchtest du den Pullover mitnehmen? – Nein, _den_ finde _ich_ zu warm.
l. Wie findest du das Kostüm? – _Das_ ist _mir_ zu unbequem.
m. Gefällt ihnen das Bild? – Nein, _das_ finden _sie_ zu kitschig.

5 Ordnen Sie. →5

a. Sie findet ihn _furchtbar_ aufgeregt.
b. Sie findet ihn _____ aufgeregt.
c. Sie findet ihn _____ aufgeregt.
d. Sie findet ihn _____ aufgeregt.
e. Sie findet ihn _____ aufgeregt.
f. Sie findet ihn _____ aufgeregt.
g. Sie findet ihn _gar nicht_ aufgeregt.

~~furchtbar~~ • nicht • ziemlich • viel zu • ein bisschen • sehr • ~~gar nicht~~

6 Was passt nicht? →5

a. schenken: dem Kind ein Eis | dem Feuerwehrmann ein Feuerzeug | ~~der Polizistin Platz~~
b. schicken: der Freundin einen Brief | dem Briefträger die Freiheit | dem Pfarrer ein Päckchen
c. mitbringen: der Frau einen Blumenstrauß | den Kindern Schokolade | dem Mann viel Glück
d. vorlesen: dem Onkel eine Geschichte | der Großmutter Luxus | den Kindern ein Buch
e. aufschließen: dem Großvater das Haus | den Kindern das Radio | den Gästen die Tür
f. aufhängen: der Sekretärin den Koffer | dem Vater den Mantel | der Mutter die Jacke
g. anmachen: dem Großvater den Fernseher | dem Bruder ein Foto | dem Onkel den Computer
h. anzünden: den Kindern die Kerzen | der Touristin das Fest | dem Kind den Adventskranz
i. aufräumen: der Mutter die Küche | dem Weihnachtsmann den Bart | dem Chef den Schreibtisch
j. aussuchen: dem Hund eine Brille | den Eltern ein Geschenk | der Freundin eine Halskette

Grammatik | Lernwortschatz

7 Bewertungen mit Dativ

a. Mit Adjektiv

Weihnachten **ist dem Mann egal**.	Er findet Weihnachten nicht interessant.
Weihnachten **ist ihm egal**.	
Ein Weihnachtsbaum **ist der Frau wichtig**.	Sie findet einen Weihnachtsbaum wichtig.
Ein Weihnachtsbaum **ist ihr wichtig**.	

b. Mit Adjektiv + zu

Die Krippe **ist dem Mann zu teuer**.	Er findet die Krippe zu teuer.
Die Krippe **ist ihm zu teuer**.	
Der Weihnachtsmarkt **ist der Frau zu voll**.	Sie findet den Weihnachtsmarkt zu voll.
Der Weihnachtsmarkt **ist ihr zu voll**.	

Nomen
r **Ärger**
e Atmosphäre
e Bauchtänzerin, -nen
e Einstellung, -en
r Eisbär, -en
r Fall, ¨e
s Fischbrötchen, –
e **Gesundheit**
r Glühwein
e Hexe, -n
s Karussell, -e
r Kitsch
e Königin, -nen
e **Krankheit, -en**
e **Kündigung, -en**
e Kurzform
s **Messer**, –
s **Neujahr**
s **Radio**, -s
r Schatz, ¨e
s Sektglas, ¨er
r **Spaß**
s **Streichholz**, ¨er
r Streit
r Weihnachtsmann, ¨er
r Weihnachtsmarkt, ¨e
r Zauberer, –
e Zuckerwatte

Verben
auf·passen
meinen

Andere Wörter
egal
gemütlich
gesund
hässlich
kalt
kitschig
kommerziell
kompliziert
mündlich
reich
ruhig
schrecklich
sonst
unbequem
voll
warm
witzig
ziemlich

Wörter im Kontext
Welche **Einstellung** (Meinung) haben die Personen?
Ein Eisbär möchte ich **auf keinen Fall** sein.
Kochen **macht** ihnen **Spaß**.
Ein glückliches neues Jahr, mein Schatz!
Ein Weihnachtsbaum **fehlt ihr** nicht.
Du **wirst reich** im neuen Jahr.
Weihnachten kann man **doch** auch ohne Kinder feiern.
Weihnachten **ist ihm** ziemlich **egal**.
Sie will **es gemütlich haben**.
Sie will **es ruhig haben**.
Sie will **es schön ruhig haben**.
Der Weihnachtsmarkt **ist ihr zu** voll.
Der Tiger **macht mir Angst**.
Was **bringt** in Ihrem Land **Glück**?
Prost Neujahr!

| **In Deutschland sagt man:** | **In der Schweiz sagt man auch:** | **In Österreich sagt man auch:** |
| s Streichholz, ¨er | s Zündholz, ¨er | s Zündholz, ¨er / r Zünder, - |

18 achtzehn

Lerneinheit 4

1 Wie heißen die Wörter? →1

a. TRÄ – BRIEF – GER   der Briefträger
b. TÄR – SE – KRE – IN   die Sekretärin
c. GER – BÜR – TER – MEIS   der Büegermeister
d. WAT – TE – KRA   die Kratewat
e. SCHEIN – RER – FÜH   der Führerschein
f. SE – HER – FERN   der Fernseher
g. PAAR – ZEITS – HOCH   das Hochzeitspaar
h. DER – LEN – KA   der Kalender
i. HA – OS – SE – TER   der Osterhase
j. IN – ER – NE – RUNG   die Inneerrung

2 Ordnen Sie. →2

Schüler · Schülerin · Lehrerin · Lehrer · Haar · Haare · Klaviere · Klavier · Meer · Meere · Verkäufer · Verkäuferin · Tore · Tor · Bauer · Bäuerin

Schüler	Schülerin	Haar	Haare

3 Welches Verb passt? →2

raten · reisen · feiern · fernsehen · rasieren · schreiben · anrufen · erklären · rechnen · regnen

a. Regen
b. Reise
c. Rasierapparat
d. Anruf
e. Feier
f. Rechnung
g. Ratespiel
h. Fernseher
i. Schreibtisch
j. Erklärung

Lerneinheit 4

4 Was passt? → 3

a. Ist das deine Brille? – Ja, das ist _meine._
b. Gehört dir das Fahrrad? – Ja, das ist _meins_.
c. Ist das Ihr Koffer, Herr Fischer? – Ja, der gehört _mir_.
d. Ist das Lisas Rucksack? – Ja, der gehört _ihr_.
e. Gehört die Brille Carola? – Ja, das ist _ihre_.
f. Ist das Marias Computer? – Ja, das ist _ihrer_.
g. Gehört die Kamera Klaus? – Ja, die gehört _ihm_.
h. Ist das sein Kugelschreiber? – Ja, das ist _seiner_.
i. Gehören euch die Regenschirme? – Ja, die gehören _uns_.
j. Ist das euer Wagen? – Ja, das ist _unserer_.

- meine
- mir
- ihre
- ihrer
- ihr
- seiner
- ihm
- unserer
- uns
- meins

5 Was passt nicht? → 6

a. Der Film ist mir …   zu langweilig | zu unheimlich | ~~zu groß~~ | zu kompliziert | zu alt
b. Die Frau ist ihm …   zu groß | zu laut | zu brav | zu spät | zu aufgeregt
c. Der Mann ist ihr …   zu jung | zu traurig | zu kurz | zu ruhig | zu fleißig
d. Das Café ist uns …   zu leer | zu voll | zu laut | zu groß | zu richtig
e. Das Mobiltelefon ist ihnen … zu groß | zu fleißig | zu teuer | zu kompliziert | zu alt
f. Der Wagen fährt ihm …   zu schnell | zu langsam | zu zufrieden | zu leise
g. Der Tischler arbeitet ihr …   zu langsam | zu genau | zu alt | zu ruhig | zu bequem
h. Die Polizistin spricht ihm …   zu schnell | zu langsam | zu leise | zu streng | zu voll
i. Weihnachten ist ihm …   zu kommerziell | zu lang | zu teuer | zu richtig | zu schön
j. Möbel sind ihnen …   nicht wichtig | sehr wichtig | ganz falsch | ziemlich egal | gar nicht wichtig

6 Passen, schmecken, gefallen? Ergänzen Sie. → 7

a. Der Hut ist mir zu klein.   _Er passt mir nicht._
b. Der Kuchen ist mir viel zu süß.   _Er_ _____.
c. Das Buch ist mir zu langweilig.   _____.
d. Die Wurst ist mir zu hart.   _____.
e. Das Bild ist mir zu verrückt.   _____.
f. Das Hemd ist mir viel zu groß.   _____.
g. Der Salat ist mir ein bisschen zu alt.   _____.
h. Der Film ist mir zu kompliziert.   _____.
i. Die Hose ist mir etwas zu kurz.   _____.

Lerneinheit 4

7 Ergänzen Sie. →7

a. Gefallen ihr die Blumen? — Gefallen _sie_ _ihr_ ?
b. Schmeckt ihm der Kuchen? — Schmeckt _ihn_ _ihr_ ?
c. Gehört ihnen das Fahrrad? — Gehört _es_ _ihnen_ ?
d. Ist dir das Hemd zu groß? — Ist _es_ _dir_ zu groß?
e. Warum helfen ihnen die Freunde nicht? — Warum helfen _sie_ _ihnen_ nicht?
f. Gestern hat uns der Kuchen besser geschmeckt. — Gestern hat _ihn_ _uns_ besser geschmeckt.
g. Passt mir das Hemd gut? — Passt _es_ _mir_ gut?
h. Hat euch die Feier gefallen? — Hat _sie_ _euch_ gefallen?
i. Schmecken dir die Äpfel nicht? — Schmecken _sie_ _dir_ nicht?
j. Warum winken uns die Touristen? — Warum winken _sie_ _uns_ ?

8 Ergänzen Sie. →8

● schon ● erst ● noch nicht ● nicht mehr ●

a. Unser Sohn ist gestern sechzehn geworden und fährt _schon_ Mofa.
b. Sein Fahrrad findet er jetzt ganz langweilig; er will _nicht mehr_ Fahrrad fahren.
c. Unsere Tochter ist fünf und kommt _noch nicht_ nächstes Jahr in die Schule, aber sie kann _schon_ gut schreiben. ~~erst~~
d. Sie findet Fahrräder jetzt auch langweilig und möchte auch _schon_ Mofa fahren.
e. Aber das darf sie natürlich _noch nicht_.
f. Das kann sie _schon_ mit sechzehn.
g. Unsere Zwillinge sind erst dreizehn Monate alt: Max lernt schnell und kann ~~schon~~ _noch nicht schon_ alleine essen.
h. Klaus ist ein bisschen langsam und kann das leider ~~nicht mehr~~ _noch nicht_ allein.
i. Früher ist er dauernd in der Nacht aufgewacht, doch jetzt schläft er abends ruhig ein und wacht auch _nicht mehr_ in der Nacht auf.
j. Mein Mann und ich stehen meistens _schon_ um sechs Uhr morgens auf.
k. Da schlafen die Kinder noch; so früh sind sie _noch nicht_ wach.

Lerneinheit 4

9 Ergänzen Sie: nur oder erst. → 8

a. Oft schläft Helga sonntags sehr lange und steht _erst_ um zwei Uhr nachmittags auf. .... manchmal steht sie sonntags schon um elf oder zwölf auf.

b. Fahrkarten können Sie .... an den Fahrkartenautomaten bekommen. Aber die sind leider kaputt und wir müssen sie .... reparieren.

c. Das Geschäft macht .... um 10 Uhr vormittags auf, aber es macht .... eine halbe Stunde Pause am Mittag.

d. Der Brief ist gleich fertig. Es dauert .... noch einen Moment.

e. Er fotografiert keine Männer und keine Kinder, ... Frauen.

f. Das Theater ist fast voll, es gibt .... noch drei Plätze.

g. Wann ist heute Feierabend? – Das weiß .... der Chef.

h. Die Sekretärin kann noch nicht Feierabend machen. Sie muss .... die Briefe zu Ende schreiben.

10 Ordnen Sie das Gespräch. → 8

- ○ Schade, aber vielleicht darf ich Sie nach dem Spiel einladen?
- 1 ○ Möchten Sie gern ein Eis? Ich lade Sie ein.
- ○ Gut, also bis fünf. Ich wünsche Ihnen viel Spaß beim Spiel.
- ○ Natürlich. So viel Zeit habe ich. Wann sind Sie denn fertig?
- ◆ So um fünf.
- ◆ Danke schön.
- ◆ Die Einladung ist sehr nett von Ihnen, aber mein Spiel beginnt gleich.
- ◆ Ja, danach gern. Können Sie so lange warten?

11 Ordnen Sie. → 9

a. _gestern Morgen_
b. ....
c. ....
d. ....
e. ....
f. ....
g. ....
h. ....
i. ....
j. ....
k. _nächste Woche Montag_

- heute Nachmittag
- gestern Nachmittag
- morgen Abend
- heute Abend
- ~~gestern Morgen~~
- heute Vormittag
- morgen früh
- ~~nächste Woche Montag~~
- übermorgen
- am Wochenende
- gestern Abend

Lerneinheit 4

12 Was passt zusammen? → 9

a. Er hat sein Examen nicht geschafft. 5
b. In meiner Suppe ist eine Mücke. 1
c. Wir sind Donnerstag zu einer Hochzeit eingeladen. 6
d. Samstag und Sonntag gehen wir wandern. 3
e. Im Juni haben die Kinder Ferien. Dann fliegen wir nach Mallorca. 4
f. Morgen hat er sein Examen. 2
g. Morgen hat meine Freundin Geburtstag. 8
h. Mittwochnachmittag habe ich frei. 7
i. Wir gehen jetzt schlafen. 10
j. Wann kommt mein Taxi denn? 11
k. Heute Abend gehen wir tanzen. 9

1. Oh, Verzeihung! Entschuldigen Sie bitte.
2. Ich weiß. Ich habe ihm schon viel Glück und viel Erfolg gewünscht.
3. Ich wünsche Ihnen ein schönes Wochenende.
4. Wir wünschen euch und den Kindern einen schönen Urlaub.
5. Das tut mir leid für ihn.
6. Dann wünsche ich euch viel Spaß auf dem Fest.
7. Dann wünsche ich dir einen schönen Mittwochnachmittag.
8. Viele Grüße von uns. Wir wünschen ihr alles Gute.
9. Wir wünschen euch einen schönen Abend in der Disco.
10. Ich wünsche euch eine gute Nacht.
11. Es ist schon da. Wir wünschen Ihnen eine gute Fahrt.

13 Ordnen Sie das Gespräch. → 9

○ Dann bis morgen. Und viel Spaß beim Spiel!
○ Dann geht es heute Nachmittag leider nicht mehr. Um fünf haben wir unsere Führerscheinprüfung. Sehen wir euch morgen?
1 ○ Dürfen wir euch zu einem Eis einladen?
○ Dann vielleicht nach dem Spiel?
○ Wann seid ihr denn wohl fertig?
◆ Bestimmt. Um drei sind wir meistens hier.
◆ Vielen Dank für die Einladung, aber unser Spiel fängt gleich an.
◆ Ja, nach dem Spiel passt es gut. Aber meistens dauern unsere Spiele ziemlich lange.
◆ So um fünf vielleicht.
◆ Danke. Und euch viel Glück bei der Führerscheinprüfung!

14 Dativergänzung: Besondere Wortstellung → § 21

Besondere Stellung: Subjekt = kein Pronomen

Vorfeld	Verb (1)	Mittelfeld				Verb (2)
		Ergänzung	Subjekt	Angabe	Ergänzung	
	Gefallen	**ihr**	die Blumen?			
	Gehört	**ihm**	das Fahrrad?			
Heute	schmeckt	**mir**	der Kuchen	nicht.		
Warum	hat	**dir**	der Kuchen	nicht		geschmeckt?

Normale Stellung: Subjekt = Pronomen

Vorfeld	Verb (1)	Mittelfeld				Verb (2)
		Subjekt	Ergänzung	Angabe	Ergänzung	
	Gefallen	**sie**	ihr?			
	Gehört	**es**	ihm?			
Heute	schmeckt	**er**	mir	nicht.		
Warum	hat	**er**	dir	nicht		geschmeckt?

Nomen
r Besuch, -e
e Brille, -n
e Eile
s Einladungsgespräch, -e
s Examen, Examina
Ferien (pl)
r Flug, ⸚e
r Frisör, -e
e Frisörin, -nen
s Hemd, -en
e Hochzeitsfeier, -n
e Hose, -n
e Klausur, -en
r Kuchen, –
e Taxifahrerin, -nen
r Urlaubstag, -e

Verben
an·fangen, fängt an, hat angefangen
auf·halten, hält auf, hat aufgehalten
besorgen
erledigen
gehören
leid·tun, tut leid, hat leidgetan
passieren, ist passiert
schicken
wünschen

Wörter im Kontext
Ich bin sehr **in Eile**.
Ich wünsche Ihnen **viel Spaß**.
Wir fahren morgen **in (den) Urlaub**.
Der Urlaub **fängt an**.
Dann möchte ich Sie nicht **aufhalten**.
Grüß dich, Bernd.
Da **passt es mir**.
Wir **haben es eilig**.
Wir **sind** heute Abend **eingeladen**.
Ich **bin** erst später **verabredet**.
Das ist sehr **freundlich** von Ihnen.
Wir fliegen **morgen früh** nach Paris.
Ist Ihr Flug denn **früh am Morgen**?
Ja sicher.

Andere Wörter
deutlich
eilig
eingeladen
erst
freundlich
früh
genau
langweilig
lecker
mal
nett
prima
schade
verabredet

Dienstagabend
heute Nachmittag
morgen früh
morgen Nachmittag

Lerneinheit 5

1 Schreiben Sie. → 2

a. wirwünscheneuchfröhlicheostern — Wir wünschen Euch fröhliche Ostern.
b. herzlichenglückwunschzudeinemexamen — ....
c. diebestenwünschezueurerhochzeit — ....
d. wirwünscheneucheinschönesweihnachtsfest — ....
e. herzlichenglückwunschzuihremgeburtstag — ....

2 Was passt zusammen? → 2

a. Herzliche Glückwünsche zur Hochzeit
b. Alles Gute zum Geburtstag
c. Fröhliche Weihnachten
d. Wir danken Dir herzlich
e. Herzlichen Glückwunsch zum Führerschein
f. Ich wünsche Ihnen nachträglich alles Gute
g. Wir wünschen Euch viel Spaß im Urlaub
h. Zu Deinem achtzehnten Geburtstag

1. und immer gute Fahrt.
2. und eine gute Reise.
3. und viel Glück im neuen Lebensjahr.
4. und ein glückliches neues Jahr.
5. wünschen wir Dir viel Glück.
6. und alles Gute für das Leben zu zweit.
7. für Deine Einladung.
8. zu Ihrem fünfzigsten Geburtstag.

3 Ergänzen Sie. → 3

a. Ich wünsche *Dir* alles Gute zum Geburtstag.
   Ich wünsche *Euch* alles Gute zum Geburtstag.
   Ich wünsche *Ihnen* alles Gute zum Geburtstag.

b. Herzlichen Glückwunsch zu Deinem Geburtstag.
   Herzlichen Glückwunsch zu *Eurem* .
   Herzlichen ....

c. Vielen Dank für ....
   Vielen Dank für Eure Einladung.
   Vielen ....

d. Leider ....
   Leider ....
   Leider kann ich nicht zu Ihrer Feier kommen.

e. Ich komme gerne zu Deinem Fest.
   Ich ....
   Ich ....

f. Ich ....
   ....
   Ich möchte Euch herzlich zu meinem Geburtstag einladen.
   Ich ....

Lerneinheit 5

4 Schreiben Sie drei Grußkarten. → 3

1. meine herzlichen Glückwünsche zu Ihrem Geburtstag.
2. ich wünsche Euch ein schönes Weihnachtsfest mit Eurer Familie.
3. herzlichen Glückwunsch zu Eurer Hochzeit.
4. Bleiben Sie immer so fröhlich und zufrieden.
5. Gibt es bei Euch wieder Gans mit Klößen und Rotkohl?
6. Wir wünschen Euch alles Gute für das Leben zu zweit.
7. Mit allen guten Wünschen für Euch beide
8. Fröhliche Feiertage und ein glückliches neues Jahr.
9. Ich wünsche Ihnen alles Gute für das neue Lebensjahr.

Liebes Brautpaar,
herzlichen 3 6 7

Eure Sabine und Euer Hans

Lieber Herr Becker,
meine 1 9 4

Ihre Monika Schneider

Liebe Inge, lieber Georg,
2 5 8

Eure Ursula

Lerneinheit 5

5 Schreiben Sie. → 3

a. Wir fahren nach Spanien und bleiben drei Wochen dort.
   Wir fahren für drei Wochen nach Spanien.

b. Es dauert noch drei Wochen, dann fahren wir nach Spanien.
   Wir fahren in drei Wochen nach Spanien.

c. Wir sind vor drei Wochen in Spanien angekommen und immer noch da.
   Wir sind seit drei Wochen in Spanien.

d. Wir fliegen nach Kanada und bleiben einen Monat dort.
   ....

e. Es dauert noch vierzehn Tage, dann fliegen wir nach London.
   ....

f. Wir sind vor fünf Tagen in Berlin angekommen und immer noch da.
   ....

g. Es dauert noch dreißig Minuten, dann gehen wir nach Hause.
   ....

h. Wir besuchen unsere Freunde und bleiben eine Woche bei ihnen.
   ....

6 Schreiben Sie eine Glückwunschkarte zu Anzeige 10. → Kursbuch S. 26   → 4

Wünschen Sie Glück, Gesundheit usw. Leider können Sie nicht zur Geburtstagsfeier kommen. Sie bekommen Besuch. Ihre Freunde kommen und Sie wollen ihnen die Stadt zeigen. Sie möchten Heribert für das nächste Wochenende zum Essen einladen.

Lieber Heribert,
herzlichen

Dein/e

siebenundzwanzig 27

Lernwortschatz

Nomen
r Anlass, ⸚e
r/e Bekannte, -n (ein Bekannter)
r Betrieb, -e
s Brautpaar, -e → *Paar*
e CD-ROM, -s
r Doktorhut, ⸚e
e Geburt, -en
e Geburtstagsparty, -s
e Geschäftsleitung, -en
r Glückwunsch, ⸚e
e Glückwunschkarte, -n
e Grußkarte, -n
s Herz, -en
e Hochzeit, -en
s Ja-Wort
s Jubiläum, Jubiläen
r Kamerad, -en
e Kirche, -n
e Kollegin, -nen
s Motiv, -e
s Paar, -e
e Silberhochzeit, -en
r Sportverein, -e → *Verein*
s Standesamt, ⸚er
e Torte, -n
e Trauung, -en
r Umschlag, ⸚e
r Verein, -e
e Vereinsarbeit
r/e Verwandte, -n (ein Verwandter)
e Werkstatt, ⸚en
r Wunsch, ⸚e
e Zahl, -en

Verben
diskutieren
entwerfen, entwirft, hat entworfen
freuen (sich)
verreisen, ist verreist

Andere Wörter
damit
darum
deshalb
drum

böse
fast
fit
fröhlich
genug
geschäftlich
hoffentlich
komisch
nachträglich
niemals
nun
pensioniert
privat

so etwas
zu zweit

Wörter im Kontext
Er arbeitet 20 Jahre **in dem Betrieb**.
Wir wünschen Ihnen **viel Glück**.
Nachträglich **herzlichen Glückwunsch** zum Geburtstag.
Sie **bekommt** bald **ein Baby**.
Wir **freuen uns über** die Geburt.
Bitte **verzeih mir**!
Heribert **wird 30** (Jahre alt).
Hoffentlich **bist** du nicht **böse**.
Wir schicken ein Computerspiel und wünschen **damit** viel Spaß.
Darum (deshalb) sag niemals nie.
Drum (= darum) bringt genug Getränke mit.
So etwas schreibt man doch nicht in der Zeitung!
Er ist noch **ganz schön** fit.
Bringt **genug** Getränke mit.
Die Anzeige finde ich **komisch**.
Er hat **nun** (jetzt) viel mehr Zeit.
Viel Glück für das Leben **zu zweit**!

In Deutschland : sagt man	In der Schweiz sagt man auch:	In Österreich sagt man auch:
r Glückwunsch, ⸚e	e Gratulation, -en	
e Rente	e Pension	e Pension

Anker

Das kann ich jetzt:

- **Über Feste und Feiern sprechen**

Das kann ich   gut.
               ein bisschen.
               noch nicht so gut.

♦ Was macht man im Karneval?
⊙ Man ist lustig und viele Leute tragen Masken und Kostüme.

♦ Wie feierst du Weihnachten?
⊙ Ich lade immer meine Eltern und meinen Bruder ein. Natürlich gibt es auch Geschenke.

- **Vorbereitungen für ein Fest beschreiben**

Das kann ich   gut.
               ein bisschen.
               noch nicht so gut.

An Heiligabend schmückt man einen Weihnachtsbaum mit Kugeln und Kerzen.

Vor Ostern bemalt man Eier mit Farbe.

- **Erzählen, was man zu bestimmten Festen isst und trinkt**

Das kann ich   gut.
               ein bisschen.
               noch nicht so gut.

An Silvester trinkt man um Mitternacht Sekt.

An Weihnachten essen viele Familien eine Gans.

- **Wünsche und Glückwünsche äußern**

Das kann ich   gut.
               ein bisschen.
               noch nicht so gut.

Alles Gute zur Hochzeit!

Herzlichen Glückwunsch zum Geburtstag!

neunundzwanzig 29

Anker

Das kann ich jetzt:

- **Jemanden einladen / auf Einladungen reagieren**

Das kann ich gut.
 ein bisschen.
 noch nicht so gut.

◆ Darf ich Sie zu einem Kaffee einladen?
◉ Vielen Dank, das ist sehr nett! Ich trinke gern einen Kaffee.

- **Glückwunsch- und Grußkarten schreiben**

Das kann ich gut.
 ein bisschen.
 noch nicht so gut.

*Liebe Maria,
ich wünsche dir
fröhliche Weihnachten.
Dein Peter*

*Herzlichen Glückwunsch
zum Geburtstag,
lieber Kurt!
Deine Carla*

- **Private Zeitungsanzeigen verstehen und entwerfen**

Das kann ich gut.
 ein bisschen.
 noch nicht so gut.

Hier steht: Frau Maier hat ein Kind bekommen!

*Hallo Eva!
Heute bist du 25.
Es gratulieren alle deine
Freunde und Kollegen!*

- **Gefallen / Missfallen ausdrücken**

Das kann ich gut.
ein bisschen.
noch nicht so gut.

◆ Wie findest du das Eis?
◉ Es schmeckt mir sehr gut!

◆ Gefällt dir das Bild?
◉ Nein, es ist mir zu kitschig.

Lerneinheit 6

1 Was passt wo?

- ein Kilogramm Bananen
- ein Glas Marmelade
- ein Liter Milch
- ein Becher Sahne
- eine Schachtel Pralinen
- vier Becher Joghurt
- ein Kilogramm Mehl
- Hähnchenschenkel
- ein Päckchen Fischstäbchen

1 ....
2 ....
3 ....
4 ....
5 ....
6 ....
7 ....
8 ....
9 ....

2 Was passt?

- Päckchen
- Kiste
- Glas
- Sack
- Flasche
- Dose
- Tube
- Stück
- Tüte
- Paket

a. ein .... Gurken
b. ein .... Hundekuchen
c. eine .... Nudeln
d. ein .... Margarine
e. eine .... Cola
f. eine .... Mineralwasser
g. ein .... Holzkohle
h. eine .... Senf
i. ein .... Torte
j. eine .... Saft

einunddreißig 31

Lerneinheit 6

3 Was passt nicht? → 3

a. ein Becher … Eis | Joghurt | ~~Pizza~~
b. ein Liter … Milch | Gurken | Kaffee
c. ein Sack … Kartoffeln | Saft | Zwiebeln
d. eine Dose … Cola | Hamburger | Würstchen
e. eine Tüte … Bonbons | Cola | Plätzchen
f. ein Stück … Butter | Kaffee | Wurst
g. ein Glas … Gurken | Senf | Holzkohle

4 Was passt nicht? → 3

a. Schokolade: ~~ein Kopf~~ | eine Tafel | 100 Gramm
b. Pralinen: ein Päckchen | eine Schachtel | eine Tube
c. Milch: eine Tasse | ein Liter | ein Stück
d. Kartoffeln: ein Sack | ein Teller | ein Kopf
e. Kaffee: ein Päckchen | ein Pfund | eine Tube
f. Butter: 250 Gramm | ein Glas | ein Päckchen
g. Nudeln: ein Teller | eine Tüte | ein Glas

5 Formen Sie die Sätze um. → 4

a. Frau Hagen kauft Bonbons. Ihre Kinder essen gern Süßigkeiten.
   Frau Hagen kauft Bonbons, *weil ihre Kinder gern Süßigkeiten essen.*

b. Frau Hagen kauft Birnen. Obst ist gesund.
   Frau Hagen kauft Birnen, *weil Obst* _____.

c. Herr Wagner kauft Mehl. Er will einen Kuchen backen.
   Herr Wagner kauft Mehl, *weil er einen Kuchen* _____.

d. Frau Hagen kauft Nudeln. Sie will eine Nudelsuppe kochen.
   Frau Hagen kauft Nudeln, *weil sie* _____.

e. Frau Loos kauft Getränke. Sie will eine Party geben.
   Frau Loos kauft Getränke, *weil sie* _____.

f. Frau Loos kauft Holzkohle. Sie will grillen.
   Frau Loos kauft Holzkohle, *weil* _____.

32 zweiunddreißig

Lerneinheit 6

6 Bilden Sie Sätze. →5

a. Warum essen Sie keinen Hamburger mehr?   ich – keinen Hunger mehr haben
   Weil ich keinen Hunger mehr habe.

b. Warum trinken Sie keine Cola?   ich – abnehmen wollen
   Weil _____.

c. Warum geben Sie morgen eine Party?   ich – morgen – dreißig Jahre alt werden
   Weil _____.

d. Warum probieren Sie den Schweinebraten nicht?   der – mir – zu fett sein
   Weil _____.

e. Warum nehmen Sie keine Wurst?   die – mir – zu scharf sein
   Weil _____.

7 Was passt zusammen? →5

a. Würstchen   3
b. Fisch
c. Kaffee
d. Pizza
e. Apfelsaft
f. Brötchen
g. Eis

1. mit Milch und Zucker
2. mit Butter und Marmelade
3. ~~mit Senf~~
4. mit Zitrone
5. mit Obst und Sahne.
6. mit Mineralwasser
7. mit Pilzen, Tomaten und Käse

8 Ergänzen Sie. →5

a. Sie nimmt ab, weil ihre Freundin auch *abnimmt.*

b. Sie *macht* den Fernseher *an*, weil er den Computer anmacht.

c. Sie räumt meistens auf, weil er selten _____.

d. Sie _____ _____, weil das Auto vor ihr endlich auch weiterfährt.

e. Sie steigt aus, weil ihre Freundinnen auch _____.

f. Er hat eine Krawatte an, weil sein Chef auch eine Krawatte _____.

g. Er _____ _____, weil der Wagen vor ihm auch abbiegt.

h. Er streicht die Stühle an, weil sie den Tisch _____.

i. Er zündet eine Kerze an, weil sie auch eine _____.

j. Er _____ _____, weil sie auch weiterschläft.

k. Er und sie _____ vielleicht so gut _____, weil ihre Hobbys gut zusammenpassen.

dreiunddreißig 33

Lerneinheit 6

9 Bilden Sie Sätze. → 5

a. Sie probiert den Käse nicht, denn er ist ihr zu fett.
   Sie probiert den Käse nicht, *weil er ihr zu fett ist.*

b. Sie isst die Schokolade nicht, weil sie ihr zu süß ist.
   Sie isst die Schokolade nicht, *denn sie ist ihr zu süß.*

c. Sie isst die Suppe nicht, weil sie ihr zu scharf ist.
   Sie isst die Suppe nicht, *denn* _____ .

d. Sie isst keine Schokolade, weil sie abnehmen will.
   Sie isst keine Schokolade, *denn* _____ .

e. Sie trinkt keinen Saft, denn sie hat keinen Durst.
   Sie trinkt keinen Saft, *weil* _____ .

10 Ergänzen Sie die Formen von mögen. → 8

a. Ich _____ keine Bananen.
b. _____ du Gurken?
c. Frau Hagen _____ keine Schokolade.
d. Das Mädchen _____ kein Geflügel.
e. Wir _____ Käse.
f. _____ ihr Fisch?
g. Die Kinder _____ keinen Senf.
h. Und Sie, Herr Wagner, _____ Sie Milch?

11 Was passt wo? Ordnen Sie und ergänzen Sie dann den Artikel. → 8

~~Banane~~ ◎ ~~Birne~~ ◎ Bratwurst ◎ Gurke ◎ Kakao ◎ Karotte ◎ Käse ◎ Pfeffer ◎ Plätzchen ◎ Pralinen ◎ Mineralwasser ◎ Sahne ◎ Schokolade ◎ Sekt ◎ Senf ◎ Tee ◎ Torte ◎ Wein ◎ Würstchen ◎ Cola

der Apfel	die Tomate	der Joghurt	das Salz	die Wurst
d Banane				
d Birne				

der Saft	der Kaffee	das Bier	der Kuchen	die Bonbons

34   vierunddreißig

Grammatik 6

12 Mengenangaben → §4

	unbestimmte Menge			bestimmte Menge	
	Nomen ohne Artikel			Mengenangabe	Nomen ohne Artikel
Michael kauft	Saft.		Michael kauft	eine Flasche	Saft.
Er trinkt	Kaffee.		Er trinkt	zwei Tassen	Kaffee.
Er isst	Kartoffeln.		Er isst	200 Gramm	Kartoffeln.
Er kocht	Nudeln.		Er kocht	1 kg	Nudeln.

Mengen im Singular: Saft, Kaffee, Tee, Suppe, Eis, Brot, Marmelade …
Mengen im Plural: Kartoffeln, Nudeln, Tomaten, Pilze, Eier …

13 Hauptsatz und Nebensatz → §23 a

Hauptsatz	Junktor	Nebensatz					
		Vorfeld	Verb (1)	Subjekt	Angabe	Ergänzung	Verb (2)
Er kauft Fischstäbchen,	**weil**			sein Sohn	gern	Fisch	**isst.**
Sie kauft Nudeln,	**weil**			sie	heute	eine Nudelsuppe	**kochen will.**
Er hat keinen Hunger,	**weil**			er	schon	zwei Schnitzel	**gegessen hat.**
Sie nimmt ab,	**weil**			er	auch		**abnimmt.**

Nebensatz: Das konjugierte Verb steht an letzter Stelle (Position Verb (2))

❗ Verben mit trennbarem Verbzusatz: **Sie nimmt ab**/…, weil **er abnimmt**.

14 Konjugation: mögen

	mögen		
Ich	**mag**	gern Pizza.	
Du	**magst**	lieber Kartoffeln.	
Er/Sie/Es/Man	**mag**	am liebsten Nudeln.	
Wir	**mögen**	nicht dasselbe.	
Ihr	**mögt**	keine Milch.	
Sie/Sie	**mögen**	Würstchen.	
Er/Sie/Es/Man	hat	als Kind keine Tomaten	**gemocht.**

Konjugation wie Modalverben: ich/er mag, kann, darf, muss, soll, will

15 Steigerung: gern → §9 b

Positiv	Er isst	**gern**	Pizza.
Komparativ	Sie mag	**lieber**	Pommes frites.
Superlativ	Wir mögen	**am liebsten**	Nudeln.

Lernwortschatz

Nomen
r Alkohol
r Becher, –
e Bohne, -n
Bratkartoffeln (pl)
s Buffet, -s
e Dose, -n
s Fischstäbchen, –
r Gänsebraten, –
s Geflügel
e Gemüsesuppe, -n
e Gesamtschule, -n
e Gurke, -n
r Hähnchenschenkel, –
e Holzkohle
r Hundekuchen, –
r/e Jugendliche, -n (ein Jugendlicher)
e Kantine, -n
r Käse
e Kasse, -n
r Koch, ⸚e
s Kotelett, -s
r Küchenchef, -s
e Margarine
e Marmelade
s Mehl
e Nudel, -n
s Paket, -e
r Pfeffer
e Planung, -en
r Platz, ⸚e
Pommes (pl) → *Pommes frites*
e Praline, -n
e Schachtel, -n
e Schülergruppe, -n
s Schweinefleisch
r Speiseplan, ⸚e
s Stück, -e
e Tomatensoße, -n
e Traube, -n
e Tube, -n
e Tüte, -n
e Umfrage, -n
e Vegetarierin, -nen
r Zeitungsbericht, -e
e Zitrone, -n
r Zucker

Verben
ab·nehmen, nimmt ab, hat abgenommen
folgen, ist gefolgt
kriegen
liegen, liegt, hat gelegen
mögen, mag, hat gemocht
probieren
tun, tut, hat getan
vergleichen, vergleicht, hat verglichen

Andere Wörter
bitter
fett
frisch
heute
preiswert
salzig
sauer
scharf
süß
überraschend

am liebsten
überhaupt nicht

dasselbe

weil

Wörter im Kontext
ein **Päckchen** Margarine
ein **Paket** Hundekuchen
Auf Platz 1 liegt …
ein **Stück** Käse
Er will **abnehmen**. (Er will nicht mehr so viel wiegen)
Warum **probierst** du den Salat nicht?
Er **tut** Zucker in den Tee.
Der Senf ist mir zu **scharf**.
Die Sahne ist mir zu **süß**.
Kaffee mag ich **gern**. Tee mag ich **lieber**. Saft mag ich **am liebsten**.
Sie **will eine Party geben**.

In Deutschland sagt man:	In der Schweiz sagt man auch:	In Österreich sagt man auch:
e Bohne, -n		e Fisole, -n
e Dose, -n	e Büchse, -en	
s Hähnchen, -		s Hendel, -n
e Kasse, -n		e Kassa
e Marmelade	e Konfitüre, -n	
s Paket, -e		s Packerl, -
e Sahne	r Rahm	r Schlag
e Tüte, -n		s Sackerl, -

Lerneinheit 7

1 Ergänzen Sie. → 2

a. Er isst viel, wenn er richtig Hunger hat.
   Wenn er richtig Hunger hat, _isst er viel_.

b. Er geht zum Imbiss, weil er wenig Zeit hat.
   Weil er wenig Zeit hat, _geht er zum Imbiss_.

c. Er besucht gern den Biergarten, wenn die Sonne scheint.
   Wenn die Sonne scheint, _besucht er gern den Biergarten_.

d. Sie hat an einer Raststätte gehalten, weil sie auf Reisen ist.
   Weil sie auf Reisen ist, _hat sie an einer Raststätte gehalten_.

e. Sie trinkt immer eine Tasse Kaffee, wenn sie Brötchen kauft.
   Wenn sie Brötchen kauft, _trinkt sie immer eine Tasse Kaffee_.

2 Formen Sie die Sätze um. → 2

a. Er hat Hunger. Er geht ins Gasthaus.
   Wenn er Hunger hat, geht er ins Gasthaus.
   Er geht ins Gasthaus, wenn er Hunger hat.

b. Sie hat wenig Zeit. Sie trinkt nur einen Kaffee.
   Wenn sie _wenig Zeit hat_, trinkt sie _nur einen Kaffee_.
   Sie trinkt _nur einen Kaffee_, wenn sie _wenig Zeit hat_.

c. Die Sonne scheint. Er geht ins Schwimmbad.
   Wenn _die Sonne scheint_, _geht er ins Schwimmbad_.
   Er _geht ins Schwimmbad_, wenn _die Sonne scheint_.

d. Sie ist auf Reisen. Sie hält an einer Raststätte.
   Wenn _sie auf Reisen ist_, _hält sie an einer Raststätte_.
   Sie hält an einer Raststätte, wenn _sie auf Reisen ist_.

e. Er möchte seine Freundin einladen. Er geht mit ihr ins Café.
   Wenn _er seine Freundin einladen möchte_, geht er mit ihr _ins Café_.
   Er _geht mit ihr ins Café_, wenn _er seine Freundin einladen möchte_.

Lerneinheit 7

3 Ergänzen Sie. →2

a. Er geht nicht ans Telefon.   Er kocht.
   Er geht nicht ans Telefon,   weil er kocht.
   Er geht nicht ans Telefon.   Er kocht eine Suppe.
   Er geht nicht ans Telefon,   weil er eine _____.
   Er geht nicht ans Telefon.   Er kocht in der Küche eine Suppe.
   Er geht nicht ans Telefon,   weil _____.
   Er geht nicht ans Telefon.   Er will in der Küche eine Suppe kochen.
   Er geht nicht ans Telefon,   weil _____.
   Er ist nicht ans Telefon gegangen.   Er hat in der Küche eine Suppe gekocht.
   Er ist nicht ans Telefon gegangen,   weil _____.

b. Er hat keine Zeit.   Er räumt auf.
   Er hat keine Zeit,   weil _____.
   Er hat keine Zeit.   Er räumt die Wohnung auf.
   Er hat keine Zeit,   weil _____.
   Er hat keine Zeit.   Er räumt die Wohnung und den Keller auf.
   Er hat keine Zeit,   weil _____.
   Er hat keine Zeit.   Er will die Wohnung und den Keller aufräumen.
   Er hat keine Zeit,   weil _____.
   Er hatte keine Zeit.   Er hat die Wohnung und den Keller aufgeräumt.
   Er hatte keine Zeit,   weil _____.

4 Ergänzen Sie. →2

◎ ~~am größten~~ ◎ am liebsten ◎ am besten ◎ am meisten ◎ am schönsten ◎ am teuersten ◎

a. Die Portionen sind hier immer groß, aber mittags sind sie *am größten*.
b. Viele Cafés sind schön, aber dieses ist _____.
c. Fisch schmeckt ihm immer gut, aber hier schmeckt er ihm _____.
d. Er isst fast alles gern, aber Hamburger mag er _____.
e. Viele Gasthäuser sind teuer, aber das ist _____.
f. Er trinkt immer viel Kaffee, aber sonntags trinkt er _____.

Lerneinheit 7

5 Welche Sätze passen zum Text? X → Kursbuch S. 38/39 → 6

a. Wenn Curt wenig Zeit hat, bestellt er am liebsten Kirschtorten.
b. Curt bestellt Schwarzwälder Kirschtorte, weil er die am liebsten mag.
c. Curt trinkt nur einen Schluck Kaffee, denn er ist zu kalt.
d. Weil der Kaffee sehr heiß ist, trinkt Curt ihn vorsichtig.
e. Curt trinkt vor dem Kaffee einen Eistee, denn er hat Durst.
f. Eine Mutter redet ohne Pause mit einer Freundin und ihr Kind bemalt die Tischdecke.
g. Weil Maria zu spät zur Probe gekommen ist, hat die Probe so lange gedauert.
h. Die Probe hat lange gedauert, deshalb kommt Maria zu spät.
i. Curt schaut Maria in die Augen. Sie soll erst mal Platz nehmen.
j. Curt hat eine Frage, weil er das Stück noch nicht kennt.
k. Wenn Curt aufgeregt ist, werden die Augen von Maria immer sehr schön.
l. Curt findet Maria am schönsten, wenn sie aufgeregt ist.

6 Ordnen Sie. → Kursbuch S. 38/39 → 6

a. Danach bestellt Curt noch ein Stück Schwarzwälder Kirschtorte, weil er die besonders gut findet.
b. Die Kellnerin bringt ihm ein Stück Schwarzwälder Kirschtorte und ein Kännchen Kaffee.
c. **1** Nachmittags um vier geht Curt ins Café.
d. Maria küsst Curt auf die Wange und nimmt am Tisch Platz.
e. Zuerst nimmt er an einem Tisch Platz und liest die Speisekarte.
f. Curt hat Maria nicht gesehen, weil er für einen Augenblick die Tür nicht beobachtet hat.
g. Erst um Viertel vor fünf betritt Maria das Café, weil die Probe so lange gedauert hat.
h. Dann bestellt er, weil die Kellnerin schon neben ihm steht.
i. Dann funkeln ihre Augen, weil sie aufgeregt ist.
j. Schließlich erzählt sie ihm die Nachricht.
k. Danach bestellt sie ein Eis, aber sie sagt zuerst nichts.

7 Was passt zusammen? → 6

a. Maria kommt,
b. Maria bestellt sicher ein Glas Tee,
c. Curt trinkt den Kaffee vorsichtig,
d. Weil ein Traum zu Ende ist,
e. Auch für Curt ist ein Traum zu Ende,
f. Wenn die Nachricht für Curt schlecht ist,

1. wenn sie kommt.
2. wenn sie es schafft.
3. wenn Maria nicht bald kommt.
4. geht es trotzdem irgendwie weiter.
5. weil er sehr heiß ist.
6. geht das Mädchen.

7 Lerneinheit

8 Was passt? →6

> ~~schlecht~~ | jung | klein | kurz | langsam | langweilig | leer | nervös
> neu | richtig | sauer | spät | tief | traurig | trocken | verheiratet

a. gut – *schlecht*
b. falsch – ....
c. voll – ....
d. groß – ....
e. hoch – ....
f. lang – ....

g. schnell – ....
h. früh – ....
i. alt – ....
j. alt – ....
k. ruhig – ....
l. fröhlich – ....

m. spannend – ....
n. ledig – ....
o. süß – ....
p. nass – ....

9 Was passt nicht? →6

a. das Café: interessant | voll | leer | ~~früh~~
b. der Kaffee: schwach | heiß | langsam | bitter
c. das Kind: brav | hoch | freundlich | nett
d. das Eis: kalt | traurig | groß | süß

e. der Nachbartisch: lang | kurz | nervös | frei
f. der Tischnachbar: tief | müde | fröhlich | groß
g. die Tischdecke: bunt | rot | blau | sauer
h. die Nachricht: wunderbar | herrlich | | gut | gemütlich

10 Welches Wort passt? Ergänzen Sie. →6

a. Ich möchte etwas bestellen, aber die .... kommt nicht.
b. Er betritt das Lokal und hängt zuerst seinen Mantel an die ....
c. Sie liest zuerst die ...., dann bestellt sie ein Stück Kuchen.
d. Ich kann die Zeitung nicht lesen, weil ich meine .... vergessen habe.
e. Die .... auf meinem Tisch hat einen Kaffeefleck.
f. Ihre .... ist sehr leise, weil sie traurig ist.
g. Maria kommt von der .... zu einem Theaterstück.
h. Curt bekommt eine .... in dem Theaterstück.
i. Er bezahlt und die Kellnerin gibt ihm eine ....

> Decke
> Bedienung
> Rolle
> Stimme
> Quittung
> Brille
> Probe
> Garderobe
> Speisekarte

Grammatik

11 Nebensatz und Hauptsatz → § 23 b

Nebensatz + Hauptsatz

Nebensatz	Hauptsatz					
	Vorfeld	Verb (1)	Subjekt	Angabe	Ergänzung	Verb (2)
Wenn er richtig Hunger hat,		**geht**	er	gern	ins Gasthaus.	
Wenn sie nicht kochen möchte,		**kann**	sie		eine Pizza	**bestellen**.
Weil ihr Freund nicht gekommen ist,		**geht**	sie		nach Hause.	

Nebensatz = Vorfeld des Hauptsatzes

Zum Vergleich: Hauptsatz und Nebensatz

Hauptsatz	Junktor	Nebensatz					
		Vorfeld	Verb (1)	Subjekt	Angabe	Ergänzung	Verb (2)
Er geht gern ins Gasthaus,	**wenn**			er	richtig	Hunger	**hat.**
Sie kann eine Pizza bestellen,	**wenn**			sie	nicht		**kochen möchte.**
Sie geht nach Hause,	**weil**			ihr Freund	nicht		**gekommen ist.**

12 Steigerung: Positiv und Superlativ → § 9

	Positiv
Das geht	**schnell.**
Da ist der Kaffee	**billig.**
Da sind die Portionen	**groß.**
Das esse ich	**gern.**
Da bekommt man	**viel.**
Da schmeckt es	**gut.**

	Superlativ
Das geht	**am schnellsten.**
Da ist der Kaffee	**am billigsten.**
Da sind die Portionen	**am größten.**
Da esse ich	**am liebsten.**
Da bekommt man	**am meisten.**
Da schmeckt es	**am besten.**

7 Lernwortschatz

Nomen
r Apfelkuchen, –
e Autobahn-Raststätte, -n
e Bedienung, -en
r Biergarten, ⸚
e Decke, -n
r Deutschkurs, -e
r Döner, –
r Eisbecher, –
r Erzähler, –
s Fenster, –
e Garderobe, -n
s Gasthaus, ⸚er
e Handtasche, -n
r Imbiss, -e
r Kaffeefleck, -e
s␣ännchen, –
e Kellnerin, -nen
s Kino, -s
e Kirschtorte, -n
s Kleinkind, -er
e Liebe
s Lieblingslokal, -e
r Mantel, ⸚
e Mehrwertsteuer
e Mitte
r Nachbartisch, -e
e Nase, -n
e Portion, -en
e Probe, -n
e Quittung, -en
e Raststätte, -n
r Schluck, -e
r Schweinebraten, –
s Stehcafé, -s
e Stimme, -n
r Strich, -e
s Stück, -e
r Superlativ, -e
e Tasse, -n
r Textteil, -e
s Theater, –
s Theaterstück, -e → Stück
e Tischdecke, -n → Decke
r Tischnachbar, -n → Nachbar
e Wange, -n
s Weißbrot, -e
r Weißwein, -e
e Zusammenfassung, -en

Verben
beobachten
dauern
denken, denkt, hat gedacht
klappen
reden
schlagen, schlägt, hat geschlagen
stimmen
versprechen, verspricht, hat versprochen
weiter·gehen, geht weiter, ist weitergegangen

Andere Wörter
am besten
am meisten
am schnellsten
besonders
billig
dicht
flüchtig
graublau
heiß
immer noch nicht
immer noch nichts
inklusive
irgendwie
leer
meistens
nachts
nervös
sowieso
spezial
total
unterwegs
vorsichtig

neben
wenn

Wörter im Kontext
Auf den Tischen liegen **Decken**.
Nimm doch **Platz**.
Er **hält** die Zeitung **dicht vor** die Nase.
Es hat nicht **geklappt**.
Macht nichts!
Wie alt **mag** (kann) sie sein?
Stimmt so!
Es **geht weiter**.
Dann war's das **eben**!
Er hat **richtig** Hunger.
Jetzt **ruhig** bleiben!

42   zweiundvierzig

Lerneinheit 8

1 Ergänzen Sie die Sätze. → 2

- a 51 %
- b 24 %
- c 18 %
- d 25 %
- e 32 %
- f 5 %
- g 8 %
- h 7 %
- i 55 %
- j 2 %

Müsli ◎ Brötchen ◎ Weißbrot ◎ Wurst ◎ Quark ◎ Ei ◎ Käse ◎ Gebäck ◎ ~~Schwarzbrot und Graubrot~~ ◎ Honig

a. Sehr gern essen die Leute morgens _Schwarzbrot und Graubrot_. 51 Prozent mögen das am liebsten.
b. _Brötchen_ essen 24 Prozent am liebsten.
c. _Weißbrot_ essen nicht so viele: nur 18 Prozent.
d. 25 Prozent essen morgens gern _Wurst_.
e. 32 Prozent mögen zum Frühstück _Käse_ auf ihrem Brot.
f. Nur 5 Prozent frühstücken ein _Ei_.
g. Auch _Quark_ mögen nur 8 Prozent.
h. 7 Prozent essen morgens gern _Honig_.
i. Am meisten mögen die Leute _Müsli_ zum Frühstück. 55 Prozent essen es gern.
j. Am wenigsten isst man morgens _Gebäck_. Nur 2 Prozent mögen das.

2 Was passt zusammen? → 3

a. Morgens trinke ich lieber Milch
b. Wenn ich gut frühstücke,
c. Ich esse meistens eine Scheibe
d. Meistens trinke ich ein Glas
e. Morgens vertrage ich Tee
f. An Wochentagen frühstückt meine Familie
g. Zum Frühstück esse ich kein Brot,

1. Brot mit Wurst oder Käse.
2. Milch oder Saft.
3. besser als Kaffee.
4. später als ich.
5. sondern lieber Müsli.
6. als Saft.
7. kann ich besser arbeiten.

dreiundvierzig 43

Lerneinheit 8

3 Schreiben Sie die Sätze richtig. → 3

a. ichtrinkemorgensimmereinglasorangensaft
   Ich trinke morgens immer ein Glas Orangensaft.

b. ichesseeinbrötchenmitwurstoderkäse
   ....

c. manchmalesseicheineizumfrühstück
   ....

d. kaffeetrinkeichlieberalstee
   ....

e. normalerweiseesseichnureinenbecherjoghurt
   ....

f. honigschmecktmirbesseralsmarmelade
   ....

g. amliebstenesseichschwarzbrotmitschinken
   ....

4 Vergleichen und schreiben Sie. → 3

a. Ich esse zwei Eier zum Frühstück. Mein Bruder isst drei Eier.
   Mein Bruder isst mehr Eier als ich.

b. Ich stehe morgens um 7 Uhr auf. Mein Bruder steht schon um 5 Uhr auf.
   Mein Bruder steht ....

c. Ich frühstücke um 8 Uhr. Mein Bruder frühstückt erst um 9 Uhr.
   Mein Bruder frühstückt ....

d. Ich habe morgens wenig Hunger. Mein Bruder frühstückt immer gut.
   Mein Bruder ....

e. Ich trinke drei Tassen Kaffee. Mein Bruder trinkt vier oder fünf Tassen Kaffee.
   Mein Bruder ....

f. Ich esse Honig nicht sehr gern. Mein Bruder isst gern Honig.
   Mein Bruder ....

5 Welche Antwort passt nicht? →4

a. Trinken Sie gern Tee?
- Ja, aber Kaffee trinke ich lieber.
- Ja, aber ich mag auch gern Kaffee.
- Nein, am liebsten Joghurt.

b. Trinken Sie morgens Kaffee?
- Nein, ich habe morgens keinen Hunger.
- Nein, ich vertrage keinen Kaffee.
- Ja, ich trinke immer Kaffee zum Frühstück.

c. Was essen Sie zum Frühstück?
- Meistens ein Brötchen mit Marmelade.
- Nichts; ich trinke nur eine Tasse Tee.
- Nein, ich mag keine Eier.

d. Frühstücken Sie mit Ihrer Familie?
- Ich esse gerne Schwarzbrot mit Schinken.
- Wir frühstücken nur am Wochenende zusammen.
- Nein, weil ich immer früher aufstehe.

e. Frühstücken Sie gesund?
- Ja, ich esse morgens oft Obst oder Joghurt.
- Nein, das ist mir egal.
- Ich frühstücke immer um sieben Uhr.

6 Schreiben Sie. →5

a. Möchten Sie ein Brot mit Käse?

   (Wurst) *Ich hätte lieber ein Brot mit Wurst.*

b. Möchten Sie ein Brötchen mit Marmelade?

   (Honig) _____.

c. Möchten Sie ein Schwarzbrot mit Schinken?

   (Wurst) _____.

d. Möchten Sie einen Joghurt mit Kirschen?

   (Erdbeeren) _____.

e. Möchten Sie ein Kotelett mit Kartoffelsalat?

   (Nudeln) _____.

f. Möchten Sie einen Kaffee mit Sahne?

   (Milch) _____.

g. Möchten Sie einen Salat mit Ei?

   (Schinken) _____.

Lerneinheit 8

7 Was passt zusammen? →5

a. Hat es Ihnen geschmeckt? 1
b. Möchten Sie noch etwas Suppe? 5
c. Wie finden Sie den Wein? 6
d. Trinken Sie lieber Wein oder Bier? 3
e. Nehmen Sie doch noch ein Stück Fleisch. 4
f. Ich wünsche Ihnen guten Appetit. 2
g. Mögen Sie noch einen Knödel? 7

1. Danke, es war alles ausgezeichnet.
2. Danke gleichfalls!
3. Zum Essen am liebsten Wein.
4. Vielen Dank, aber ich bin wirklich satt.
5. Nein danke, aber sie hat fantastisch geschmeckt.
6. Er ist ausgezeichnet; schön trocken, aber nicht sauer.
7. Ja gern, die schmecken wirklich wunderbar.

8 Ergänzen Sie. →7

nehmen • probier • geh • bestellen • hol • essen • trinken • holen • probieren • trink • bestell • nimm • iss • gehen

a. Ich nehme das Omelett. — Nimm doch auch das Omelett! — Nehmen wir das Omelett!
b. Ich bestelle eine Suppe. — Bestell doch auch eine Suppe! — Bestellen wir eine Suppe!
c. Ich esse ein Eis. — Iss doch auch ein Eis! — Essen wir ein Eis!
d. Ich gehe nach Hause. — Geh doch auch nach Hause! — Gehen wir nach Hause!
e. Ich hole Geld. — Hol doch auch Geld! — Holen wir Geld!
f. Ich probiere das Fleisch. — Probier doch auch das Fleisch! — Probieren wir das Fleisch!
g. Ich trinke einen Rotwein. — Trink doch auch einen Rotwein! — Trinken wir einen Rotwein!

9 Welche Sätze sind freundlich? Welche Sätze sind unfreundlich? →7

	freundlich	unfreundlich
a. Geben Sie mir ein Stück Fleisch!		X
b. Darf ich bitte noch ein Stück Kuchen haben?	X	
c. Nehmen Sie doch bitte Platz!	X	
d. Essen Sie die Suppe!		X
e. Bringen Sie mir sofort ein Kotelett!		X
f. Bitte nehmen Sie doch noch ein bisschen Suppe.	X	
g. Trink endlich deinen Saft!		X
h. Kann ich bitte ein Brötchen haben?	X	
i. Gib mir den Honig!		X
j. Hol mir ein Mineralwasser, aber schnell!		X
k. Kann ich noch ein Glas Wein haben, bitte?	X	

46 sechsundvierzig

Grammatik

10 Steigerung und Vergleich → §9

Positiv	Komparativ		Superlativ
klein	klein**er**		**am** klein**sten**
süß	süß**er**		**am** süß**esten**
schön	schön**er**		**am** schön**sten**
...	...	**als** ...	...
gern	**lieber**		**am liebsten**
gut	**besser**		**am besten**
viel	**mehr**		**am meisten**

Das Café ist **billig**.
Marmelade ist **süß**.
Bananen esse ich **gern**.
Kaffee schmeckt mir **gut**.
Ich esse nicht **viel** Fleisch.

Das Gasthaus ist **billiger als** das Café.
Schokolade ist **süßer als** Marmelade.
Äpfel esse ich **lieber als** Bananen.
Tee schmeckt **mir besser** als Kaffee.
Ich esse **mehr** Fisch **als** Fleisch.

Der Imbiss ist **am billigsten**.
Zucker ist **am süßesten**.
Birnen esse ich **am liebsten**.
Saft schmeckt mir **am besten**.
Am meisten esse ich Obst.

11 Imperativ der 1. Person Plural → §19

	gehen	warten	nehmen	lesen	anfangen	sein
wir	Geh**en** wir.	Wart**en** wir.	Nehm**en** wir ...	Les**en** wir.	Fang**en** wir an.	Sei**en** wir ...

Aussagesatz
Wir gehen.
Wir nehmen die Kreditkarte.

Imperativ
Gehen wir.
Nehmen wir die Kreditkarte.

Andere Formen zum Vergleich:

Sie	Geh**en** Sie.	Wart**en** Sie.	Nehm**en** Sie ...	Les**en** Sie.	Fang**en** Sie an.	**Seien** Sie...
du	Geh.	Warte.	**Nimm*** ...	**Lies.***	Fang an.	**Sei** ...
ihr	Geh**t**.	Wart**et**.	Nehm**t** ...	Les**t**.	Fang**t** an.	**Seid** ...

**Starke Verben mit Vokalwechsel* e → i/ie:
g**e**ben – g**i**b, spr**e**chen – spr**i**ch, h**e**lfen – h**i**lf, zerbr**e**chen – zerbr**i**ch, s**e**hen – s**ie**h, empf**e**hlen – empf**ie**hl

Lernwortschatz

Nomen
r Appetit
r Aussagesatz, ⸚e
s Bargeld
s Dessert, -s
e Erdbeere, -n
r/e Erwachsene, -n (ein Erwachsener)
r Gastgeber, –
s Gebäck
s Graubrot, -e
r Honig
e Kirsche, -n
s Knäckebrot, -e
r Knödel, –
r Komparativ, -e
r Lammbraten, –
s Müsli
s Omelett, -s
r Orangensaft, ⸚e
s Prozent, -e
r Quark
s Rezept, -e
e Salami, -s
e Scheibe, -n
s Schwarzbrot, -e
e Suppe, -n
r Teller, –
r Toast, -s
e Vorspeise, -n
r Weinberg, -e
e Wurst, ⸚e
r Zwieback, ⸚e

Verben
an·bieten, bietet an, hat angeboten
aus·probieren
dabei haben
erleben
reservieren
vertragen, verträgt, hat vertragen
wieder·kommen, kommt wieder, ist wiedergekommen

Andere Wörter
ausgezeichnet
besser
frei
gleichfalls
morgens
satt
selbst
sonntags
vielleicht
wieder
zuerst

als
sondern

Wörter im Kontext
Machen Sie bitte **Platz**.
Guten Appetit!
eine **Scheibe** Brot, Käse
Zum Wohl!
Ich **vertrage** keinen Kaffee.
Danke gleichfalls!
Wie viel Bargeld **hat** Arnold **dabei**?
Haben Sie **so eine** Situation schon erlebt?
Tee schmeckt mir besser **als** Kaffee.

In Deutschland sagt man:	In Österreich sagt man auch:
r Quark	r Topfen
gleichfalls	ebenfalls

Lerneinheit 9

1 Ergänzen Sie -ig, -ich und -isch. →1

a. Alle sind glückl_____, weil das Wetter herrl_____ ist.
b. Die Suppe schmeckt scheußl_____, weil sie zu salz_____ ist.
c. Er ist immer sehr ruh_____, wenn er traur_____ ist.
d. Sie grüßt mich immer freundl_____, auch wenn sie es eil_____ hat.
e. Man muss tägl_____ üben, wenn man wirkl_____ etwas lernen will.
f. Ich finde meine Nachbarin sympath_____, weil sie immer fröhl_____ ist.
g. Ich kann in zwei Stunden fert_____ sein, wenn die Arbeit wicht_____ ist.
h. Wir haben uns herzl_____ bedankt, weil das Essen fantast_____ war.

2 Wie heißen die Wörter? →2

> ba kar mi nuss tof na scho ne ral fel
> nen ko was la sa ku lat ser chen de

Ba na nen ku chen   Mi __ __ __ __ __
Kar __ __ __ __   Nuss __ __ __ __

3 Schreiben Sie. →2

a. Möchten Sie ein Käsebrötchen?   (Wurst)   Nein, ich möchte lieber ein Wurstbrötchen.
b. Möchten Sie einen Tomatensalat? (Karotten) _____.
c. Möchten Sie einen Orangensaft? (Apfel)   _____.
d. Möchten Sie eine Kartoffelsuppe? (Tomaten) _____.
e. Möchten Sie eine Sahnetorte?   (Obst)   _____.
f. Möchten Sie ein Schinkenbrot?   (Käse)   _____.
g. Möchten Sie einen Apfelkuchen? (Birnen) _____.
h. Möchten Sie ein Zitroneneis?   (Bananen) _____.
i. Möchten Sie einen Rinderbraten? (Gänse)   _____.

neunundvierzig 49

Lerneinheit 9

4 Ergänzen Sie den Artikel. → 2

a. der Abend – das Brot → das Abendbrot
b. der Computer – das Geschäft → das Computergeschäft
c. die Fahrkarte – der Automat → der Fahrkartenautomat
d. die Familie – der Name → der Familienname
e. der Führerschein – die Prüfung → die Führerscheinprüfung
f. die Hand – die Tasche → die Handtasche
g. die Kartoffel – der Salat → der Kartoffelsalat
h. die Kirsche – die Torte → die Kirschtorte
i. das Schwein – der Braten → der Schweinebraten
j. die Person – der Wagen → der Personenwagen
k. die Sonne – die Brille → die Sonnenbrille
l. das Telefon – das Buch → das Telefonbuch
m. das Telefon – die Nummer → die Telefonnummer
n. die Banane – das Eis → das Bananeneis
o. die Woche – das Ende → das Wochenende

5 Ergänzen Sie weil oder wenn. → 3

a. Grüß bitte deinen Bruder von mir, wenn du ihn siehst.
b. Ich habe gerade das Auto gewaschen, wenn es ganz schmutzig war.
c. Wenn ich nach Hause komme, gehe ich oft sofort ins Bett, weil ich so müde bin.
d. Ich liebe das Weihnachtsfest, weil dann immer die ganze Familie da ist.
e. Er besucht seine Großmutter nur, wenn sie Geburtstag hat.
f. Peter nimmt immer ein Buch mit, wenn er ins Bett geht.
g. Lisa spricht sehr gut Spanisch, weil ihr Mann aus Madrid kommt.
h. Wir können heute leider nicht fernsehen, weil der Apparat nicht funktioniert.
i. Ich kann Herrn Meyer erst anrufen, wenn er aus London zurück ist.
j. Wenn in der Notaufnahme das Telefon klingelt, muss alles ganz schnell gehen.
k. Sie finden den Bahnhof ganz einfach, _____ Sie hier geradeaus gehen.
l. Das Kind hat geweint, weil sein Spielzeug kaputt ist.
m. Es gibt heute keine Brötchen zum Frühstück, weil Hasso sie gefressen hat.

Lerneinheit 9

6 Wie heißen die Nomen richtig? Ergänzen Sie auch den Artikel. →3

a. saft – fel – ap — der Apfelsaft
b. toffel – kar – lat – sa — der Kartoffelsalat
c. ga – rine – mar — die Margarine
d. de – na – li – mo — die Limonade
e. mar – la – me – de — die Marmelade
f. ku – chen – de – hun — der Hundekuchen
g. bee – re – erd — die Erdbeere
h. soße – ne – sah — die Sahnesoße
i. ler – tel – lat – sa — Tellersalat
j. ser – was – ral – ne – mi — Mineralwasser
k. chen – würst — Würstchen

7 Ergänzen Sie die Formen im Imperativ. →4

Infinitiv	du	Sie	wir	ihr
gehen	geh	gehen Sie	gehen wir	geht
warten				
nehmen				
fragen				
holen				
trinken				
bezahlen				
bestellen				

8 Was passt zusammen? →7

a. Möchtest du einen Saft trinken? — 4
b. Was darf ich Ihnen bringen?
c. Nimmst du den Schweinebraten?
d. Soll ich eine Flasche Wasser bestellen?
e. Ich trinke ein Wasser. Und du?
f. Möchten Sie eine Nachspeise?
g. Nimmst du keine Suppe?
h. Hätten Sie den Kuchen gern mit Sahne?

1. Nein, ich esse heute keine Vorspeise.
2. Ich auch.
3. Wir hätten gern ein Malzbier und ein Mineralwasser.
4. Ja, ich nehme einen Apfelsaft.
5. Nein, lieber ohne.
6. Nein, ich esse lieber Rinderbraten.
7. Ja, ich hätte gern ein Eis mit Sahne.
8. Nein, lieber nur ein Glas.

einundfünfzig 51

9 Lerneinheit

9 Ordnen Sie das Gespräch. →7

- ○ Mit Pommes frites?
- ○ Was möchtest du essen?
- ○ Ja, ich esse eine Gemüsesuppe. Möchtest du auch eine?
- ◆ Ich weiß noch nicht. Nimmst du eine Vorspeise?
- ◆ Nein, lieber eine Hühnersuppe. Und dann nehme ich ein Schnitzel.
- ◆ Nein, lieber mit Reis.

10 Was kann man nicht sagen? →7

a. Ich hätte gern   ein Bier | ein Glas Bier | ~~eine Tüte Bier~~ | eine Flasche Bier
b. Er bestellt   zwei Tassen Kaffee | zwei Flaschen Kaffee | Kaffee | zwei Kännchen Kaffee
c. Sie möchte   Salat | einen Teller Salat | einen Salatteller | einen Löffel Salat
d. Bringen Sie mir   einen Teller Wasser | ein Wasser | Wasser | ein Glas Wasser
e. Sie isst   einen Becher Eis | ein Eis | ein Fass Eis | Eis
f. Er möchte   Tomatensalat | einen Teller Tomatensalat | einen Salat Tomaten | einen Tomatensalat
g. Sie bestellt   einen Wein | eine Flasche Wein | Wein | ein Kilogramm Wein
h. Bringen Sie uns   das Schinkenbrot | ein Brot Schinken | ein Schinkenbrot | Schinkenbrot
i. Ich möchte   Saft | einen Saft | ein Glas Saft | ein Pfund Saft

11 Ergänzen Sie. →8

- ○ Bedienung, wir hätten gern die _____ .
- ◆ Ja gern. Hat es Ihnen _____ ?
- ○ _____ .
- ◆ Danke. Bezahlen Sie zusammen oder _____ ?
- ○ Getrennt, bitte.
- ◆ Und was _____ Sie?
- ○ Den Tomatensalat und das Kotelett.
- ◆ Also, Tomatensalat 2,80 Euro und _____ 8,50 Euro – das _____ 11,30 Euro.
- ○ 13 Euro, bitte.
- ◆ Danke. Und was hatten Sie?
- ☐ Ich _____ eine Gemüsesuppe und ein Schnitzel.
- ◆ Gemüsesuppe und Schnitzel, das sind _____ 14,80 Euro.
- ☐ 16 Euro. _____ so.
- ◆ Vielen _____ .

- ⊙ getrennt
- ⊙ Rechnung
- ⊙ zusammen
- ⊙ geschmeckt
- ⊙ Stimmt
- ⊙ Ausgezeichnet
- ⊙ macht
- ⊙ Dank
- ⊙ hatte
- ⊙ bezahlen
- ⊙ Kotelett

Grammatik

12 Zusammengesetzte Nomen: Nomen + Nomen → § 3

Teil 1	Teil 2	Zusammengesetztes Nomen
das Geld	der Automat	der Geldautomat
das Telefon	die Nummer	die Telefonnummer
der Abend	das Kleid	das Abendkleid

Ebenso:
der Taxifahrer, der Apfelsaft,
die Haustür, die Zwiebelsuppe,
das Polizeiauto, das Sahneeis ...

❗ Änderung in Teil 1:

Teil 1	Teil 2	Zusammengesetztes Nomen
die Gans	der Braten	der Gänsebraten
der Frühling	die Suppe	die Frühlingssuppe
die Zitrone	das Eis	das Zitroneneis

der Schweinebraten, der Blumenladen,
die Zeitungsanzeige, die Bohnensuppe,
das Wörterbuch, das Lebensjahr ...

Artikel = Artikel von Teil 2

Ohne Änderung in Teil 1	Mit Änderung in Teil 1
Zwiebelsuppe, Kartoffelsuppe, Gemüsesuppe ...	Frühlingssuppe, Hühnersuppe, Tomatensuppe ...
Lammbraten	Rinderbraten, Schweinebraten, Gänsebraten ...
Lammfleisch, Rindfleisch, Hähnchenfleisch	Hühnerfleisch, Schweinefleisch, ...
Apfelsaft, Gemüsesaft, Obstsaft ...	Birnensaft, Orangensaft, Karottensaft, ...
Nudelsalat, Obstsalat, Wurstsalat, Kartoffelsalat ...	Heringssalat, Bohnensalat, Gurkensalat ...
Biergarten, Nachbartisch, Hotelzimmer ...	Kindergarten, Küchentisch, Arbeitszimmer ...
...	...

Tipp: *Die Formen von zusammengesetzten Nomen immer in der Wortliste / im Wörterbuch nachschauen!*

13 Mengenangaben in der Umgangssprache

	unbestimmte Menge	Artikel/Zahlwort als Mengenangabe	Nomen als Mengenangabe
Er bestellt	Kaffee	einen Kaffee	eine Tasse Kaffee.
Sie möchte	Eis	zwei Eis	einen Becher Eis.
Sie trinken	Wein	einen Wein	zwei Gläser Wein.

❗ *Stück als Mengenangabe immer im Singular:* Sie bestellen zwei Stück Kuchen.

dreiundfünfzig

Lernwortschatz

Nomen
r Apfelsaft
e Aufforderung, -en
s Bananeneis
e Beilage, -n
r Birnensaft
r Bohnensalat, -e
r Braten, –
r Chor, ¨e
s Erdbeereis
s Fass, ¨er
e Fischplatte, -n
s Gericht, -e
r Gurkensalat, -e
s Hauptgericht, -e
r Hirsch, -e
s Hirschragout, -s
e Hühnersuppe, -n
r Karottensaft
e Kartoffelsuppe, -n
s Käsebrot, -e
e Kleingruppe, -n
e Nachspeise, -n
r Ober, –
r Obstsalat, -e
e Pilzsoße, -n
r Reissalat, -e
e Rinderbouillon, -s
r Rinderbraten
r Rotwein, -e
s Sahneeis
e Sahnesoße, -n
s Salatteller, –
s Schinkenbrot, -e
s Schokoladeneis
r Tomatensaft, ¨e
e Tomatensuppe, -n
r Traubensaft
s Trinkgeld, -er
e Variation, -en
e Weinkarte, -n
s Wurstbrot, -e
r Wurstsalat, -e
s Zitroneneis
e Zwiebelsuppe, -n

Andere Wörter
getrennt
günstig
höflich
plötzlich
traurig

oben

ungewöhnlich
unhöflich

Wörter im Kontext
Sprechen Sie **im Chor** nach.
Kalte Gerichte / Hauptgerichte
Ich bringe Ihnen die **Karte** (Speisekarte).
Das Trinkgeld **bleibt** auf dem Tisch **liegen**.
Das **macht** ... Euro.
Haben Sie **gewählt**?
Würden Sie mir die Weinkarte bringen?
Zusammen oder **getrennt**?
In der Küche ist es plötzlich **unheimlich** ruhig.

In Deutschland sagt man:	**In der Schweiz sagt man auch:**	**In Österreich sagt man auch:**
e Cola	s Cola	s Cola
r Frisör, -e	r Coiffeur, -e	
s Gericht, -e		e Speise, -n

Lerneinheit 10

1 Ergänzen Sie. → 2

a. Der <u>Salat</u> wird <u>gewaschen</u>.

b. Der <u>Fisch</u> wird <u>gebraten</u>.

c. Das <u>Ei</u> wird <u>geschnitten</u>.

d. Die <u>Kartoffeln</u> werden <u>geschält</u>.

e. Der <u>Kuchen</u> wird <u>gebacken</u>.

f. Der <u>Topf</u> wird <u>gespült</u>.

2 Schreiben Sie die Sätze richtig. → 7

a. SCHNEIDENSIEDIEZWIEBELNINWÜRFEL — *Schneiden Sie die Zwiebeln in Würfel.*
b. BRATENSIEDIEZWIEBELNKURZINDERPFANNE — *Braten Sie die Zwiebeln kurz in der Pfanne.*
c. GEBENSIEDIEBUTTERINDIEPFANNE — *Geben Sie die Butter in die Pfanne.*
d. LEGENSIEDENSCHINKENAUFDIEKARTOFFELN — *Legen Sie den Schinken auf die Kartoffeln.*
e. GIESSENSIEDIESAHNEINDIESOSSE
f. WÜRZENSIEDIEEIERMITSALZUNDPFEFFER
g. STREUENSIEDIEPETERSILIEAUFDIEZWIEBELN

3 Was passt nicht? → 7

a. Suppe | ~~Kuchen~~ | Gemüse **kochen**
b. Kuchen | Torte | Salat **backen**
c. Sahne | Eier | Tomaten **schlagen**
d. Soße | Zwiebeln | Petersilie **hacken**
e. Kartoffeln | Salz | Zwiebeln **schälen**
f. Soße | Zwiebeln | Sahne **gießen**
g. Kartoffeln | Fisch | ~~Eis~~ **braten**
h. Butter | Salz | Pfeffer **streuen**
i. Brot | Schinken | Sahne **schneiden**

Lerneinheit 10

4 Was passt zusammen? → 7

a. Würzen Sie den Braten — 5
b. Danach schälen Sie — 7
c. Braten Sie die Kartoffeln — 4
d. Gießen Sie die Sahne — 1
e. Schneiden Sie das Brot — 8
f. Stellen Sie die Pfanne — 9
g. Servieren Sie die Suppe — 2
h. Schieben Sie den Braten — 10
i. Verteilen Sie die Schinkenwürfel — 6
j. Legen Sie die Pilze — 3

1. über die Kartoffeln.
2. als Vorspeise.
3. kurz in Zitronensaft.
4. mit Butter in der Pfanne.
5. mit Salz und Pfeffer.
6. auf dem Salat.
7. die Kartoffeln.
8. in Scheiben.
9. auf den Herd.
10. in den Backofen.

5 Schreiben Sie die Sätze im Passiv → 7

a. Man streut die Petersilie in die Suppe. — *Die Petersilie wird in die Suppe gestreut.*
b. Man schiebt das Huhn in den Ofen. — Das Huhn wird in den Ofen geschiebt.
c. Man legt den Schinken auf die Brotscheibe. — Der Schinken
d. Man gießt die Soße über die Nudeln.
e. Man holt das Eis aus dem Kühlschrank. — Das Eis wird aus dem kühlschrank geholt.
f. Man stellt den Salat auf den Tisch. — Der Salat wird auf den Tisch gestellt
g. Man gießt die Sahne über das Obst. — Die Sahne werden über das Obst gegießt.
h. Man streut das Salz über die Tomaten.
i. Man legt die Würstchen in die Pfanne.
j. Man gibt den Käse zu den Zwiebeln.
k. Man stellt den Topf auf den Ofen.

Lerneinheit 10

6 Schreiben Sie. → 7

a. 1. Schneiden Sie zuerst die Zwiebeln.
   2. Zuerst schneidet man die Zwiebeln.
   3. Zuerst werden die Zwiebeln geschnitten.

b. 1. Kochen Sie dann die Kartoffeln.
   2. Dann kocht man die Kartoffeln.
   3. Dann werden die Kartoffeln gekocht.

c. 1. Streuen Sie danach die Petersilie auf die Eier.
   2. Danach streuen man die Petersilie auf die Eier.
   3. Danach wird die Petersilie auf die Eier gestreut.

d. 1. Braten Sie dann die Würstchen in der Pfanne.
   2. Dann brät man die Würstchen in der Pfanne.
   3. Dann werden die Würstchen in der Pfanne gebraten.

e. 1. _____
   2. _____
   3. Jetzt wird die Sahne in die Suppe gegossen.

f. 1. Würzen Sie vorher den Braten.
   2. Würzen man vorher den Braten.
   3. Wird vorher den Braten gewürzt.

g. 1. Schlägt Sie zum Schluss die Sahne.
   2. Zum Schluss schlägt man die Sahne.
   3. Zum Schluss werden die Sahne geschlägt.

siebenundfünfzig

Lerneinheit 10

7 Schreiben Sie die Antworten im Perfekt. →7

a. Soll ich die Kartoffeln kochen? — Nein danke, ich habe sie schon gekocht.
b. Soll ich den Salat würzen? — Nein danke, _____.
c. Soll ich die Soße machen? — _____.
d. Soll ich die Sahne schlagen? — _____.
e. Soll ich die Würstchen braten? — _____.
f. Soll ich die Tomaten schneiden? — _____.
g. Soll ich den Kuchen backen? — _____.
h. Soll ich die Petersilie hacken? — _____.

8 Ergänzen Sie -er, -es, -e, -s. →7

a. Ist noch Käse da? — Ja, es ist noch welch**er** da.
b. Ist noch Kaffee da? — Nein, hier ist kein____ mehr.
c. Ist noch Milch da? — Ja, es ist noch welch**e** da.
d. Ist noch Butter da? — Nein, hier ist kein____ mehr.
e. Ist noch Obst da? — Nein, es ist kein**s** mehr da.
f. Sind noch Getränke da? — Ja, hier stehen noch welch____.
g. Ist noch Saft da? — Nein, es ist kein____ mehr da.
h. Ist noch Gemüse da? — Ja, es ist noch welch____ da.
i. Sind noch Spaghetti im Topf? — Nein, da sind kein____ mehr.
j. Sind noch Würstchen da? — Ja, es sind noch welch____ da.
k. Ist noch ein Würstchen da? — Nein, jetzt ist kein____ mehr da.
l. Ist noch Senf da? — Ja, es ist noch welch____ da.

9 Ergänzen Sie kein-, welch-. →7

a. Ich hatte leider **keine** Sahne mehr, aber sie hatte zum Glück **welche**.
b. Sie hatte leider _____ Kuchen mehr, aber wir hatten zum Glück noch _____.
c. Du hattest leider _____ Wasser mehr, aber er hatte zum Glück noch _____.
d. Ihr hattet leider _____ Gläser mehr, aber wir hatten zum Glück noch _____.
e. Wir hatten leider _____ Schokolade mehr, aber ihr hattet zum Glück noch _____.
f. Sie hatten leider _____ Eier mehr, aber ich hatte zum Glück noch _____.
g. Er hatte _____ Salz mehr, aber du hattest zum Glück noch _____.
h. Ihr hattet _____ Pfeffer mehr, aber wir hatten zum Glück noch _____.
i. Sie hatte leider _____ Geld mehr, aber er hatte noch _____.

Grammatik

10 Passiv Präsens → § 18

suchen:	Er	**wird**	überall	**gesucht**.
abholen:	Sie	**werden**	vom Bahnhof	**abgeholt**.
		werden		*Partizip II*

ich	**werde** gesucht	**werde** abgeholt
du	**wirst** gesucht	**wirst** abgeholt
er/sie/es/man	**wird** gesucht	**wird** abgeholt
wir	**werden** gesucht	**werden** abgeholt
ihr	**werdet** gesucht	**werdet** abgeholt
sie/Sie	**werden** gesucht	**werden** abgeholt

Zum Vergleich:

Aktiv		Passiv	
Jemand spült	**einen** Topf.	**Ein** Topf	wird gespült.
Jemand schneidet	Kartoffeln.	Kartoffeln	werden geschnitten.
	Ergänzung im Akkusativ	*Subjekt im Nominativ*	

Im Satz:

Vorfeld	Verb (1)	Mittelfeld				Verb (2)
		Subjekt	Ergänzung	Angabe	Ergänzung	
Jemand	streut		die Petersilie	dann	auf die Kartoffeln.	
Dann	streut	jemand	die Petersilie		auf die Kartoffeln.	
Die Petersilie	**wird**			dann	auf die Kartoffeln	**gestreut**.
Dann	**wird**	die Petersilie			auf die Kartoffeln	**gestreut**.

11 Mengenangaben und Pronomen

	bestimmte Menge		*unbestimmte Menge*
Ist da noch	**eine Flasche** Saft?	Ist da noch	**Saft**?
Ist da noch	**eine**?	Ist da noch	**welcher**?
Er kauft	**eine Flasche** Saft.	Er kauft	**Saft**.
Er kauft	**eine**.	Er kauft	**welchen**.
Ist da noch	**eine Tüte** Nudeln?	Sind da noch	**Nudeln**?
Ist da noch	**eine**?	Sind da noch	**welche**?
Er kauft	**eine Tüte** Nudeln.	Er kauft	**Nudeln**.
Er kauft	**eine**.	Er kauft	**welche**.

Saft
= *unbestimmte Menge im Singular*

Nudeln
= *unbestimmte Menge im Plural*

10 Lernwortschatz

Nomen
s Aktiv
r Bauernfrühstück
r Boden, ¨
s Bund
s Fragespiel, -e
s Ganze
s Geschirr
s Handtuch, ¨er
e Kanne, -n
e Kartoffelscheibe, -n
e Möglichkeit, -en
e Orange, -n
s Passiv
e Petersilie
e Pfanne, -n
e Spülmaschine, -n
r Topf, ¨e
r Würfel, –
e Zutat, -en
r Zwiebelwürfel, –

Verben
auf·hängen
braten, brät, hat gebraten
dazu·tun, tut dazu, hat dazugetan
hacken
putzen
schälen
schneiden, schneidet, hat geschnitten
spülen
streuen
vermischen
würzen

Andere Wörter
anschließend
goldbraun
schließlich

jemand

Wörter im Kontext
zwei **Bund** Petersilie
Würzen Sie **das Ganze** mit Salz und Pfeffer.
Das Wasser **kocht**.
Kochen Sie **die Kartoffeln**.
Schlagen Sie **die Sahne**.
Schneiden Sie die Kartoffeln **in Scheiben**.
Die Sahne **wird geschlagen**.

In Deutschland sagt man:	**In der Schweiz sagt man auch:**	**In Österreich sagt man auch:**
r Topf, ¨e	e Pfanne, -n	
spülen		abwaschen

Anker

Das kann ich jetzt:

- **Über Einkäufe sprechen**

Das kann ich gut.
 ein bisschen.
 noch nicht so gut.

- ◆ Hast du jetzt alles?
- ⊙ Nein, ich muss noch Holzkohle für meine Party kaufen.

- ◆ Wir brauchen Wasser und Saft.
- ⊙ Getränke können wir hier kaufen. Da sind sie am billigsten.

- **Lebensmittel und Mengen benennen**

Das kann ich gut.
 ein bisschen.
 noch nicht so gut.

Wo finde ich Milch, Sahne und Joghurt?

Ich möchte ein Pfund Tomaten und 2 Kilo Karotten.

- **Über Essgewohnheiten / Essvorlieben reden**

Das kann ich gut.
 ein bisschen.
 noch nicht so gut.

- ◆ Isst du zum Frühstück auch immer ein Ei?
- ⊙ Nein, ich esse nur einen Toast mit Marmelade. Ich frühstücke morgens nicht viel.

- ◆ Isst du lieber Wurst oder Käse?
- ⊙ Käse schmeckt mir besser als Wurst.

- **Sich beim Essen unterhalten**

Das kann ich gut.
 ein bisschen.
 noch nicht so gut.

- ◆ Nehmen Sie doch noch etwas Gemüse!
- ⊙ Gern, es schmeckt sehr gut.
- ◆ Darf ich Ihnen auch noch ein Stück Braten geben?
- ⊙ Vielen Dank, aber es geht wirklich nicht mehr.

Anker

Das kann ich jetzt:

■ **Erklären, wie ein Gericht zubereitet wird**

Das kann ich gut.
 ein bisschen.
 noch nicht so gut.

◆ Wie wird ein Bauernfrühstück gemacht?
◉ Zuerst kocht, schält und schneidet man Kartoffeln. Dann werden die Kartoffeln mit Zwiebeln in einer Pfanne gebraten. Zum Schluss gibt man Eier, Sahne und Schinken dazu.

■ **In Lokalen etwas bestellen**

Das kann ich gut.
 ein bisschen.
 noch nicht so gut.

◆ Ich hätte gern ein Schnitzel mit Pommes frites.
◉ Möchten Sie auch etwas trinken?
◆ Ja, würden Sie mir bitte ein Glas Orangensaft bringen?
◉ Kommt sofort.

■ **Über Statistiken sprechen**

Das kann ich gut.
 ein bisschen.
 noch nicht so gut.

Nur zwei Prozent trinken morgens Kakao. Am liebsten mögen die Leute Kaffee zum Frühstück.

■ **Gründe angeben**

Das kann ich gut.
 ein bisschen.
 noch nicht so gut.

◆ Warum nimmst du keine Butter?
◉ Ich esse keine Butter, weil sie mir zu fett ist.

◆ Möchtest du eine Tasse Kaffee?
◉ Nein danke. Ich trinke abends keinen Kaffee, weil ich dann nicht schlafen kann.

Lerneinheit 11

1 Schreiben Sie Sätze. →1

a. die Frau: anfangen – malen
   Sie fängt an zu malen.
b. die Frau: anfangen – ein Bild malen
   Sie fängt an, ein Bild zu malen.
c. die Frau: keine Lust haben – weitermalen
   Sie hat keine Lust weiterzumalen.
d. der Vater: beginnen – schreiben
   Er beginnt zu schreiben.
e. der Vater: beginnen – E-Mails schreiben
   Er beginnt E-Mails zu schreiben.
f. der Vater: Lust haben – weiterschreiben
   Er hat Lust weiterzuschreiben.
g. die Mutter: aufhören – das Buch lesen
   Sie hört auf, das Buch zu lesen.
h. die Mutter: keine Lust haben – weiterlesen
   Sie hat keine Lust weiter zu lesen.
i. der Clown: anfangen – lachen
   Er fängt auf zu lachen.
j. die Kinder: anfangen – laut lachen
   Sie fangen auf laut zu lachen.
k. der Tischler: aufhören – bohren
   Er hört auf zu bohren.
l. der Handwerker: aufhören – Löcher bohren
   Er hört auf Löcher zu bohren.

2 Ergänzen Sie die Antworten. →2

a. ◆ Hast du Lust, ins Kino zu gehen? (lieber fernsehen) ○ Nein, ich sehe lieber fern.
b. ◆ Wollen wir spazieren gehen? (spazieren gehen) ○ Ich habe keine Lust, .
c. ◆ Hast du Lust, ihr zu schreiben? (lieber anrufen) ○ Nein, ich ___ sie lieber ___.
d. ◆ Hat sie keine Lust fernzusehen? (lieber schlafen) ○ Nein, sie ___ lieber.
e. ◆ Hat sie keine Lust mitzukommen? (arbeiten müssen) ○ Doch, aber sie ___.
f. ◆ Habt ihr Lust, uns zu besuchen? (gerne besuchen) ○ Ja, wir ___ euch ___.

11 Lerneinheit

3 Kombinieren Sie und erfinden Sie Sätze. → 2

- ich
- er/sie
- wir
- ihr
- mein Freund
- unsere Freunde
- unsere Nachbarn
- meine Mutter
- mein Vater

- immer
- oft
- manchmal
- selten
- fast nie
- nie

- Zeit haben
- Lust haben
- vergessen haben
- vergessen
- versuchen
- dir/euch ... helfen

- das Zimmer aufräumen
- die Wohnung putzen
- ~~aus~~schlafen
- zu Hause kochen
- Bücher lesen
- den Tisch decken
- den Mixer reparieren
- die Taschen tragen
- den Schlüssel mitnehmen
- den Stecker in die Steckdose stecken

a. Ich *habe immer Zeit auszuschlafen.*

b. Er *hat selten Lust, zu Hause zu kochen.*

c. Sie *vergisst immer, den Tisch zu decken.*

d. Wir *haben oft vergessen, Bücher zu lesen.*

e. Ihr *habt manchmal vergessen, den Mixer zu reparieren.*

f. Mein Freund *hat ~~selten~~ vergessen, den Schlüssel ~~zu~~ mitzunehmen.*

g. Unsere Freunde *haben fast nie Zeit, das Zimmer aufzuräumen.*

h. Unsere Nachbarn _____.

i. Meine Mutter _____.

j. Mein Vater _____.

4 Sagen Sie es anders. → 4

a. Die Touristin schafft es, Urlaubskarten zu schreiben und gleichzeitig zu telefonieren.
   Die Touristin kann Urlaubskarten schreiben und gleichzeitig telefonieren.

b. Der Junge kann Computerspiele machen und gleichzeitig essen.
   Der Junge schafft es, Computerspiele zu machen und gleichzeitig zu essen.

c. Es gelingt den Schülern, Filme anzuschauen und gleichzeitig die Hausaufgaben zu machen.
   Die Schüler können _____.

d. Es gelingt dem Bürgermeister, schnell zu denken und langsam zu sprechen.
   Der Bürgermeister kann _____.

e. Der Sohn kann schnell Fahrrad fahren und gleichzeitig SMS schreiben.
   Der Sohn schafft es, _____.

f. Es gelingt dem Großvater, Sonderangebote im Internet zu suchen und zu telefonieren.
   Der Großvater _____.

g. Die Sekretärin kann Briefumschläge öffnen und gleichzeitig Rechnungen schreiben.
   Die Sekretärin schafft es, _____.

Lerneinheit 11

5 Was passt zusammen? → 5

a. Bohrmaschine: ....
b. Föhn: ....
c. Geschirrspüler: ....
d. Kochlöffel: ....
e. Fotoapparat: ....
f. Rasierapparat: *rasieren*
g. Bügeleisen: *bügeln*
h. Feuerzeug: *anzünden*
i. Wörterbuch: *nachschlagen*

anzünden ◎ bohren ◎ bügeln ◎ fotografieren ◎ kochen ◎ rasieren ◎ spülen ◎ nachschlagen ◎ trocknen

6 Variieren Sie die Gespräche. → 5

- ~~Bügeleisen: Wäsche bügeln, Zeichnung glatt machen~~
- ~~Nagel: etwas aufhängen, Dose öffnen~~
- Brille: die Zeitung lesen, Papier anzünden
- Taucherbrille: tauchen, Zwiebeln schneiden
- Topf: kochen, Schlagzeug spielen
- Bohrmaschine: Löcher bohren, Sahne schlagen
- Scheckkarte: das Essen bezahlen, Tür öffnen
- Besen: die Treppe sauber machen, ein Bild malen

◆ Gibst du mir mal das Bügeleisen, bitte?
○ Willst du Wäsche bügeln?
◆ Nein, ich will eine Zeichnung glatt machen.
○ Wie bitte?
◆ Ich brauche es, um eine Zeichnung glatt zu machen.

◆ Gebt ihr uns mal den Nagel, bitte?
○ Wollt ihr etwas aufhängen?
◆ Nein, wir wollen eine Dose öffnen.
○ Wie bitte?
◆ Wir brauchen ihn, um eine Dose zu öffnen.

a.
◆ Gibst du mir mal *die Brille, bitte*?
○ Willst du *die Zeitung lesen*?
◆ Nein, ich will *ein Papier anzünden*.
○ Wie bitte?
◆ Ich brauche *sie, um ein Papier anzünden*

b.
◆ Gebt ihr uns mal *die Taucherbrille, bitte*?
○ Wollt ihr *tauchen*?
◆ Nein, wir *wollen die Zwiebeln schneiden*
○ Wie bitte?
◆ Wir brauchen *sie, um die Zwiebeln schneiden*

fünfundsechzig 65

11 Lerneinheit

7 Was passt?

a. Er wäscht die Jacke,
   - ⭕ damit er sauber wird.
   - ❌ damit sie sauber wird.

b. Sie duscht den Jungen,
   - ⭕ damit sie sauber wird.
   - ⭕ damit er sauber wird.

c. Er bügelt ihr Kleid,
   - ⭕ damit es schön glatt wird.
   - ⭕ damit er schön glatt wird.

d. Sie kämmt seine Haare,
   - ⭕ damit sie glatt wird.
   - ⭕ damit sie glatt werden.

e. Er hält den Regenschirm über sie,
   - ⭕ damit ihre Haare trocken bleiben.
   - ⭕ damit sein Bart trocken bleibt.

f. Sie gibt ihm die Gummistiefel,
   - ⭕ damit ihre Füße nicht nass werden.
   - ⭕ damit seine Füße nicht nass werden.

8 Sagen Sie es anders.

a. Er schaut die Frau an und lächelt. Sie soll glücklich sein.
   Er schaut die Frau an und lächelt, *damit sie glücklich ist.*

b. Er backt den Kuchen mit viel Zucker. Er soll sehr süß werden.
   Er backt den Kuchen mit viel Zucker, *damit* _____.

c. Er brät die Kartoffeln mit wenig Butter. Sie sollen nicht zu fett sein.
   Er brät die Kartoffeln mit wenig Butter, *damit* _____.

d. Sie schreibt den Brief schnell. Er soll bald fertig sein.
   Sie schreibt den Brief schnell, *damit* _____.

e. Sie liest den Brief schnell. Ihr Freund soll schnell ihre Antwort bekommen.
   Sie liest den Brief schnell, *damit* _____.

f. Sie liest den Kindern eine Geschichte vor. Sie sollen einschlafen.
   Sie liest den Kindern eine Geschichte vor, *damit* _____.

g. Er putzt die Wohnung. Sie soll an Ostern ganz sauber sein.
   Er putzt die Wohnung, *damit* _____.

h. Sie schickt ihrem Mann eine SMS. Er soll Äpfel aus dem Supermarkt mitbringen.
   Sie schickt ihrem Mann eine SMS, *damit* _____.

i. Sie schenkt ihrem Freund Bücher. Er soll mehr lesen.
   Sie schenkt ihrem Freund Bücher, *damit* _____.

Lerneinheit 11

9 Ergänzen Sie die Sätze. **um ... zu** oder **damit**? → 6

a. Er liest abends im Bett ein Buch. Er möchte müde werden.
Er liest abends im Bett ein Buch, *um müde zu werden.*

b. Er liest den Kindern abends Bücher vor. Die Kinder sollen müde werden.
Er liest den Kindern abends Bücher vor, *damit die Kinder müde werden.*

c. Er duscht morgens kalt. Sein Herz soll gesund bleiben.
Er duscht morgens kalt, *damit* _____.

d. Er duscht morgens kalt. Er möchte schnell wach werden.
Er duscht morgens kalt, *um* _____.

e. Er arbeitet fleißig. Er möchte schnell fertig werden.
Er arbeitet fleißig, _____.

f. Er arbeitet fleißig. Sein Chef soll zufrieden sein.
Er arbeitet fleißig, _____.

g. Sie öffnet den Regenschirm. Ihre Haare sollen nicht nass werden.
Sie öffnet den Regenschirm, _____.

h. Sie öffnet den Regenschirm. Sie möchte nicht nass werden.
Sie öffnet den Regenschirm, _____.

10 Infinitiv mit oder ohne **zu**? Ergänzen Sie **zu** oder **–**. → 3

a. Möchtest du nach Hause *–* gehen?
b. Hast du Lust, mich nach Hause *zu* fahren?
c. Er hat versucht, nicht nass ____ werden.
d. Trotzdem ist er sehr nass ____ geworden.
e. Ist er mit einer Freundin ____ essen gegangen?
f. Hast du Lust, mit mir essen ____ gehen?
g. Gehst du gerne ____ tanzen?
h. Es macht Spaß, tanzen ____ gehen.
i. Möchtest du ____ tanzen gehen?
j. Schaffst du es, alle Wörter richtig ____ schreiben?
k. Gelingt es dir, alle Antworten ____ finden?
l. Kannst du alle Antworten ____ schreiben?

Grammatik | Lernwortschatz

11 Infinitivsatz mit zu → § 25

Sie liest.	Sie fängt an.	Sie fängt an **zu** lesen.
Sie liest ein Buch.	Es macht ihr Spaß.	Es macht ihr Spaß, ein Buch **zu** lesen.
Sie liest weiter.	Sie hat Zeit.	Sie hat Zeit weiter**zu**lesen.

Ebenso: beginnen, aufhören, versuchen, vergessen, es schaffen, (keine) Lust haben, es gelingt ihm/ihr (nicht), …] **zu** …

12 Infinitivsatz mit um … zu → § 25

Er braucht seine Brille.	Er **will** lesen.	Er braucht seine Brille, **um zu** lesen.
Er benutzt die Zange.	Er **will** eine Flasche öffnen.	Er benutzt die Zange, **um** eine Flasche **zu** öffnen.
Er verwendet das Handy.	Er **möchte** fernsehen.	Er verwendet das Handy, **um** fern**zu**sehen.

13 Verwendung von um … zu und damit → § 23, 25

Sie öffnet den Regenschirm.		**Sie will** nicht nass werden.	Subjekte: identisch (**sie**)
Sie öffnet den Regenschirm,	**um**	nicht nass **zu** werden.	
Sie öffnet den Regenschirm.		**Ihre Haare sollen** nicht nass werden.	Subjekte: verschieden
Sie öffnet den Regenschirm,	**damit**	**ihre Haare** nicht nass werden.	(**sie – ihre Haare**)

Nomen
r Besen, –
e Bohrmaschine, -n
r Briefumschlag, ⸚e
s Bügeleisen, –
e Einrichtung, -en
r Föhn, -e
Hausaufgaben (pl)
e Idee, -n
r Kochlöffel, –
e Lust
r Mixer, –
s Museum, Museen
e Musik
s Schlagzeug, -e
s Sonderangebot, -e
e Steckdose, -n
r Stecker, –
e Taucherbrille, -n
e Urlaubskarte, -n
s Video, -s
e Zange, -n

Verben
auf·hören
auf·schreiben, schreibt auf, hat aufgeschrieben
aus·schlafen, schläft aus, hat ausgeschlafen
bearbeiten
bohren
chatten
decken
gelingen, gelingt, ist gelungen
herunter·laden, lädt herunter, hat heruntergeladen
öffnen
reizen
schützen
spazieren gehen
speichern
stecken
stützen
trocknen
versuchen
wackeln

Andere Wörter
glatt
gleichzeitig
manchmal
steif

damit
um zu
wozu
zu

Wörter im Kontext
Hat du Lust, **Karten** zu **spielen**?
Sie **fängt an**, den Brief **zu** lesen.
Sie fängt an, **den Tisch** zu **decken**.
Er hat vergessen, den Stecker **in die Steckdose** zu **stecken**.
Sie nimmt den Föhn, **damit** die Farbe schneller trocknet.
Sie benutzt den Besen, **um** ein Bild **zu** malen.
Er hört auf **zu** lesen.

| In Deutschland sagt man: | In der Schweiz sagt man auch: | In Österreich sagt man auch: |
| r Briefumschlag, ⸚e | s Couvert, -s | s Kuvert, -s |

Lerneinheit 12

1 Der, die oder das? Ordnen Sie. →1

Spülmaschine · Geschirrspüler · Herd · Waschmaschine · Kühlschrank · Bohrmaschine · Heizung · Computer · Stereo-Anlage · Telefon · Handy · Rasierapparat · Föhn · Bügeleisen · Mixer · Fernseher · Radio · MP3-Player · Digitalkamera · Fotoapparat · DVD-Rekorder

der	Geschirrspüler				
der	Herd				
der	Kühlschrank				
der	Computer				
der	Rasierapparat				
der	Föhn	die	Spülmaschine	das	Telefon
der	Fotoapparat	die	Waschmaschine	das	Handy
der	Mixer	die	Bohrmaschine	das	Bügeleisen
der	Fernseher	die	Heizung	das	Radio
der	MP3-Player	die	Stereo-Anlage		
der	DVD-Rekorder	die	Digitalkamera		

2 Sagen Sie es anders. →2

a. Ich glaube, die Kamera ist kaputt. Ich glaube, *dass die Kamera kaputt ist.*
b. Die Batterien sind alt, vermute ich. Ich vermute, *dass die Batterien alt sind.*
c. Ich hoffe, der Computer funktioniert heute. Ich hoffe, dass *der Computer heute funktioniert*
d. Der Wäschetrockner ist zu teuer, finde ich. Ich finde, dass *der Wäschetrockner zu teuer ist*
e. Ich sehe: Unten hält ein Wagen. Ich sehe, dass *ein Wagen unten hält*.
f. Ein Bus kommt. Das höre ich. Ich höre, dass *ein Bus kommt*.
g. Ich denke, man kann den Fernseher reparieren. Ich denke, dass *man den Fernseher reparieren kann*
h. Der Techniker sagt, das Gerät funktioniert nicht. Er sagt, dass *das Gerät nicht funktioniert.*
i. Die Batterien sind leer. Das bemerke ich. Ich bemerke, dass *die Batterien leer sind*

3 Wie heißen die Antworten? →4

a. ◆ Ein Vogel fliegt weg. Siehst du das? ○ Ja, ich sehe, *dass ein Vogel wegfliegt.*
b. ◆ Ein Taxi fährt weg. Hörst du das? ○ Ja, ich höre, *dass* _____ .
c. ◆ Ein Lastwagen biegt ab. Kannst du das sehen? ○ Ja, ich kann sehen, _____
d. ◆ Eine Maus läuft weg. Kannst du das erkennen? ○ Ja, ich kann erkennen, _____
e. ◆ Ein Nachbar schließt die Tür auf. Siehst du das? ○ Ja, ich sehe, _____
f. ◆ Die Kinder singen weiter. Hörst du das? ○ Ja, ich höre, _____ .
g. ◆ Die Nachbarn hängen Wäsche auf. Siehst du das? ○ Ja, ich sehe, _____
h. ◆ Sie machen die Garage zu. Hörst du das? ○ Ja, ich höre, _____ .
i. ◆ Eine Frau backt einen Kuchen. Riechst du das? ○ Ja, ich rieche, _____

Lerneinheit 12

4 Richtig (r) oder (f) falsch? Welche Sätze passen zum Textteil 1? → Kursbuch S. 62
→ 5

a. Mia steht am Fenster,
1. um nach draußen zu schauen.
2. aber es ist zu spät, um zu frühstücken.
3. weil sie die Straße beobachten möchte.

b. Mia wird unruhig,
1. weil sie plötzlich Schritte auf der Treppe hört.
2. denn jemand stößt gegen das Telefon.
3. weil es ihr nicht gelingt, wegzulaufen.

c. Mia sieht,
1. dass die Leute einen Karton tragen.
2. dass die Leute ins Zimmer kommen.
3. dass jemand Stiefel trägt.

d. Mia bleibt ganz still in ihrem Versteck,
1. damit man sie nicht entdeckt.
2. um sicher zu sein.
3. damit jemand sie findet.

5 Richtig (r) oder (f) falsch? Welche Sätze passen zum Textteil 2? → Kursbuch S. 63
→ 7

a. Mia bemerkt,
1. dass Säcke in der Badewanne stehen.
2. dass auch im Wohnzimmer alles anders ist.
3. dass man Sessel auf die Couch gestellt hat.

b. Die Familie ruft Mia,
1. denn Mia ist noch nicht wach.
2. um Mia zu finden.
3. weil sie Mia finden möchte.

c. Mia ist gefangen,
1. weil sie auf einen Karton gefallen ist.
2. deshalb kann sie nichts mehr sehen.
3. weil ein Karton auf sie gefallen ist.

d. Jemand hebt ganz langsam den Karton,
1. um Mia zu befreien.
2. damit Mia wieder frei ist.
3. und Mia bekommt zwei Kekse.

e. Mia kann im Auto alles sehen,
1. weil sie vorne auf einer Kiste sitzt.
2. denn der Fahrer sitzt auf einer Kiste.
3. deshalb findet sie die Fahrt spannend.

f. Alle tragen Kartons ins Haus,
1. wenn die Männer zu langsam arbeiten.
2. denn sie ziehen ein.
3. weil sie gar nichts finden können.

g. Mia schaut nach oben,
1. um die Vögel zu beobachten.
2. damit die Vögel sie sehen können.
3. denn sie hat noch nicht gefrühstückt.

Lerneinheit 12

6 Was passt? Unterstreichen Sie. →7

a. <u>einen Sprung</u> | <u>eine Reise</u> | eine Dusche | <u>eine Pause</u> | <u>ein Foto</u> **machen**
b. einen Stecker | ein Radio | eine Waschmaschine | einen Geschirrspüler **anmachen**
c. eine Kerze | den Fernseher | das Fenster | das Bügeleisen **ausmachen**
d. ein Fenster | das Klavier | den Kochlöffel | eine Tür **zumachen**
e. dem Gast den Tee | dem Vater die Zeitung | der Mutter die Brille | dem Freund das Gespräch **bringen**
f. ein Namensschild | ein Regal | eine Lampe | ein Bügeleisen **anbringen**
g. Freunden ein Geschenk | dem Kind einen Keks | dem Auto Wasser **mitbringen**
h. Flaschen aus dem Keller | einen Besen aus der Garage | das Loch aus der Bohrmaschine **holen**
i. die Kinder von der Schule | einen Freund zu Hause | die Kartoffeln im Keller **abholen**
j. einen Koffer | eine Tasche | ein Päckchen | ein Paket | eine Ecke **packen**
k. eine Vase | einen Wecker | die Aussicht | eine Krawatte **einpacken**
l. ein Geschenk | einen Koffer | ein Paket | einen Flur **auspacken**
m. die Augen | einen Sack | einen Schatten | ein Buch **schließen**
n. einen Briefkasten | eine Tür | eine Garage | die Augen **aufschließen**
o. eine Tür | ein Tor | einen Fluss | einen Koffer **abschließen**
p. das Glück | einen Arzt | die Polizei | die Feuerwehr **rufen**
q. eine Katze | eine Freundin | einen Arzt | ein Geschäft **anrufen**

7 Zu oder um zu? Schreiben Sie die Sätze neu. →7

a. Er schaut ihr in die Augen. Das findet er schön.
   Er findet es schön, *ihr in die Augen zu schauen.*

b. Er kommt an ihren Tisch. Er möchte ihr in die Augen schauen.
   Er kommt an ihren Tisch, *um ihr in die Augen zu schauen.*

c. Er schaut ihr zu. Er findet es schön.
   Er findet es schön, _____.

d. Er kommt in die Theaterprobe und möchte ihr zuschauen.
   Er kommt in die Theaterprobe, _____.

e. Er nimmt einen Tag Urlaub. Er möchte ihr beim Umzug helfen.
   Er nimmt einen Tag Urlaub, _____.

f. Sie zieht ein. Er hilft ihr.
   Er hilft ihr _____.

g. Er hilft ihr beim Umzug. Das findet er wichtig.
   Er findet es wichtig, _____.

12 Lerneinheit

8 Kombinieren Sie und erfinden Sie Sätze. →7

- Es ist …
- Ich finde es …
- Es kann … sein,

- schön
- herrlich
- wundervoll
- toll
- angenehm
- einfach
- leicht
- interessant
- spannend
- langweilig
- anstrengend
- kompliziert
- schwierig
- gefährlich
- unheimlich

- Freunden zuhören
- früh aufhören
- spät zurückfahren
- eine Pizza bestellen
- früh aufstehen
- ein Auto verkaufen
- etwas versuchen
- alles verstehen
- am Urlaubsort ankommen
- einem Tiger entkommen
- zusammen wegfahren
- einen Koffer abstellen
- alles von dir erfahren
- Geschenke aussuchen
- im Supermarkt einkaufen

Es ist schön, Freunden zuzuhören.
Ich finde es langweilig, früh aufzuhören.
Es kann schwierig sein, ein Auto zu verkaufen.
Es ist _____ , _____ .
_____ .
_____ .
_____ .
_____ .
_____ .
_____ .

9 Ergänzen Sie. →7

- alle - jemand - nichts -
- alle - etwas - alles -
- jedes - allen - jede -
- alle - jedem -
- etwas - niemand -
- jedes - alle - nichts -

a. Der Bus hält an der Haltestelle, aber da wartet _____ .

b. Es klingelt. Da ist _____ an der Tür.

c. Er hat keinen Hunger, deshalb isst er _____ .

d. Die Gäste haben vielleicht noch Durst und möchten gerne noch _____ trinken.

e. Er hat viele Bücher über Mozart gelesen, deshalb weiß er fast _____ über ihn.

f. _____ Kind möchte gern ein Zimmer.

g. _____ Kinder spielen gern.

h. _____ Männer sind ein bisschen wie Kinder.

i. Ich habe Lust ein Spiel zu machen. Spielst du bitte _____ mit mir?

j. _____ Frau möchte gern schön sein.

k. In _____ Mann steckt ein Kind.

l. Sie öffnen _____ Paket und _____ Kartons. In fast _____ Paketen und Kartons sind Geschenke. In einem Karton ist leider _____ .

m. Sie möchte _____ Sterne kennen.

72   zweiundsiebzig

Grammatik | Lernwortschatz

10 Nebensatz mit dass → § 23

	Akkusativergänzung = Nomen			Akkusativergänzung = Nebensatz	
Sie hört	Schritte.		Sie hört,	**dass** jemand im Flur ist.	*Was hört sie?*
Sie sieht	Vögel.		Sie sieht,	**dass** Vögel auf den Baum fliegen.	*Was sieht sie?*

				Nominativergänzung = Nebensatz	
Der Regen hört auf.	Das ist schön.		Es ist schön,	**dass** der Regen aufhört.	*Was ist schön?*
Sie machen eine Pause.	Das ist gut.		Es ist gut,	**dass** sie eine Pause machen.	*Was ist gut?*

11 Verwendung von Infinitivsatz und Nebensatz mit dass

Er trägt die Kisten.	Er findet es anstrengend.			*Subjekte identisch* (**er**)
	Er findet es anstrengend,	die Kisten **zu** tragen.		
Die Kisten sind schwer.	Er findet es schade.			*Subjekte verschieden*
	Er findet es schade,	**dass** die Kisten schwer sind.		(**er - die Kisten**)

12 Generalisierende Indefinitpronomen

Nominativ				*Akkusativ*	
Alles	ist sauber.		Ich mache	**alles**	sauber.
Nichts	ist fertig.		Ich kann	**nichts**	sehen.
Etwas	fällt um.		Ich suche	**etwas**.	

Nomen

e **Ampel**, -n
e Anlage, -n
r *Apfelbaum*, ⁼e → Baum
s *Aquarium, Aquarien*
s *Augenpaar*, -e → Paar
e Aussicht, -en
e Badewanne, -n
e **Batterie**, -n
s **Blatt**, ⁼er
r **Briefkasten**, ⁼
r *Briefkastenschlüssel*, –
s *Chaos*
e Couch, -s/-en
r Dieb, -e
e **Dusche**, -n
e Fernbedienung, -en
s **Fernsehgerät**, -e

r **Flur**, -e
s Gerät, -e
e Glühbirne, -n
e **Haltestelle**, -n
e **Heizung**, -en
e Kaffeemaschine, -n
r Karton, -s
e **Kassette**, -n
r Keks, -e
r **Kinderwagen**, –
r Lastwagen, –
s **Mal**, -e
s Namensschild, -er
e Pflanze, -n
r *Plastiksack*, ⁼e → Plastik
r Radfahrer, –
r Radweg, -e
e **Sache**, -n

r Schatten, –
r Schritt, -e
e **Seife**, -n
r Sprung, ⁼e
e Stereo-Anlage, -n → Anlage
r Stromanschluss, ⁼e
r Techniker, –
s Treppenhaus, ⁼er
r Türspalt, -e
s Ufo, -s
s Versteck, -e
r Vorhang, ⁼e
r **Wagen**, –
s Waschbecken, –
e **Wäsche**
r Wäschetrockner, –
e Wohnungstür, -en

Lernwortschatz

Verben
ab·bauen
ab·schließen, schließt ab, hat abgeschlossen
an·bringen, bringt an, hat angebracht
auf·schließen, schließt auf, hat aufgeschlossen
aus·packen
bemerken
biegen, biegt, ist gebogen
ein·fallen, fällt ein, ist eingefallen
ein·ziehen, zieht ein, ist eingezogen
entdecken
erschrecken, erschrickt, ist erschrocken
fallen, fällt, ist gefallen
fürchten
herein·kommen, kommt herein, ist hereingekommen
hoffen
klopfen
landen, ist gelandet
los·gehen, geht los, ist losgegangen
räumen
riechen, riecht, hat gerochen
sammeln
spüren
stehlen, stiehlt, hat gestohlen
stoßen, stößt, ist gestoßen
streichen, streicht, hat gestrichen
tragen, trägt, hat getragen
um·fallen, fällt um, ist umgefallen
vermuten
vorbei·ziehen, zieht vorbei, ist vorbeigezogen
wachsen, wächst, ist gewachsen
weg·fahren, fährt weg, ist weggefahren

Andere Wörter
anders
direkt
drinnen
dunkel
gefangen
näher ➔ *nah*
nur noch
rechtzeitig
schwarz
schwierig
sogar
umgekehrt
unruhig
von selbst
weiß
zunächst

niemand

dass
ohne zu

Wörter im Kontext
Die Blätter fallen von den Bäumen.
An der Decke brennt eine Glühbirne.
Bis 4 Uhr ist **auf jeden Fall** jemand da.
Letztes Mal ist er zu spät gekommen.
Man hat die Teile **an die Seite** gestellt.
Die Tür **geht auf**.
Am Horizont **tauchen** Wälder **auf**.
Ein Wagen **biegt um die Ecke**.
Da **fällt** ihr **ein, dass** sie noch nicht gefrühstückt hat.
Das Herz klopft.
Dann **geht es los**.
Der Stecker **steckt in der Steckdose.**
Er **trägt** einen Karton.
Doch (aber) sie gehen weiter.
Sie schafft es **gerade**.
Sie versucht, **so schnell wie möglich** zu entkommen.
Hier ist sie **sicher**.
Der Flur steht **voll mit Kisten**.

In Deutschland sagt man:	**In der Schweiz sagt man auch:**	**In Österreich sagt man auch:**
r Lastwagen, -	r Camion, -s	
e Treppe, -n		e Stiege, -n

Lerneinheit 13

1 Was gibt es nicht? → 2

a. Bettlampe | Leselampe | ~~Waschlampe~~ | Küchenlampe
b. Geschirrschrank | Geschirrbett | Geschirrkommode | Geschirrregal
c. Gästebett | Spülbett | Kinderbett | Doppelbett | Ehebett
d. Essbecken | Esstisch | Esszimmer | Essbesteck | Esslöffel
e. Bücherregal | Bücherschrank | Büchersofa
f. Küchenschrank | Küchenbett | Küchenstuhl | Küchentisch
g. Couchtisch | Esstisch | Schreibtisch | Küchentisch | Schlaftisch

2 Wie heißen die Sätze? Markieren Sie die Wortgrenzen. → 3

a. HERR|FISCHER|WILL|SEINENSESSELNEBENDIEHEIZUNGSTELLEN
b. ERISTSEITZWEIWOCHENRENTNERUNDMUSSNICHTMEHRARBEITEN
c. WENNDERSESSELNEBENDERHEIZUNGSTEHTHATERESSCHÖNWARM
d. ERSIEHTFILMELIEBERZUHAUSEALSIMKINO
e. HERRFISCHERHATDENSESSELGEKAUFTWEILERIMSONDERANGEBOTWAR

3 Was ist richtig? ✗ → Kursbuch S. 66 → 5

a. Else hat eine Tomatensuppe gekocht. Nach dem Essen holt ihr Mann einen Prospekt vom Baumarkt. Er möchte den Flur renovieren. Else ist damit nicht einverstanden. Sie holt aber trotzdem ein Maßband und misst die Wände und den Boden. Alfred möchte eine Tapete mit Blumen. Nach dem Mittagsschlaf wollen sie zum Baumarkt fahren.

b. Alfred hat Hunger. Er möchte gern Spaghetti und Tomatensoße essen. Das Essen ist auch fertig, aber Else will vorher noch den Flur ausmessen. Sie hat nämlich im Baumarktprospekt Sonderangebote gefunden. Else geht mit einem Maßband in den Flur und Alfred notiert Höhe, Breite und Länge. Er ist einverstanden, dass sie am Nachmittag zum Baumarkt fahren. Vorher möchte er aber essen und einen Mittagsschlaf machen.

c. Alfred und Else haben geplant, ihre Wohnung zu renovieren. Zuerst wollen sie den Flur messen, aber Alfred muss noch das Maßband suchen. Else hat im Baumarktprospekt eine Tapete mit Blumen gefunden. Die findet sie schön, weil ihre Nachbarn auch eine Blumentapete haben. Alfred will einen Teppichboden im Flur verlegen. Wenn sie alles gemessen haben, fahren sie zum Baumarkt. Vorher wollen sie aber in der Stadt noch etwas essen, weil sie beide Hunger haben.

4 Was passt zusammen? → 5

a. Hast du die Höhe gemessen?
b. Wie tief ist das Regal?
c. Ist der Teppich zu lang?
d. Meinst du, dass der Spiegel zu groß ist?
e. Findest du den Sessel nicht zu breit?

1. Ich meine, dass die Größe stimmt.
2. Nein, ich meine, dass die Länge passt.
3. Ja, der Schrank ist 1,80 m hoch.
4. Nein, die Breite passt doch gut zum Sofa.
5. Ich habe die Tiefe noch nicht gemessen.

fünfundsiebzig 75

Lerneinheit 13

5 Ergänzen Sie. →5

a. Meine Schwester ist *(alt)* älter als mein Bruder.
b. Der Schrank ist *(hoch)* .... als die Tür.
c. Das Messer ist jetzt *(scharf)* .... als vorher.
d. Meine Großmutter ist *(gesund)* .... als mein Großvater.
e. Der Tisch ist *(lang)* .... als der Teppich.
f. Unsere Kinder sind *(groß)* .... als wir.
g. Gestern war es *(kalt)* .... als heute.
h. Meine Brüder sind *(jung)* .... als ich.
i. Der Teppich ist *(kurz)* .... als der Tisch.
j. Die Glühbirne ist *(schwach)* .... als 100 Watt.
k. Mein Bruder ist *(stark)* .... als mein Onkel.

6 Was passt zusammen? →Kursbuch S. 67 →7

a. Elena und Hans-Dieter
b. Das haben sie von
c. Sie brauchen dazu
d. Hans-Dieter soll das Bild
e. Aber er will in die Wand
f. Elena möchte dann das Bild
g. In dem Moment klingelt es
h. Sie erwartet, dass das Bild

1. kein Loch bohren.
2. schon im Wohnzimmer hängt.
3. ihrer Tante bekommen.
4. und Tante Marga steht vor der Tür.
5. wollen ein Bild aufhängen.
6. über das Sofa hängen.
7. über ihrem Schreibtisch haben.
8. eine Bohrmaschine.

7 Schreiben Sie die Sätze anders. →7

a. Er bohrt gerade Löcher.
 Er ist dabei, Löcher zu bohren.

b. Sie kocht gerade Suppe.
 Sie ist ....

c. Er repariert gerade die Waschmaschine.
 ....

d. Sie liest gerade ein Buch.
 ....

e. Wir decken gerade den Tisch.
 ....

f. Ich mache gerade den Keller sauber.
 ....

g. Sie füttern gerade die Katze.
 ....

h. Die Männer tragen gerade die Kisten zum Auto.
 ....

Lerneinheit 13

8 Schreiben Sie die Sätze anders. →7

a. Hans-Dieter möchte, dass Elena das Bild aufhängt.
   Elena soll das Bild aufhängen.

b. Elena will, dass Hans-Dieter einen Hammer holt.
   Hans-Dieter soll _____.

c. Tante Marga möchte, dass das Bild im Wohnzimmer hängt.
   Das Bild _____.

d. Der Vermieter will, dass Hans-Dieter vorsichtig ist.
   Hans-Dieter _____.

e. Elena möchte, dass Ihre Tante einen Moment wartet.
   Ihre Tante _____.

f. Hans-Dieter will, dass die Tante erst morgen wieder kommt.
   Die Tante _____.

9 Wie heißen die Wörter? →7

robe ○ kon ○ birne ○ gel ○ wanne ○
sche ○ lette ○ ter ○ dose ○ sel ○ zung

a. die Bade_____
b. die Toi_____
c. der Spie_____
d. die Du_____
e. das Fens_____
f. der Bal_____
g. der Ses_____
h. die Hei_____
i. die Steck_____
j. die Glüh_____
k. die Garde_____

Grammatik

10 Steigerung mit Vokalwechsel → § 9 b

Positiv	Komparativ	Superlativ
scharf	sch**ä**rfer	am sch**ä**rfsten
stark	st**ä**rker	am st**ä**rksten
lang	l**ä**nger	am l**ä**ngsten
groß	gr**ö**ßer	am gr**ö**ßten
hoch	h**ö**her	am h**ö**chsten
kurz	k**ü**rzer	am k**ü**rz**e**sten

11 Verlaufsform

Was **tut** er **gerade** (**in** diesem Augenblick)? | Er bohrt **gerade** ein Loch.
| Er **ist dabei**, ein Loch **zu** bohren.

❗ *Zum Vergleich:*
Was **hat** er **gerade** (**vor** einem Augenblick) **getan**? | Er **hat gerade** ein Loch **gebohrt**.

12 Zusammengesetzte Nomen: Verb + Nomen

Verb	Nomen	Zusammengesetztes Nomen
schreiben	der Tisch	der **Schreib**tisch
essen	der Tisch	der **Ess**tisch
wohnen	das Zimmer	das **Wohn**zimmer
schlafen	das Zimmer	das **Schlaf**zimmer
...	...	...

Zum Vergleich: Nomen + Nomen → Arbeitsbuch S. 53

Nomen	Nomen	Zusammengesetztes Nomen
der Computer	**der** Tisch	**der** Computertisch
die Küche	**der** Tisch	**der** Küche**n**tisch
die Arbeit	**das** Zimmer	**das** Arbeit**s**zimmer
das Kind	**das** Zimmer	**das** Kind**er**zimmer

Tipp: *Die Formen von zusammengesetzten Nomen immer in der Wortliste/im Wörterbuch nachschauen!*

Lernwortschatz

Nomen

r Baumarkt, ⸚e → Markt
s Bücherregal, -e
r Computertisch, -e
r Couchtisch, -e
s Doppelbett, -en
r Esstisch, -e
s Esszimmer, –
r Fernsehsessel, –
s Gästebett, -en
r Geschirrschrank, ⸚e
r Glastisch, -e
r Haushalt, –
e Höhe
r Holztisch, -e
s Kinderbett, -en
r Kleiderschrank, ⸚e
r Küchenschrank, ⸚e
e Lampe, -n
s Loch, ⸚er
r Markt, -e
s Maßband, ⸚er
s Möbelhaus, ⸚er
s Möbelstück, -e
s Schlafsofa, -s
r Sessel, –
s Spülbecken, –
e Stromleitung, -en
r Stuhl, ⸚e
e Tante, -n
e Tapete, -n
r Teppich, -e
s Traumwohnzimmer, –
e Tür, -en
r Vermieter, –
s Watt
r Zentimeter, –

Verben

ab·reißen, reißt ab, hat abgerissen
aus·messen, misst aus, hat ausgemessen
dabei sein, ist dabei, hat dabei gewesen
ein·richten
klingeln
messen, misst, hat gemessen
renovieren
sparen
tapezieren
um·ziehen, zieht um, ist umgezogen
verbieten, verbietet, hat verboten
vor·haben, hat vor, hat vorgehabt

Andere Wörter

breit
gefährlich
nah
niedrig
perfekt
persönlich
praktisch
schwach
stark
überrascht
unmodern
unpraktisch

Wörter im Kontext

Der Tisch steht **in der Ecke**.
Tante Marga kommt **zum Kaffee**.
Die Glühbirne hat 40 **Watt**.
Es klopft an der Tür.
Er schlägt einen Nagel in die Wand.
Sie ist **auch nicht** viel größer.
Die Glühbirne ist **schwächer** als 40 Watt.
Die Glühbirne ist **stärker** als 40 Watt.

In Deutschland sagt man:	In der Schweiz sagt man auch:	In Österreich sagt man auch:
r Schrank, ⸚e	r Kasten, ⸚	r Kasten, ⸚
r Sessel, -	r Fauteuil, -s	r Fauteuil, -s
umziehen	zügeln	übersiedeln

Lerneinheit 14

1 Ist der Vokal kurz oder lang? Ordnen Sie. → 3

a. Pfanne ◎ Sahne ◎ Blatt ◎ Spaß ◎ glatt ◎ Fass ◎ Straße ◎ nass ◎ hacken ◎ backen ◎ Haar ◎ Paar ◎
b. wenn ◎ wen ◎ schleppen ◎ Treppe ◎ nehmen ◎ Pfeffer ◎ Ecke ◎ Decke ◎ messen ◎ Besen ◎ mehr ◎ Meer ◎
c. im ◎ ihm ◎ nimm ◎ ihn ◎ in ◎ drinnen ◎ ihnen ◎ Blick ◎ Schritte ◎ Mitte ◎ bitte ◎ ihr ◎
d. hoffen ◎ Ofen ◎ Rolle ◎ Soße ◎ stoßen ◎ Dose ◎ bohren ◎ Boot ◎ Ohr ◎ ohne ◎ Sonne ◎ Sohn ◎
e. muss ◎ Gruß ◎ Fuß ◎ Schluck ◎ Suppe ◎ Zucker ◎ Uhr ◎ Flur ◎ kaputt ◎ Butter ◎ Mutter ◎ gut ◎

a. kurz	lang	b. kurz	lang	c. kurz	lang	d. kurz	lang	e. kurz	lang
Pfanne	Sahne	wenn	wen	im	ihm	hoffen	Ofen	muss	Gruß
Blatt	Spaß		nehmen						

2 Ergänzen Sie. → 5

a. schnell – Mehl   b. schaffen – Schafen   c. Meer – mehr   d. dass – das
e. nass – Nase   f. Sonne – Sohn   g. Nüsse – Füße   h. Betten – beten   i. gut – kaputt

a. Gib mir __schnell__ das __Mehl__ für den Kuchen.
b. Er springt mit den _____ über den Bach und sie _____ es.
c. Der Delfin taucht im _____ ein, deshalb kann sie ihn nicht _____ sehen.
d. Er findet, _____ _____ Wasser ein bisschen kalt ist.
e. Ihr Regenschirm hat Löcher, deshalb sind ihre Haare und ihre _____ .
f. Der Vater und sein _____ liegen in der _____ .
g. Sie steht ohne Schuhe unter dem Nussbaum und zwei _____ fallen auf ihre _____ .
h. Sie möchten schlafen, aber vorher _____ sie in den _____ .
i. Ein Hut hat ein Loch und ist leider _____ , ein Hut ist richtig und passt ihm _____ .

Lerneinheit 14

3 Schreiben Sie. →6

a. Hund – Katze – groß
Der Hund ist so groß wie die Katze.
Der Hund ist größer als die Katze.

b. Sofa – Sessel – schön

c. Bett – Couch – bequem

d. Schrank – Tisch – hoch

e. Krokodil – Wolf – stark

f. Teppich – Flur – lang

4 Ergänzen Sie die Wörter. →8

◎ Nähe ◎ Dusche ◎ Nebenkosten ◎ Kaution ◎ Vermieter ◎ Wohnung ◎

a. Sind alle Zimmer in der _____ renoviert?
b. Hat das Bad nur eine Badewanne oder auch eine _____?
c. Findest du den _____ sympathisch?
d. Gibt es eine Bushaltestelle in der _____?
e. Musst du zwei oder drei Monatsmieten _____ bezahlen?
f. Wie hoch sind die _____ für Heizung und Warmwasser?

5 Welche Antwort passt? →9

a. Sind alle Zimmer trocken?
b. Funktioniert die Heizung?
c. Bist du mit der Küche zufrieden?
d. Sind alle Fenster dicht?
e. Ist die Wohnung ruhig?
f. Ist das Wohnzimmer schön hell?
g. Bekommt der Balkon genug Sonne?

1. Nein, sie wird nicht richtig warm.
2. Nein, eine Wand im Bad ist feucht.
3. Nein, es ist immer ziemlich dunkel.
4. Nein, im Schlafzimmer kommt Wind durch.
5. Nein, vor dem Haus ist eine große Straße.
6. Nein, sie ist klein und zu eng.
7. Nein, leider immer erst am Nachmittag.

einundachtzig

Lerneinheit 14

6 Was passt zusammen? →9

a. Wenn die Decke feucht ist,
b. Es hilft bestimmt nichts,
c. Eigentlich gefällt mir die Wohnung,
d. Ich habe dem Vermieter gesagt,
e. Du musst einen Handwerker rufen,
f. Weil der Herd kaputt ist,
g. Ich muss in der Wohnung einen Mantel tragen,

1. aber es gibt Probleme mit den Fenstern.
2. damit er die Heizung repariert.
3. um nicht zu frieren.
4. kann ich kein Essen kochen.
5. muss der Vermieter etwas tun.
6. dass zwei Steckdosen kaputt sind.
7. wenn man nur das Bad mehr heizt.

7 Welches Wort passt? Ergänzen Sie auch den Artikel. →9

Anzeige • ~~Miete~~ • Nebenkosten • Haustür • Briefkasten • Herd • Leiter • Bohrmaschine

a. Man muss sie jeden Monat bezahlen, wenn man eine Wohnung mietet: *die Miete*
b. Man liest sie, um eine Wohnung zu finden: _____
c. Man bezahlt sie für Heizung und Warmwasser: _____
d. Man braucht ihn, damit der Briefträger die Post bringen kann: _____
e. Man soll sie mit dem Schlüssel abschließen, wenn man aus dem Haus geht: _____
f. Man braucht ihn, um zu kochen, zu backen oder zu braten: _____
g. Man benutzt sie, wenn man ein Loch in die Wand machen will: _____
h. Man benutzt sie, um auf einen Baum oder auf ein Dach zu steigen: _____

8 Welches Wort passt nicht? →9

a. Küche: Geschirrspüler | Herd | ~~Briefkasten~~ | Kühlschrank | Tisch
b. Schlafzimmer: Bett | Wecker | Teppich | Waschmaschine
c. Arbeitszimmer: Schreibtisch | Schreibmaschine | Badewanne | Telefon
d. Wohnzimmer: Couch | Sofa | Sessel | Bücherregal | Toilette | Fernseher
e. Haus: Balkon | Garage | Keller | Hausflur | Briefkasten | Tischdecke
f. Bad: Badewanne | Waschbecken | Toilette | Spiegel | Sessel | Rasierapparat | Dusche
g. Möbel: Tisch | Stuhl | Schrank | Tapete | Sofa | Bett | Regal

Grammatik | Lernwortschatz

9 Vergleich → § 10

Ohne Steigerung:

	so + Adjektiv + wie	
Der Baum ist	**so** hoch **wie**	das Haus.
Die Wurst ist	**so** lang **wie**	der Fisch.
Der Sohn ist	nicht **so** groß **wie**	der Vater.

Mit Steigerung:

	Komparativ + als	
Der Baum ist	höher **als**	das Haus.
Die Wurst ist	länger **als**	der Fisch.
Der Vater	ist größer **als**	der Sohn.

Nomen
r Aufzug, ⸚e
r Bach, ⸚e
e Bahn, -en
s Boot, -e
s Dach, ⸚er
r Elektriker, –
e Erfahrung, -en
e Garage, -n
s Gas
r Handwerker, –
e Katze, -n
e Kaution, -en
r Kellner, –
s Land
r Makler, –
r Mietpreis, -e
e Monatsmiete, -n
r Motor, -en
e Nähe
 Nebenkosten (pl)
s Netz, -e
r Ofen, ⸚
s Ohr, -en
r Park, -s

r Pilot, -en
e Qualität
r Reim, -e
r Reisepass, ⸚e
s Schaf, -e
r Schnee
e Socke, -n
r Stadtrand, ⸚er
e Terrasse, -n
e U-Bahn, -en
r Vers, -e
r Wald, ⸚er
e Wanne, -n
e Wohnungsanzeige, -n
r Wolf, ⸚e
e Zentralheizung, -en

Verben
begrüßen
Bescheid sagen
entstehen, entsteht, ist entstanden
heizen
informieren
recht haben
reimen

Andere Wörter
abwechselnd
dünn
eng
feucht
inkl. → *inklusive*
mitten
modern
nass
so … wie
trocken
ungesund
wach
wahrscheinlich

KB → *Küche, Bad*
NK → *Nebenkosten*

Wörter im Kontext
Die Wohnung ist **auf dem Land**.
Gute Nacht!
Du musst dem Vermieter **Bescheid sagen**.
Da **hast** du wahrscheinlich **recht**.
Der Kellner ist **bequem**.
Die Wohnung ist **renoviert**.
Strom, Gas **und so weiter**.
Alles ist **voll** Schnee.

In Deutschland sagt man:
r Aufzug, ⸚e
e Straßenbahn, -en

In der Schweiz sagt man auch:
r Lift, -s
s Tram, -s

In Österreich sagt man auch:
r Lift, -s

dreiundachtzig

Lerneinheit 15

1 Schreiben Sie die Wörter unter die Zeichnungen. →4

der Fensterladen · der Briefkasten · der Wasserhahn · das Waschbecken · die Garage · die Toilette / das WC · die Müllabfuhr · der Griff · der Schalter · der Schlüssel · der Grill · die Feuerwehr · die Stromleitung · die Kontrolllampe · der Regler

a .... b .... c .... d .... e ....

f .... g .... h .... i .... j ....

k .... l .... m .... n .... o ....

2 Welches Wort passt? Ergänzen Sie. →4

a. Wenn Sie telefonieren möchten, ... Sie zuerst eine Null. *(wählen | machen | rufen)*

b. Sie können die Karten in der Kommode benutzen, wenn Sie .... machen wollen. *(Holzkohle | Ausflüge | Strom)*

c. Sie müssen die .... einschalten, damit Sie Strom haben. *(Dusche | Heizung | Sicherung)*

d. Bitte .... Sie jeden Tag unsere Fische, weil sie auch Hunger haben. *(füttern | grillen | duschen)*

e. Drehen Sie bitte den Wasserhahn im Gäste-WC immer fest zu, weil er sonst .... *(leuchtet | tropft | wandert)*

f. Stellen Sie die .... am besten schon mittwochs an die Straße, damit Sie nicht so früh aufstehen müssen. *(Fensterläden | Hausschlüssel | Müllsäcke)*

g. Um die Heizung einzuschalten, müssen Sie nur den Hauptschalter .... *(drücken | schließen | öffnen)*

h. Die Kühlschranktür müssen Sie immer fest zumachen, weil sie ein bisschen _____.
   (drückt | tropft | klemmt)

i. Wenn Sie keine Mäuse im Haus haben wollen, schließen Sie bitte immer die _____.
   (Kellertür | Kühlschranktür | Badezimmertür)

j. Wenn Sie abreisen, bringen Sie bitte die _____ zu Familie Mitteregger.
   (Telefonnummern | Hausschlüssel | Fische)

3 Was passt zusammen? → 4

a. Wenn die Heizung an ist,
b. Vergessen Sie bei der Abreise bitte nicht,
c. Man muss den Wasserhahn fest zudrehen,
d. Um das Garagentor zu öffnen,
e. Der Regler muss auf III stehen,
f. Die Müllsäcke müssen an der Straße stehen,
g. Die Kühlschranktür schließt nicht richtig
h. Um Strom zu haben,

1. damit die Müllabfuhr sie abholt.
2. muss man fest gegen den Griff drücken.
3. wenn man duschen will.
4. muss man die Hauptsicherung einschalten.
5. leuchtet die Kontrolllampe.
6. wenn man sie nicht fest zumacht.
7. die Haustür zweimal abzuschließen.
8. damit er nicht tropft.

4 Welche Antwort passt? Schreiben Sie. → Kursbuch S. 74/75 → 4

Am Donnerstag. ● An die Straße. ● Auf Stufe 3. ● Die Haustür zweimal abschließen. ●
Er tropft. ● Im Keller. ● Mit einem Trick. ● Neben dem Telefon. ●
Neben der Kellertür. ● Sie klemmt ein bisschen. ● Weil sonst Mäuse ins Haus kommen.

a. Was soll Familie Mönnig bei der Abreise machen? _____
b. Welches Problem gibt es mit der Kühlschranktür? _____
c. Wo liegt die Liste mit den Telefonnummern? _____
d. Wann wird der Müll abgeholt? _____
e. Wo ist die Holzkohle? _____
f. Wo ist der Kasten mit den Sicherungen? _____
g. Wie kann man das Garagentor öffnen? _____
h. Was ist mit dem Wasserhahn im Gäste-WC nicht in Ordnung? _____
i. Wohin soll Familie Mönnig die Mülltonne stellen? _____
j. Warum soll Familie Mönnig immer die Kellertür schließen? _____
k. Wie muss der Regler stehen, wenn man duschen will? _____

Lerneinheit 15

5 Schreiben Sie die Sätze anders. → 4

a. Wenn Sie duschen wollen, drehen Sie den Regler auf III.
   Um zu duschen, drehen Sie den Regler auf III.
   Damit Sie duschen können, müssen Sie den Regler auf III drehen.

b. Wenn Sie telefonieren wollen, wählen Sie zuerst eine Null.
   ....
   ....

c. Wenn Sie im Garten grillen wollen, holen Sie zuerst Holzkohle aus dem Keller.
   ....
   ....

d. Wenn Sie den Kühlschrank richtig zumachen wollen, müssen Sie fest gegen die Tür drücken.
   ....
   ....

e. Wenn Sie das Garagentor öffnen wollen, benutzen Sie einen Trick.
   ....
   ....

f. Wenn Sie sichere Wanderwege finden wollen, betrachten Sie die Karten in der Kommode.
   ....
   ....

6 Schreiben Sie. → 4

a. Hauptsicherung – einschalten   *Bitte schalten Sie die Hauptsicherung ein.*
b. Wasserhahn – fest zudrehen   *Bitte* ....
c. Kellertür – zumachen   *Bitte* ....
d. Schlüssel – bei den Nachbarn abholen *Bitte* ....
e. Haustür – zweimal abschließen   *Bitte* ....
f. Fische – jeden Tag füttern   *Bitte* ....
g. Mülltonne – an der Straße abstellen *Bitte* ....
h. Hauptschalter – drücken   *Bitte* ....
i. Griff – nach rechts drehen   *Bitte* ....
j. Fensterläden – alle aufmachen   *Bitte* ....

Lernwortschatz

Nomen

r Berg, -e
s Einfamilienhaus, ⁻er
e Entfernung, -en
s Erdgeschoss, -e
e Erholung
r Fensterladen, ⁻
e Ferienwohnung, -en
e Feuerwehr, -en
r Golfplatz, ⁻e
r Griff, -e
r Hauptschalter, –
e Hauptsicherung, -en
s Informationsblatt, ⁻er
e Insel, -n
s Interesse, -n
r Kasten, ⁻
r Keller, –
r Kinderspielplatz, ⁻e → *Spielplatz*
e Kneipe, -n
e Kochecke, -n
e Kontrolllampe, -n
r Kreis, -e
r Laden, ⁻
r Lärm
r Meerblick
r Müll
e Mülltonne, -n
e Natur
e Null
r Raucher, –
s Regierungsviertel, –
r Regler, –
r Reiseführer, –
r Rundgang, ⁻e
 Semesterferien (pl)
r Senior, -en
e Sicherung, -en
r Spielplatz, ⁻e
r Stock, Stockwerke
r Strand, ⁻e
r Strom
e Stufe, -n
s Tennis
r Trick, -s
e Verkehrsverbindung, -en →
Verbindung
r Wasserhahn, ⁻e
s WC, -s
s Werkzeug, -e
r Wohnungstausch
s Zentrum, Zentren

Verben

ab·reisen, ist abgereist
bieten, bietet, hat geboten
drehen
ein·schalten
klemmen
leuchten
tauschen
tropfen
vergessen, vergisst, hat vergessen
zu·drehen
zu·machen

Andere Wörter

allgemein (Allgemeines)
außerhalb
ebenfalls
fest
ideal
nahe
verschieden (Verschiedenes)
vorhanden

ZKB → Zimmer, Küche, Bad

Wörter im Kontext

Auf den Blättern finden Sie Informationen.
Für alle Fälle: ...
Eine **Karte** (= Plan) und ein Reiseführer sind in der Kommode.
Er wohnt **im vierten Stock / Stockwerk**.
Stellen Sie den **Regler auf Stufe 3**.
Sie müssen zuerst eine Null **wählen** (beim Telefon).
Die Wohnung ist **außerhalb** von Zürich.

In Deutschland sagt man:	In der Schweiz sagt man auch:	In Österreich sagt man auch:
s Erdgeschoss, -e	s Parterre	s Parterre
r Kasten, ⁻		e Kiste, -n
e Kneipe, -n		s Beisl, -n / s Gasthaus, ⁻er
r Laden, ⁻		s Geschäft, -e

Anker

Das kann ich jetzt: X

- **Angeben, wie groß ein Raum oder ein Gegenstand ist**

Das kann ich   gut.
    ein bisschen.
    noch nicht so gut.

◆ Hast du den Flur gemessen?
○ Ja, er ist 2,50 Meter lang.

◆ Passt das Bild über das Sofa?
○ Ja, es ist nur 70 Zentimeter breit.

- **Sich über Möbel und Einrichtung äußern**

Das kann ich   gut.
    ein bisschen.
    noch nicht so gut.

◆ Gefällt dir mein Wohnzimmer?
○ Ja. Der Sessel passt gut zu dem Sofa.

◆ Das Bett ist sehr bequem. War es teuer?
○ Nein, es war ein Sonderangebot.

- **Über das Thema Wohnen sprechen**

Das kann ich   gut.
    ein bisschen.
    noch nicht so gut.

◆ Bist du zufrieden mit deiner Wohnung?
○ Ja sehr. Mein Vermieter hat sie gerade komplett renoviert.
◆ Was hat er denn neu gemacht?
○ Die Fenster und die Heizung. Und im Bad habe ich jetzt sogar eine Dusche.

- **Beginn und Ende von Tätigkeiten angeben**

Das kann ich   gut.
    ein bisschen.
    noch nicht so gut.

Sie hat gestern angefangen, ein Bild zu malen.

Er hat um 12 Uhr aufgehört, die Wand zu streichen.

88   achtundachtzig

Anker

Das kann ich jetzt:

- **Ausdrücken, dass man Lust, bzw. keine Lust zu etwas hat**

Das kann ich gut.
 ein bisschen.
noch nicht so gut.

◆ Hast du Lust, ins Kino zu gehen?
⊙ Nein, dazu habe ich eigentlich keine Lust.
◆ Möchtest du lieber in die Disco?
⊙ Gute Idee! Dazu habe ich Lust.

- **Sagen, wozu man etwas macht / benutzt**

Das kann ich gut.
ein bisschen.
noch nicht so gut.

Sie geht in die Küche, um Tee zu kochen.

Ich benutze mein Handy nur, um zu telefonieren.

- **Äußern, dass man etwas sieht bzw. hört**

Das kann ich gut.
 ein bisschen.
noch nicht so gut.

Er sieht, dass ein Wagen vor dem Haus parkt.

Sie hört, dass jemand an die Tür klopft.

- **Ausdrücken, dass gerade etwas geschieht**

Das kann ich gut.
ein bisschen.
noch nicht so gut.

Sie ist gerade dabei, ein Loch zu bohren.

Er ist dabei, ein Buch zu lesen.

neunundachtzig

16 Lerneinheit

1 Ergänzen Sie. → 2

a. Das Auto ist grau. <u>Das graue Auto</u> fährt schnell.
b. Die Brille ist gelb. _____ sieht lustig aus.
c. Das Meer ist blau. _____ funkelt in der Sonne.
d. Der Koffer ist grün. _____ liegt im Keller.
e. Der Regenschirm ist weiß. _____ steht im Schrank.
f. Das Kleid ist schwarz. _____ ist unbequem.
g. Der Ball ist klein. _____ hat ein Loch.
h. Das Kind ist fröhlich. _____ isst ein Eis.
i. Der Pullover ist hell. _____ kostet 30 Euro.
j. Die Suppe ist salzig. _____ steht auf dem Herd.

2 Schreiben Sie jeweils zwei Sätze. → 3

a. **Koffer:** rot – neu | neu – rot
<u>Der rote Koffer ist neu.</u>
<u>Der neue Koffer ist rot.</u>

b. **Fahrrad:** gelb – neu | neu – gelb
<u>Das gelbe Fahrrad ist neu.</u>
<u>Das neue Fahrrad ist gelb.</u>

c. **Ball:** grün – klein | klein – grün
<u>Der grüne Ball ist klein.</u>
<u>Der kleine Ball ist grün.</u>

d. **Baum:** groß – schön | schön – groß
<u>Der große Baum ist schön.</u>
<u>Der schöne Baum ist groß.</u>

e. **Brille:** alt – blau | blau – alt
<u>Die alte Brille ist blau.</u>
<u>Die blaue Brille ist alt.</u>

f. **Kleid:** schmutzig – schwarz | schwarz – schmutzig
<u>Das schmutzige Kleid ist schwarz.</u>
<u>Das schwarze Kleid ist schmutzig.</u>

g. **Apfel:** hart – süß | süß – hart
<u>Der harte Apfel ist süß.</u>
<u>Der süße Apfel ist hart.</u>

h. **Brücke:** breit – lang | lang – breit
<u>Die breite Brücke ist lang.</u>
<u>Die lange Brücke ist breit.</u>

Lerneinheit 16

3 Ergänzen Sie. →2

a. der *grüne* Regenschirm – die *grünen* Regenschirme
b. die *blaue* Blumenvase – die .... Blumenvasen
c. der .... Koffer – die *schwarzen* Koffer
d. das *grüne* Fahrrad – die .... Fahrräder
e. die .... Tasche – die *gelben* Taschen
f. der *blaue* Hut – die .... Hüte
g. der .... Strumpf – die *bunten* Strümpfe

4 Bilden Sie Sätze. →3

a. groß – rote – ist – Regenschirm – der   *Der rote Regenschirm ist groß.*
b. blauen – sind – Schuhe – die – bequem   *Die blauen Schuhe* ....
c. Ball – kaputt – der – ist – gelbe   *Der* ....
d. ist – der – heiß – schwarze – Kaffee   ....
e. der – süß – warme – Kakao – ist   ....
f. sind – roten – bequem – die – Schuhe   ....
g. die – Autos – schnell – sind – weißen   ....
h. Sessel – neue – bequem – ist – der   ....

5 Wie heißen die Nomen? Schreiben Sie. →5

a. baum – fel – ap   der *Apfelbaum*
b. trau – wein – be   die ....
c. mo – li – de – na   die ....
d. gum – stie – mi – fel   der ....
e. men – blu – vase   die ....
f. re – schirm – gen   der ....
g. ko – scho – de – la   die ....
h. schuh – hand   der ....
i. ta – hand – sche   die ....
j. rad – fahr   das ....
k. ba – ne – na   die ....

6 Was passt zusammen? Unterstreichen Sie. →5

a. <u>Brücke</u> | Brot | <u>Fluss</u>
b. Lippen | Schuhe | Strümpfe
c. Pferd | Schwein | Suppe
d. Koffer | Wein | Limonade
e. Käse | Hut | Wurst
f. Apfel | Kirsche | Ball
g. Kuss | Lippen | Wiese
h. Auto | Meer | See
i. Milch | Herd | Sahne

einundneunzig 91

Lerneinheit 16

7 Ergänzen Sie neuer, neue, neues. → 5

a. der Herd: *ein neuer Herd*
b. die Brücke: *eine*
c. das Auto:
d. die Freundin:
e. der Tisch:
f. die Bluse:
g. die Puppe:
h. der Stiefel:
i. das Bild:
j. der Hut:
k. das Sofa:
l. der Ball:
m. das Bett:
n. das Restaurant:
o. das Klavier:

8 Schreiben Sie. → 5

a. **ein Mann:** alt – jung – groß – klein
 ein alter Mann   *ein junger Mann*   *ein großer Mann*   *ein kleiner Mann*

b. **ein Mädchen:** jung – dick – klein – groß
 ein junges Mädchen

c. **eine Suppe:** heiß – rot – gut – scharf

d. **ein Paar:** verliebt – alt – glücklich – verheiratet

e. **eine Limonade:** süß – gelb – kalt – rot

f. **ein Pferd:** nervös – gesund – wundervoll – ruhig

g. **ein Fluss:** schön – sauber – lang – breit

h. **eine Wurst:** fett – salzig – scharf – klein

Lerneinheit 16

9 Schreiben Sie. → 5

a. Apfelbaum – Apfelbäume: groß

   Das ist ein großer Apfelbaum. – *Das sind große Apfelbäume.*

b. Frau – Frauen: jung

   Das ist eine .... – ....

c. Brot – Brote: lang

   .... – ....

d. Kirsche – Kirschen: rot

   .... – ....

e. Schwein – Schweine: dick

   .... – ....

f. Wurst – Würste: fett

   .... – ....

g. Herd – Herde: heiß

   .... – ....

10 Ergänzen und schreiben Sie. → 5

a. Der Schirm ist *alt*. Das ist ein *alter* Schirm. Der *alte* Schirm ist kaputt.

b. Die Brücke ist .... Das ist eine *neue* Brücke. Die .... Brücke ist breit.

c. Die Wiese ist *grün*. Das ist eine .... Wiese. Die .... Wiese ist nass.

d. Der Käse ist *groß*. Das ist ein .... Käse. Der .... Käse schmeckt gut.

e. Wurst – lang

   .... ist fett.

f. Tisch – neu

   .... ist teuer.

g. Lampe – hell

   .... fällt um.

h. Vogel – klein

   .... fliegt weg.

i. Kirschen – süß

   .... sind .... sind .... sind rot.

j. Männer – jung

   .... sind .... sind .... sind nett.

Grammatik | Lernwortschatz

11 Adjektive im Satz → §5

a. Adjektiv ohne Endung

Der Schrank ist	groß.
Die Uhr ist	schön.
Das Sofa ist	bequem.
Die Stühle sind	alt.

b. Adjektiv mit Endung

Der	groß**e**	Schrank steht im Schlafzimmer.
Die	schön**e**	Uhr hängt im Flur.
Das	bequem**e**	Sofa steht im Wohnzimmer.
Die	alt**en**	Stühle sind kaputt.

12 Artikel + Adjektiv + Nomen: Nominativ → §6

a. Definiter Artikel

Maskulinum	der		Mann
Femininum	die	kleine	Frau
Neutrum	das		Kind
Plural	die	klein**en**	Kinder

b. Indefiniter Artikel

ein	klein**er**	Mann
eine	kleine	Frau
ein	klein**es**	Kind
	kleine	Kinder

Nomen
s Aussehen
e Beschreibung, -en
e Brücke, -n
s Element, -e
r Fluss, ⸚e
e Geldbörse, -n
r Geschmack, ⸚e
r Pudding
r Ring, -e
s Schlaraffenland
r Turm, ⸚e
r Vogel, ⸚
e Weintraube, -n
e Wolke, -n

Verben
auf·räumen
hängen, hängt, hat gehangen
verteilen

Andere Wörter
braun
dick
gelb
grau
hell
rund
verrückt
violett

Wörter im Kontext
Welche **Farbe** haben die Gegenstände?
Wählen Sie sechs Gegenstände und **verteilen** Sie sie im Bild.
Im Haus **brennt Licht**.
Der Mann ist **dick**. Er will abnehmen.
Die Frau ist **dünn**. Sie hat abgenommen.

In Deutschland sagt man:
e Geldbörse, -n

In Österreich sagt man auch:
e Brieftasche, -n

Lerneinheit 17

1 Schreiben Sie. →1

a. Linda soll heute eine Kundin abholen. *Gestern sollte Linda auch eine Kundin abholen.*
b. Linda muss heute zum Bahnhof fahren. *Gestern musste Linda auch zum Bahnhof fahren.*
c. Linda kann heute nicht zur Party gehen. *Gestern konnte Linda auch nicht zur Party gehen.*
d. Die Kinder dürfen heute Cola trinken. *Gestern durften die Kinder Cola trinken.*
e. Ich kann heute lange schlafen. *Gestern konnte ich lange schlafen.*
f. Wir müssen heute nicht arbeiten. *Gestern mussten ~~nicht ich~~ wir nicht arbeiten.*
g. Wir wollen heute pünktlich sein.
h. Du musst heute einen Brief schreiben.
i. Ich soll heute Jeans anziehen.
j. Ihr dürft heute ein Eis essen.
k. Der Junge will heute nicht duschen.

2 Ergänzen Sie die Formen im Präteritum. →1

	können	wollen	dürfen	müssen	sollen
ich	konnte	wollte	durfte	musste	sollte
du	konntest	wolltest	durftest	musstest	solltest
er/sie/es/man	konnte	wollte	durfte	musste	sollte
wir	konnten	wollten	durften	mussten	~~sollen~~ sollten
ihr	konntet	wolltet	durftet	musstet	solltet
sie/Sie	konnten	wollten	durften	mussten	sollten

3 Ergänzen Sie die Endungen. →3

a. Clara braucht ein____ lang____ Rock und ein____ blau____ Hut.
b. Dann sieht sie ein____ schön____ Pullover und ein____ toll____ Bluse.
c. Clara möchte noch ein____ eng____ Hose und blau____ Schuhe kaufen.
d. Ein____ freundlich____ Verkäuferin zeigt ihr viele eng____ Hosen.
e. Plötzlich sieht sie ein____ grün____ Kleid.
f. Sie meint, dass ihr das grün____ Kleid sehr gut steht.
g. Später isst Clara ein____ groß____ Eis und trinkt ein____ schwarz____ Kaffee.

fünfundneunzig 95

Lerneinheit 17

4 Ergänzen Sie die unregelmäßigen Adjektive. → 3

> dunkler ◎ dunkle ◎ dunkles ◎ dunklen ◎
> teurer ◎ teure ◎ teures ◎ teuren ◎
> hoher ◎ hohe ◎ hohes ◎ hohen ◎

a. Sie kauft einen *(dunkel)* _____ Rock.
b. Er findet einen *(teuer)* _____ Ring.
c. Clara muss eine *(hoch)* _____ Rechnung bezahlen.
d. Meine Großmutter trägt immer *(dunkel)* _____ Kleider.
e. Er trägt immer *(teuer)* _____ Schuhe.
f. Das Haus hat ein *(hoch)* _____ Dach.
g. Das ist ein *(hoch)* _____ Turm.
h. Die Sekretärin hat ein *(dunkel)* _____ Büro.
i. Mein Bruder will ein *(teuer)* _____ Auto kaufen.
j. Ein *(dunkel)* _____ Pullover passt nicht zu dieser Hose.
k. Er klettert auf einen *(hoch)* _____ Baum.
l. Ist das ein *(teuer)* _____ Ring an deiner Hand?

5 Schreiben Sie. → 3

a. der Rock – rot   Sina findet *den roten Rock* hässlich.
b. das Hemd – grün   Clara mag _____ nicht.
c. der Hut – weiß   Sie will _____ kaufen.
d. die Bluse – blau   Sie findet _____ zu teuer.
e. der Pullover – grau   _____ möchte sie nicht anziehen.
f. der Ring – groß   Heute will sie _____ nicht tragen.
g. die Schuhe – neu   Sie möchte _____ morgen anziehen.
h. die Hose – schwarz   Sie schenkt _____ ihrer Schwester.
i. die Stiefel – braun   Sie kann _____ nicht finden.
j. das Kleid – eng   _____ findet sie sehr unbequem.

Lerneinheit 17

6 Was ist richtig? → Kursbuch S. 86/87 → 6

a. Vera ist
1. eine Tochter von Helga Fächer.
2. eine Freundin von Helga Fächer.

b. Helga Fächer trägt meistens
1. lange Röcke.
2. helle Pullover.

c. Michael wollte
1. seine Zimmerdecke schwarz streichen.
2. alle Wände grün anstreichen.

d. Lara hat drei Ringe
1. in der Nase.
2. im linken Ohr.

e. Helga Fächer wollte als kleines Kind
1. immer Jeans tragen.
2. sonntags immer ein weißes Kleid anziehen.

f. Ihre Eltern wollten nicht,
1. dass sie lange Zöpfe trägt.
2. dass sie zum Frisör geht.

g. Helga Fächer schenkt ihrer Nichte zum Geburtstag
1. ein weißes Kleid.
2. einen Ohrring.

h. Die kleine Nichte muss immer
1. Jeans anziehen.
2. Kleider tragen.

7 Welche Sätze passen zum Text? → Kursbuch S. 86/87 → 6

Helga Fächer …

a. hat als Kind ihre langen Haare abgeschnitten, obwohl sie das nicht durfte.
b. kann gut verstehen, dass ihr Sohn schwarze Zimmerdecken schön findet.
c. hat ihrer Nichte ein weißes Kleid zum Geburtstag geschenkt, damit das arme Kind nicht immer Jeans tragen muss.
d. musste sonntags als Kind ein weißes Kleid tragen, weil ihre Eltern das wollten.
e. findet, dass ihre Freundin viel Geschmack hat, weil sie jede Mode mitmacht.
f. findet Piercing schrecklich, aber ihre Tochter möchte noch mehr Schmuck im Gesicht.
g. trägt meistens eine dunkle Hose und einen hellen Pulli.
h. gibt ihrer Freundin Vera immer ehrliche Antworten.
i. hatte bis zum fünften Schuljahr lange blonde Zöpfe.

siebenundneunzig

17 Lerneinheit

8 Welcher Satz hat die gleiche Bedeutung?

a. Vera macht jede Mode mit.
   1. Vera trägt immer nur ganz moderne Kleidung.
   2. Vera findet Mode nicht interessant.

b. Vera hat kein Gefühl dafür, was zu ihr passt.
   1. Gefühle passen nicht zu Vera.
   2. Vera hat keinen Geschmack.

c. Der kurze Rock steht ihr nicht.
   1. Der kurze Rock sieht an ihr nicht schlecht aus.
   2. Der kurze Rock passt nicht zu ihr.

d. Michael bleibt bei seiner Meinung.
   1. Michael findet seine Meinung immer noch richtig.
   2. Michael hat keine eigene Meinung.

e. Meine Tochter hört gelegentlich noch auf mich.
   1. Manchmal macht meine Tochter noch, was ich möchte.
   2. Meine Tochter hört mir manchmal nicht zu.

f. Für die Zukunft sehe ich schwarz.
   1. Ich glaube, dass die Zukunft Probleme bringt.
   2. Ich glaube, dass ich in Zukunft nicht mehr gut sehen kann.

g. Lara hat feste Pläne für die Zukunft.
   1. Lara hat eine schöne Zukunft.
   2. Lara hat klare Ideen, wenn sie an ihre Zukunft denkt.

h. Meine Eltern hatten es nicht leicht mit mir.
   1. Meine Eltern hatten Probleme mit mir.
   2. Ich war als Kind ziemlich dick.

i. Meine Eltern hatten kein Verständnis.
   1. Meine Eltern konnten meine Wünsche nicht verstehen.
   2. Meine Eltern haben nicht gewusst, dass ich intelligent bin.

Lerneinheit 17

9 **Ergänzen Sie die Adjektive.** →7

a. Sie ist ein *(brav)* braves, *(klein)* kleines Mädchen.
b. Er hat *(kurz)* ...., *(rot)* .... Haare.
c. Sie will *(lang)* ...., *(blond)* .... Zöpfe tragen.
d. Sie kauft ein *(lang)* ...., *(weiß)* .... Kleid.
e. Er denkt an das *(schwarz)* ...., *(unendlich)* .... Universum.
f. Sie möchte einen *(groß)* ...., *(bunt)* .... Ohrring haben.

10 **Schreiben Sie Sätze nach diesem Muster.** →7

a. Röcke – kurz
☺ Sie liebt kurze Röcke.
   Sie findet kurze Röcke schön.
   Sie findet, dass ihr kurze Röcke stehen.
☹ Sie mag keine kurzen Röcke.
   Sie hasst kurze Röcke.
   Sie findet kurze Röcke schrecklich.

c. Pullover – eng
☺ ....
   ....
   ....
☹ ....
   ....
   ....

b. Kleider – weiß
☺ Sie liebt ....
   ....
   ....
☹ ....
   ....
   ....

d. Hüte – groß
☺ ....
   ....
   ....
☹ ....
   ....
   ....

Grammatik

11 Artikel + Adjektiv + Nomen: Nominativ und Akkusativ → § 6

a. Definiter Artikel

	Nominativ			Akkusativ		
Maskulinum	der		Mann	den	klein**en**	Mann
Femininum	die	klein**e**	Frau	die	klein**e**	Frau
Neutrum	das		Kind	das		Kind
Plural	die	klein**en**	Kinder	die	klein**en**	Kinder

b. Indefiniter Artikel

	Nominativ			Akkusativ		
Maskulinum	ein	klein**er**	Mann	einen	klein**en**	Mann
Femininum	eine	klein**e**	Frau	eine	klein**e**	Frau
Neutrum	ein	klein**es**	Kind	ein	klein**es**	Kind
Plural		klein**e**	Kinder		klein**e**	Kinder

12 Adjektive: Unregelmäßige Formen → § 7 b

Der Turm ist	ho**ch**.	Der	ho**he**	Turm ist alt.	Das ist ein	ho**her**	Turm.
Die Nacht ist	dunk**el**.	Die	dunk**le**	Nacht ist schön.	Das ist eine	dunk**le**	Nacht.
Das Kleid ist	teu**er**.	Das	teu**re**	Kleid ist weiß.	Das ist ein	teu**res**	Kleid.
Der Apfel ist	sau**er**.	Der	sau**re**	Apfel schmeckt nicht.	Das ist ein	sau**rer**	Apfel.

13 Modalverben: Präteritum → § 16 d

	sollen	wollen	können	dürfen	müssen
ich	sollte	wollte	konnte	durfte	musste
du	solltest	wolltest	konntest	durftest	musstest
er/sie/es/man	sollte	wollte	konnte	durfte	musste
wir	sollten	wollten	konnten	durften	mussten
ihr	solltet	wolltet	konntet	durftet	musstet
sie/Sie	sollten	wollten	konnten	durften	mussten

Präsens: Wir **müssen** heute lange arbeiten.
Präteritum: Wir **mussten** gestern lange arbeiten.

Lernwortschatz 17

Nomen

r Alptraum, ⸚e
r Anzug, ⸚e
e Bibliothek, -en
e Diskussion, -en
r Fleck, -e
e Freundschaft, -en
e Frisur, -en
r Gedanke, -n
s Gefühl, -e
Jeans (pl)
r Kompromiss, -e
r Konflikt, -e
e Kundin, -nen
e Kunst, ⸚e
r Leser, –
e Leserin, -nen
e Meinung, -en
e Mode, -n
e Nichte, -n
e Oper, -n
s Piercing, -s
e Prüfung, -en
s Recht, -e
e Redakteurin, -nen
e Reinigung, -en
r Rock, ⸚e
r Schmuck
s Sonntagskleid, -er
r Sportschuh, -e
e Steuer, -n → Steuererklärung
e Steuererklärung, -en
s Thema, Themen
r Tierarzt, ⸚e
s T-Shirt, -s
s Universum
s Verständnis
r Wutanfall, ⸚e
e Zimmerdecke, -n → Decke
r Zopf, ⸚e

Verben

ab·schneiden, schneidet ab, hat abgeschnitten
befestigen
behalten, behält, hat behalten
hassen
kämmen
klettern, ist geklettert
lösen
protestieren
streiten, streitet, hat gestritten
urteilen
verhindern
zurück·geben, gibt zurück, hat zurückgegeben

Andere Wörter

arm
beleidigt
blond
ehrlich
eigen
einzig
entzückend
flach
frech
heimlich
neulich
schick
schmutzig
schlimm

speziell
üblich
unendlich
außerdem
bisher
damals
davon
genauso
vorher
erstens
zweitens
obwohl

Wörter im Kontext

Lara **hat Pläne** für die Zukunft.
Laras Geschmack ist **einfach** verrückt.
Hat sie das **Recht**, über den Geschmack von anderen Leuten **zu** urteilen?
Sie trägt einen Ring mit einem **Stein**.
Der rote Rock **steht ihr** gut.
Ich wollte **gegen** acht (Uhr) bei dir sein.
Das dunkle Kleid ist **genauso** schön **wie** das helle Kleid.
Er **ist sicher**, dass die Erwachsenen ihn nicht verstehen können.
Wenn sie ihr Sonntagskleid anziehen musste, hat sie **jedes Mal** einen Wutanfall bekommen.

18 Lerneinheit

1 Tragen Sie die Nummer ein und ergänzen Sie den Artikel. →2

- 3 das Gesicht
- 6 das Haar
- 8 das Auge
- 9 das Ohr, -en
- 1 die Nase, -n
- 2 die Wange, -n
- 4 die Lippe, -n
- 10 der Zahn, ¨-e
- 7 der/die Hals
- 5 die Halskette

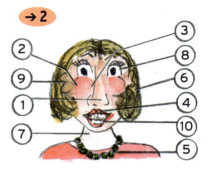

2 Von Kopf bis Fuß. Ergänzen Sie. →2

1. der Kopf, ¨-e
2. der Bauch, ¨-e
3. der Finger, -
4. der Zeh, -en
5. das Knie, -e
6. das Bein, -e
7. der Bart
8. ~~der Fuß~~ die Schulter
9. der Rücken
10. der Arm, -e
11. die Hand, ¨-e
12. ~~die Schulter~~ der Fuß

der Nagel, die Wimper, -n
der Ellenbogen
die Augenbraue, -n

3 Wie heißen die Sätze? →2

Der Dieb war ein Mann ...

a. Haare – blond — mit blonden Haaren.
b. Nase – schmal — mit einer schmalen Nase.
c. Brille – schwarz — mit einer schwarzen Brille.
d. Ohren – groß — mit großen Ohren.
e. Ohrringe – klein — mit kleinen Ohrringe.
f. Arme – stark — mit starken Arme.
g. Beine – kurz — mit kurzen Beine.
h. Tasche – schwarz — mit einer schwarzen Tasche.
i. Sportschuhe – weiß — mit weißen Sportschuhe.

Die Diebin war eine Frau ...

j. Hut – groß – blau — mit einem großen, blauen Hut.
k. Haare – kurz – schwarz — mit schwarzen, kurzen Haaren.
l. Augen – groß – dunkel — mit dunkelen, großen Augen.
m. Nase – lang – schmal — mit einer schmalen, langen Nase.
n. Lippen – schön – breit — mit einer breiten, schönen Lippen.
o. Mund – schön – rot — mit einem roten, schönen Mund.
p. Beine – schön – lang — mit langen, schönen Beine.
q. Schuhe – klein – schwarz — mit schwarzen, kleinen Schuhe.
r. Handtasche – modern – rot — mit einer roten, modernen Handtasche.

Lerneinheit 18

4 Ergänzen Sie. →2

a. Ich glaube, der Dieb war ein kleiner, dicker Mann.
b. Glaubst du, dass es der große, dicke Mann dort war?
c. Er glaubt, es war der Mann mit dem schwarzen Bart und den weißen Haaren.
d. Sie glauben, dass der Mann lange, dunkle Haare hatte.
e. Es war der Mann mit den schwarzen Augen und dem großen Ohrring, glauben wir.
f. Sie glaubt, dass es ein Mann mit einem runden Gesicht und einer dicken Nase war.
g. Glaubt ihr, dass es der Mann mit dem roten Koffer und dem grauen Regenschirm war?

5 Ergänzen Sie. →3

a. Auf seinem Kopf trägt er seinen Hut. Ihren Hut trägt sie auf ihrem Kopf.
b. Auf seiner Nase hat er seine Brille. Ihre Brille trägt sie auf ihrer Nase.
c. An seinen Fingern trägt er seine Ringe. Ihre Ringe trägt sie an ihren Fingern.
d. An seinen Händen trägt er seine Handschuhe. Ihre Handschuhe trägt sie an ihren Händen.
e. Um seinen Hals trägt er seine Halsketten. Ihre Halsketten trägt sie um ihren Hals.
f. An seinem Arm trägt er seine Uhr. Ihre Uhr trägt sie selten an ihrem Arm.

6 Wie heißen die Fragen? Ergänzen Sie. →4

a. Ein großer Mann wartet. — Was für ein Mann wartet?
b. Sie sieht einen großen Mann. — Was für einen Mann sieht sie?
c. Er folgt einem roten Schild. — Was für einem Schild folgt er?
d. Er trägt einen großen Koffer. — Was für einen Koffer trägt er?
e. Es ist ein schwerer Koffer. — Was für ein Koffer ist es?
f. Ein kleiner Mann winkt. — Was für ein Mann winkt?
g. Er trägt weiße Schuhe. — Was für Schuhe trägt er?
h. Er hilft einer alten Frau. — Was für einer Frau hilft er?
i. Der große Mann trägt einen kleinen Regenschirm. — Was für einen Regenschirm trägt er?
j. Der kleine Mann trägt einen großen Hut. — Was für einen Hut trägt er?

Lerneinheit 18

7 Ergänzen Sie. → 4

a. ○ Ich habe heute Morgen eine Frau gesehen. ◆ Was für eine? ○ Eine blond**e**.

b. ○ Sie hat in einem Wagen gewartet. ◆ In was für einem? ○ In einem schwarz**en**.

c. ○ Neben ihr hat ein Junge gesessen. ◆ Was für einer? ○ Ein klein**es**.

d. ○ Sie hat einen Mann gegrüßt. ◆ Was für einen? ○ Einen alt**en**.

e. ○ Er hatte einen Bart. ◆ Was für einen? ○ Einen lang**en**.

f. ○ Ein Mädchen ist mit einem Fahrrad gefahren. ◆ Mit was für einem? ○ Mit einem rot**en**.

g. ○ Ein Junge hat mit einem Fußball trainiert. ◆ Mit was für einem? ○ Mit einem weiß**en**.

8 Welche Antwort passt? → 4

flache 平整

a. Welchen Koffer sollen wir nehmen? **5**
b. Was für eine Krawatte passt besser, eine rote oder eine gelbe? **8**
c. Welcher Schal ist am wärmsten? **6**
d. Welches Hemd passt zu diesem Anzug? **2**
e. Was für Schuhe nimmst du mit? **7**
f. Welche Hose ziehe ich nur an? **1**
g. Was für einen Mantel trägst du heute Abend? **3**
h. Welche Socken soll ich anziehen? **4**

1. Am liebsten nur flache.
2. Das weiße passt am besten.
3. Den blauen. Der ist schön groß.
4. Die kurzen. Sie liegen im Schrank.
5. Der graue.
6. Einen langen, warmen.
7. Nimm doch die schwarze. Die ist immer modern.
8. Eine rote passt immer.

9 Ergänzen Sie den passenden Possessivartikel. → 6

a. ○ Hast du mit meinem neuen Mobiltelefon telefoniert?
   ◆ Nein, mit **deinem** alten. (deinem | deiner | dein)

b. ○ Hat er an ihrem alten Computer gearbeitet?
   ◆ Nein, an **ihrem** neuen. (ihrer | ihr | ihrem)

c. ○ Wohnt er noch in seiner alten Wohnung?
   ◆ Nein, er wohnt schon in **seiner** neuen. (seinem | seiner | seine)

d. ○ Ist das dein neuer Koffer?
   ◆ Nein, das ist **mein** alter. (mein | meinen | meine)

e. ○ Ist das deine alte Küche?
   ◆ Nein, das ist **meine** neue. (mein | meiner | meine)

f. ○ Sind das deine alten Bilder?
   ◆ Nein, das sind **meine** neuen. (meinen | meine | mein)

Lerneinheit 18

10 Ergänzen Sie. →7

a. Ich finde, dass ein schwarzer Hut zu einem weißen Mantel passt.
b. Sie findet, dass ein weißer Mantel zu einem schwarzen Hut passt.
c. Eine rote Mütze passt sehr gut zu einer grünen Brille, findet sie.
d. Findest du, dass eine grüne Brille zu einer roten Mütze passt?
e. Er findet, dass schwarze Blusen gut zu gelben Hosen passen.
f. Wir finden, schwarze Hosen passen nicht gut zu gelben Blusen.
g. Sie findet, enger Stiefel passen gut zu weiten Mänteln.
h. Enge Mäntel passen sehr gut zu weiten Stiefeln, findet sie.

11 Ergänzen Sie den, dem, der, die. →7

a. Ich höre den Dieb auf der Treppe.
b. Der Dieb winkt den Mann vor dem Haus.
c. Der Polizist fotografiert den Dieb.
d. Er schenkt dem Dieb das Foto.
e. Ein Mann stiehlt den Dieb das Foto.
f. Wir rufen der Kollegin an.
g. Wir wollen die Kollegin besuchen.
h. Wir gratulieren der Kollegin zum Geburtstag.
i. Wir bringen der Kollegin einen Blumenstrauß.
j. Der Blumenstrauß gefällt der Kollegin.

Grammatik

12 Artikel + Adjektiv + Nomen: Nominativ, Akkusativ, Dativ → § 6

a. Definiter Artikel

	Nominativ			Akkusativ			Dativ		
Maskulinum	der		Mann	den	kleinen	Mann	dem		Mann
Femininum	die	kleine	Frau	die	kleine	Frau	der	kleinen	Frau
Neutrum	das		Kind	das		Kind	dem		Kind
Plural	die	kleinen	Kinder	die	kleinen	Kinder	den		Kindern

b. Indefiniter Artikel

	Nominativ			Akkusativ			Dativ		
Maskulinum	ein	kleiner	Mann	einen	kleinen	Mann	einem		Mann
Femininum	eine	kleine	Frau	eine	kleine	Frau	einer	kleinen	Frau
Neutrum	ein	kleines	Kind	ein	kleines	Kind	einem		Kind
Plural		kleine	Kinder		kleine	Kinder			Kindern

c. Possessivartikel

Nomen im Singular: Adjektiv wie nach indefinitem Artikel:
   mein neu**er** Hut, **seine** schwarz**e** Tasche, **ihr** neu**es** Auto, **unser** schön**es** Haus …

Nomen im Plural: Adjektiv wie nach definitem Artikel:
   meine neu**en** Hüte, **seine** schwarz**en** Taschen, **ihre** neu**en** Autos, **unsere** schön**en** Häuser …

13 Frage mit welcher …? und was für ein …? → § 8

	Definiter Artikel		Indefiniter Artikel
Welcher Schal?	**Der** grau**e** Schal.	Was für **ein** Koffer?	**Ein** braun**er** Koffer.
Welche Jacke?	**Die** blau**e** Jacke.	Was für **eine** Krawatte?	**Eine** hell**e** Krawatte.
Welches Hemd?	**Das** weiß**e** Hemd.	Was für **ein** Hemd?	**Ein** blau**es** Hemd.
Welche Schuhe?	**Die** schwarz**en** Schuhe.	Was für Ferien?	Schön**e** Ferien.

Lernwortschatz

Nomen
r Badeanzug, ⸚e
r Bauch, ⸚e
s Briefpapier
s Büro, -s
r Diebstahl, ⸚e
r Finger, –
s Gesicht, -er
r Hals, ⸚e
r Husten
s Kartenspiel, -e
s Knie, –
r Kollege, -n
s Kopfkissen, –
e Laune, -n
e Lederjacke, -n
e Lippe, -n
s Medikament, -e
s Mittel, –
r Mund, ⸚er
r Ohrring, -e
e Politik
s Polizeirevier, -e
r Rat, Ratschläge
r Schal, -s
r Schnupfen
r Tennisschläger, –
r Zeh, -en
e Zeitschrift, -en

Verben
kennenlernen
kritisieren
leihen, leiht, hat geliehen
melden
merken
mit·nehmen, nimmt mit, hat mitgenommen
unternehmen, unternimmt, hat unternommen
verlieren, verliert, hat verloren
weg·reißen, reißt weg, hat weggerissen
wieder·erkennen, erkennt wieder, hat wiedererkannt

Andere Wörter
aggressiv
aktiv
betrunken
blöd
fremd
lächerlich
negativ
neugierig
rothaarig
schmal
toll
überall
unpünktlich

was für ein …? / was für …?

Wörter im Kontext
Er **hat** oft **schlechte Laune**.
Es **geht ihm auf die Nerven**, dass …
Er will im Urlaub **seine Ruhe haben**.
Sie benutzt ein **starkes Parfüm**.
Sie möchte gern nette Leute **kennenlernen**.
Sie **meldet** einen Diebstahl.
Sie hat **gemerkt, dass** ihre Handtasche weg war.
Wir möchten im Urlaub **viel unternehmen**.

In Deutschland sagt man:	**In Österreich sagt man auch:**
leihen	aus·borgen

Lerneinheit 19

1 Welches Wort passt nicht? →1

a. **heiß:** Bad | Wetter | ~~Eis~~ | Suppe | Pizza
b. **schlecht:** Wetter | Mensch | Glück | Licht | Film
c. **langweilig:** Urlaub | Durst | Film | Party | Arbeit
d. **klein:** See | Haus | Garten | Tag | Schlüssel | Zimmer
e. **hoch:** Haus | Brücke | Mensch | Preis | Zahl
f. **breit:** Fluss | Stunde | Rücken | Mund | Straße
g. **kurz:** Moment | Augenblick | Kleid | Farbe | Hose
h. **langsam:** Kellner | Verkäuferin | Reaktion | Haus | Auto
i. **schnell:** Antwort | Pferd | Museum | Spiel | Taxifahrer
j. **schön:** Gesicht | Frisur | Unfall | Mädchen | Augen
k. **müde:** Sekunde | Hund | Mann | Ärztin | Krankenschwester
l. **bequem:** Sofa | Sessel | Stern | Stuhl | Schuh

2 Ergänzen Sie: M, m, N, n. →1

a. Tante Marga _m_ag montags ___argarine.
b. Max und Marta ___ögen das gesu___de Müsli.
c. Mit dem bequeme___ ___antel ist er zufrieden.
d. Er mag die Frau mit den grüne___ Auge___.
e. ___ach der Nachspeise bringt er eine___ Kaffee.
f. Das junge ___ädchen möchte einen nette___ Freund.
g. Natascha ___ascht mit de___ Nikolaus.
h. Die Telefon___ummer ist ko___pliziert.
i. A___ dem ___agel möchte er das Bild aufhängen.
j. Sie unterschreibt mit ihre___ ___amen.
k. Am Nachmittag nimmt sie de___ neue___ Wagen.
l. Warum spricht die ___ichte ___icht?
m. Um ___itternacht ist Maria noch nicht ___üde.
n. In der schöne___ Mainacht nimmt er ihre Ha___d.
o. A___ Himmel leuchten wu___derbare Sterne.

Lerneinheit 19

3 Bilden Sie Sätze nach dem Modell. → 2

a. **Pullover:** weich – warm – leicht

   Das ist ein weicher, warmer und leichter Pullover.
   Ich suche einen weichen, warmen und leichten Pullover.
   Wo sind weiche, warme und leichte Pullover?

b. **Mantel:** leicht – weit – grau

   Das ist _____ .
   Ich suche _____ .
   Wo sind _____ ?

c. **Jacke:** bunt – fröhlich – lang

   Das ist _____ .
   Ich suche _____ .
   Wo sind _____ ?

d. **Hemd:** hübsch – gelb – modern

   Das ist _____ .
   Ich suche _____ .
   Wo sind _____ ?

e. **Schuhe:** schwarz – preiswert – bequem

   Das sind _____ .
   Ich suche _____ .
   Wo sind _____ ?

4 Was passt? Ergänzen Sie. → 3

a. Die Kinder sind auf den Baum geklettert und sitzen jetzt ganz *(oben | über)* <u>oben</u>.
b. *(unten | unter)* _____ sich auf dem Rasen sehen sie ihren Hund.
c. *(unter | unten)* _____ liegt auch ihre Puppe auf der Wiese.
d. Oben sehen sie zwei Vögel. Die sitzen *(über | oben)* _____ ihnen auf dem Baum.
e. *(hinten | hinter)* _____ dem Baum sitzt ein kleiner Igel.
f. Er wohnt in einer Kiste ganz *(hinter | hinten)* _____ im Garten.

Lerneinheit 19

5 Ergänzen Sie sehr, viel, viele. → 4

a. Ich kann wirklich nicht mehr. Ich habe schon so .... gegessen.
b. Die Torte schmeckt ihm, er mag sie ....
c. Er hat keinen Durst mehr, denn er hat .... Saft getrunken.
d. Sie kann nicht schlafen, weil sie .... Tassen Kaffee getrunken hat.
e. Am Montag ist er .... spät zur Arbeit gekommen.
f. Sie sieht den Film .... gerne.
g. Wie .... Stühle sind noch frei?
h. Wie .... Zeit habt ihr?

6 Was kann man nicht sagen? → 5

a. eine dicke Katze | eine dicke Mütze | ~~eine dicke Wohnung~~ | eine dicke Mauer
b. der dunkle Flur | die dunkle Bluse | der dunkle Mantel | die dunkle Milch
c. eine dünne Wand | eine dünne Ankunft | eine dünne Scheibe Brot | ein dünnes Kleid
d. der freche Teller | das freche Kind | die freche Frisur | das freche Aussehen
e. ein hartes Stück Brot | eine harte Arbeit | ein harter Kaffee | eine harte Birne
f. der helle Stern | das helle Kleid | die helle Farbe | der helle Wind
g. ein langer Tag | ein langer Schal | ein langer Text | ein langer Unfall
h. die leichte Aufgabe | das leichte Meer | das leichte Buch | die leichten Schuhe
i. ein saurer Apfel | ein saures Kleid | ein saurer Wein | eine saure Soße
j. der schwere Witz | die schwere Arbeit | die schwere Tasche | das schwere Blatt
k. ein starker Mann | eine starke Glühbirne | ein starkes Parfüm | ein starkes Brötchen
l. das volle Glas | der volle Weihnachtsmarkt | die volle Brille | der volle Keller

7 Ergänzen Sie. → 5

Ich wünsche Ihnen …

a. ein**en** schön**en** Vormittag, ein...... schön...... Pause, ein...... schön...... Nachmittag, ein...... schön...... Arbeitstag, ein...... schön...... Woche, ein...... schön...... Wochenende,

b. ein...... schön...... Reise, ein...... schön...... Fahrt, ein...... schön...... Flug, ein...... schön...... Urlaub, schön...... Urlaubstage, schön...... Ferien.

c. ein...... schön...... Geburtstag, ein...... schön...... Party, ein...... schön...... Hochzeit, ein...... schön...... Jubiläum, ein...... schön...... Valentinstag, ein schön...... neues Jahr, ein schöne...... Fest, schön...... Weihnachten.

Lernwortschatz

19

Nomen
s *Adjektiv, -e*
e *Bildkarte, -n*
e *Endung, -en*
r *Kater, –*
e *Mauer, -n*
s *Pferderennen, –*
s *Reihenspiel, -e*
r Schirm, -e

Verben
ändern
dran sein
lassen, lässt, hat gelassen

Andere Wörter
drüben
hart
hübsch
sauber
schlau
weich

Wörter im Kontext
Lass uns mal zu ihr **gehen**.
Der **dicke** Mann trägt eine **dicke** Mütze.
Er isst eine **harte** Birne.
Die Puppe ist **leicht**. Sie wiegt nur 300 Gramm.
Der Mann ist **schwer**. Er wiegt 85 kg.
Du **bist dran**.

In Deutschland sagt man:	In der Schweiz sagt man auch:
r Rock, ⸚e	r Jupe, -s

einhundertelf 111

Lerneinheit 20

1 Was passt wo am besten? → 2

a. Standesamt – Konsulat – Polizeirevier – Rathaus
b. Pass – Führerschein – Aufenthaltserlaubnis – ....
c. Geldbörse – Scheck – Kreditkarte – ....
d. Vorname – Nachname – Geburtsort – ....
e. Hausnummer – Straße – Postleitzahl – ....
f. Augenfarbe – Haarfarbe – Größe – ....
g. Buchhandlung – Reinigung – Möbelgeschäft – ....
h. Text – Gedicht – Bericht – ....
i. Augen – Nase – Mund – ....
j. Pullover – Mantel – Schal – ....

- Ohren
- Gewicht
- Geschichte
- Brieftasche
- Handschuhe
- Ausweis
- Blumenladen
- Ort
- ~~Rathaus~~
- Staatsangehörigkeit

2 Schreiben Sie die Buchstaben in die Zeichnung. → 3

Im Garten steht ein Baum.

a. Peter sitzt darauf.
b. Er steht daneben.
c. Er steht davor.
d. Er sitzt darin.
e. Er steht dahinter.
f. Er liegt darunter.
g. Ein Flugzeug fliegt darüber.

3 Welche Beschreibung passt zur Zeichnung? X → 4

a. Auf der Zeichnung sieht man ein Haus. Darin sitzt eine Taube. Darunter wohnt eine Maus. Darauf wächst ein Baum. Darüber fliegt ein Luftballon. Rechts daneben steht eine Brücke. Links daneben sitzt ein Mädchen.

b. Auf der Zeichnung sieht man ein Haus. Darin ist ein Mädchen. Darauf sitzt eine Maus. Darüber fliegt eine Taube. Darunter sieht man einen Luftballon. Rechts daneben wächst ein Baum. Links daneben steht eine Brücke.

c. Auf der Zeichnung sieht man ein Haus. Darin ist ein Mädchen. Darauf sitzt eine Taube. Darunter wohnt eine Maus. Darüber fliegt ein Luftballon. Rechts daneben wächst ein Baum. Links daneben ist eine Brücke.

4 Schreiben Sie. →4

a. imvordergrundsiehtmaneinhausmiteinemgrünendach
   Im Vordergrund sieht man ein Haus mit einem grünen Dach.

b. einblauervogelfliegtüberdiebrücke

c. aufdemmeerfahrenzweibuntesegelboote

d. aufdembildkannmanvielebuntebäumesehen

e. mansiehteinengrünensternimhintergrund

f. aufderlinkenseitesitzteineweißepuppeaufeinemsofa

g. indermittestehteingroßerbaummitschwarzenblättern

h. rechtskannmaneinenaltenmannmiteinemgrünenhuterkennen

5 Ergänzen Sie. →4

a. In der Küche steht ein dick.... Mann. Der dick.... Mann spricht mit ein.... klein.... Mädchen. Das klein.... Mädchen spielt mit ein.... groß.... Hund. Der groß.... Hund sieht ein.... schwarz.... Katze. Die schwarz.... Katze sucht ein.... grau.... Maus. Die grau.... Maus tanzt mit ein.... weiß.... Maus.

b. Auf der Wiese liegt ein.... weiß.... Pferd. Das weiß.... Pferd nascht an ein.... süß.... Kuchen. Der süß.... Kuchen steht auf ein.... klein.... Tisch. Der klein.... Tisch hat kurz.... Beine. Die kurz.... Beine sehen wie dick.... Würste aus.

c. Über dem See fliegt ein.... grau.... Taube. Die grau.... Taube bemerkt ein.... bunt.... Fisch im Wasser. Der bunt.... Fisch schwimmt zu ein.... weiß.... Segelboot. Auf dem weiß.... Segelboot sind viele fröhlich.... Menschen. Die fröhlich.... Menschen singen ein.... schön.... Lied.

20 Lerneinheit

6 Ergänzen Sie die Wörter. → 5

Balkon ◎ Holz ◎ Treppe ◎ Garage ◎ Rasen ◎ Müll ◎ Keller

a. Die _____ ist groß genug für zwei Autos.
b. Die Kinder können im Garten auf dem _____ Fußball spielen.
c. Der Briefkasten ist aus _____ und gelb gestrichen.
d. Im _____ ist viel Platz für Fahrräder und andere Sachen.
e. Vom Erdgeschoss kommt man auf einer breiten _____ in den ersten Stock.
f. Der _____ wird immer freitags um 6 Uhr morgens abgeholt.
g. Das Haus hat leider keine Terrasse, aber einen schönen _____ im ersten Stock.

7 Ergänzen Sie die passende Form. → 5

a. Vor dem Haus stehen zwei *(groß | große | großen)* _____ Bäume.
b. Im Dach sieht man vier *(eckigen | eckiger | eckige)* _____ Fenster.
c. In der Wand ist ein Fenster mit zwei *(braunen | braune | braunes)* _____ Fensterläden.
d. Auf der Terrasse stehen acht *(blauer | blaue | blauen)* _____ Stühle.
e. Dahinter ist ein Zaun mit drei *(weißes | weiße | weißen)* _____ Toren.
f. Unter dem Apfelbaum stehen zwei *(grüne | grüner | grünen)* _____ Bänke.
g. Auf den Bänken sitzen sechs *(kleinen | kleines | kleine)* _____ Kinder.
h. Man hört die Gespräche von drei *(junger | jungen | jung)* _____ Müttern.

114 einhundertvierzehn

Grammatik | Lernwortschatz

8 Präpositionalpronomen (Pronominaladverb) → § 14

Ein Garten ist **vor dem Haus**. Vögel sitzen **auf dem Haus**.
Ein Garten ist **davor**. Vögel sitzen **darauf**.

	da + *Präposition*		dar + *Präposition*
hinter dem Haus	**dahinter**	**an** dem Haus	**daran**
neben dem Haus	**daneben**	**in** dem Haus	**darin**
zwischen den Häusern	**dazwischen**	**über** dem Haus	**darüber**
für das Haus	**dafür**	**unter** dem Haus	**darunter**
gegen das Haus	**dagegen**	**aus** dem Haus	**daraus**
von dem Haus	**davon**		…
	…		

9 Zahlwort als Artikel + Adjektiv + Nomen → § 6 b

Adjektiv wie mit indefinitem Artikel:

zwei	neu**e**	Hüte
drei	schwarz**e**	Taschen
vier	neu**e**	Autos
mit **zwölf**	rot**en**	Stühlen

Nomen
e *Aufenthaltserlaubnis*
 → *Erlaubnis*
e *Augenfarbe*
r Ausweis, -e
e Brieftasche, -n
s *Dachgeschoss, -e*
e *Erlaubnis* →
  Aufenthaltserlaubnis
r *Fußweg, -e*
r *Hintergrund, ⸚e*
s Holz, ⸚er
s Konsulat, -e
e *Kunstmesse, -n*
s *Material, -ien*
s *Metall, -e*
s *Nebengebäude, –*
e Notiz, -en
Papiere (pl)
s *Phantombild, -er*
r *Rand, ⸚er*
s *Traumhaus, ⸚er*
r *Vordergrund*

Verben
auf · haben
stören
zeigen

Andere Wörter
dumm
eckig
naiv
nebenan
offen
spitz
hinter
dahinter
daneben
darauf
darin
darüber
darunter
davor
dazwischen

Wörter im Kontext
Ihm ist eine **dumme Geschichte** passiert.
Man hat ihm seine **Papiere** gestohlen.
Er **hatte** einen dunklen Hut **auf**.
Die Wand **besteht aus** Stein.

Anker

Das kann ich jetzt: ✗

■ **Über das Aussehen von Personen sprechen**

Das kann ich ● gut.
　　　　　　 ● ein bisschen.
　　　　　　 ● noch nicht so gut.

Mein Freund hat kurze, schwarze Haare und trägt eine runde Brille.

Meine Kollegin ist ziemlich groß und hat ein schmales Gesicht.

■ **Sich über den Geschmack von Personen äußern**

Das kann ich ● gut.
　　　　　　 ● ein bisschen.
　　　　　　 ● noch nicht so gut.

◆ Deine Schwester trägt ein sehr schönes Kleid.
⊙ Ja, das finde ich auch. Sie hat einen guten Geschmack.

◆ Möchten Sie die blaue oder die schwarze Jeans?
⊙ Die schwarze. Das ist genau sein Geschmack.

■ **Sich über Charakter/Verhaltensweisen von Menschen unterhalten**

Das kann ich ● gut.
　　　　　　 ● ein bisschen.
　　　　　　 ● noch nicht so gut.

◆ Findest du deinen Kollegen nett?
⊙ Ja, er ist ein fröhlicher Mensch und immer freundlich.

◆ Deine Freundin kommt bestimmt nicht mehr.
⊙ Doch. Sie ist immer unpünktlich.

■ **Gegenstände, Bilder und Fotos genauer beschreiben**

Das kann ich ● gut.
　　　　　　 ● ein bisschen.
　　　　　　 ● noch nicht so gut.

Auf dem Foto kann man ein kleines Mädchen und einen schwarzen Hund erkennen.

In der Mitte sieht man einen blauen See mit weißen Segelbooten.

Anker

Das kann ich jetzt:

- **Sich für eine versäumte Verabredung entschuldigen**

Das kann ich ○ gut.
○ ein bisschen.
○ noch nicht so gut.

◆ Wo warst du denn gestern?
○ Es tut mir leid, aber ich konnte nicht kommen. Ich musste bis abends arbeiten.

- **Berichten, was man im Urlaub gemacht hat**

Das kann ich gut.
 ein bisschen.
 noch nicht so gut.

Im Urlaub habe ich morgens immer lange geschlafen. Danach habe ich gut gefrühstückt und bin zum Strand gegangen.

Wir haben im Urlaub viele Sehenswürdigkeiten besichtigt. Abends sind wir oft ins Konzert gegangen.

- **Angeben, welche Kleidung man zu welchen Anlässen trägt**

Das kann ich gut.
 ein bisschen.
 noch nicht so gut.

Im Büro trage ich immer einen dunklen Anzug und eine Krawatte.

Wenn ich in die Disco gehe, ziehe ich meistens ein Kleid an.

- **Ein Haus mit Umgebung beschreiben**

Das kann ich gut.
○ ein bisschen.
 noch nicht so gut.

Das Haus ist aus Holz. Davor stehen Bäume und dahinter ist ein Kinderspielplatz.

Hinter dem Haus sind eine Terrasse und ein großer Garten.

Lerneinheit 21

1 Ergänzen Sie. →1

a. Ich wasche den Wagen.   Ich wasche *ihn*.   Dann wasche ich *mich*.
b. Du wäschst den Ball.   Du wäschst *i*_____.   Dann wäschst du *d*_____.
c. Der Vater wäscht den Hund.   Er wäscht _____.   Dann wäscht der Vater _____.
d. Die Mutter wäscht die Tochter.   Sie wäscht _____.   Dann wäscht die Mutter _____.
e. Das Mädchen wäscht das Baby.   Es wäscht _____.   Dann wäscht das Mädchen _____.
f. Wir waschen die Hemden.   Wir waschen _____.   Dann waschen wir _____.
g. Ihr wascht die Hosen.   Ihr wascht _____.   Dann wascht ihr _____.
h. Die Jungen waschen die Socken.   Sie waschen _____.   Dann waschen sie _____.

2 Ergänzen Sie ihn, sie, es, sich. →2

a. Der Polizist und die Ärztin haben geheiratet. Der Fotograf fotografiert *sie* vor der Kirche.
b. Der Fotograf steht vor der Kamera und fotografiert *sich*.
c. Der Fahrer hat den Wagen gewaschen. Danach ist er ins Bad gegangen und hat _____ gewaschen.
d. Die Mädchen waschen ihre Puppen, dann kämmen sie _____ lange.
e. Die Mädchen haben schon gebadet, sie müssen _____ nur noch kämmen.
f. Das Mädchen hat gebadet und zieht _____ schnell an.
g. Das kleine Kind kann sich noch nicht alleine anziehen, deshalb zieht die Mutter _____ an.
h. Der Verkäufer schaut _____ im Spiegel an.
i. Der Verkäufer legt den Fisch auf den Tisch und schaut _____ genau an.
j. Der alte Mann schaut sein Geld an und dann versteckt er _____ unter der Matratze.
k. Der Polizist kommt ins Zimmer. Da versteckt der Einbrecher _____ schnell hinter der Tür.
l. Ein Mann kommt ins Frisörgeschäft. Die Frisörin rasiert _____.
m. Der Vater rasiert _____ mit dem neuen Rasierapparat.

Lerneinheit 21

3 Ergänzen Sie. →3

a. sich kämmen

ich kämme *mich*	ich habe *mich* gekämmt
du kämmst	du hast .... gekämmt
er/sie/es kämmt	er/sie/es hat .... gekämmt
wir kämmen	wir haben .... gekämmt
ihr kämmt	ihr habt .... gekämmt
sie kämmen	sie haben .... gekämmt

b. sich setzen

ich *setze* mich	ich *habe mich gesetzt*
du	du ....
er/sie/es	er/sie/es ....
wir	wir ....
ihr	ihr ....
sie	sie ....

4 Wie heißen die Sätze? →3

a. **die Frau:** sich vor den Spiegel stellen – weil – sich anschauen wollen
  Die Frau stellt sich vor den Spiegel, weil sie sich anschauen will.

b. **die Frau:** vor dem Spiegel stehen – denn – sich anschauen wollen
  ....

c. **die Studentin:** sich an den Schreibtisch setzen – weil – lernen müssen
  ....

d. **die Studentin:** am Schreibtisch sitzen – denn – lernen müssen
  ....

e. **der Junge:** sich unter das Bett legen – denn – sich verstecken wollen
  ....

f. **der Junge:** unter dem Bett liegen – weil – sich versteckt haben
  ....

5 Ergänzen Sie. →3

gelegen ◉ gelegt ◉ gesessen ◉ ~~gesetzt~~ ◉ gestanden ◉ gestellt

a. ⊙	Wann habt ihr euch an den Tisch *gesetzt*?	◆	Um sieben Uhr.
b. ⊙	Wie lange habt ihr am Tisch ....?	◆	Zwei Stunden.
c. ⊙	Wann hast du dich an die Kasse ....?	◆	Um zwei.
d. ⊙	Hast du lange an der Kasse ....?	◆	Ja, 20 Minuten.
e. ⊙	Wann hast du dich ins Bett ....?	◆	Um zwei Uhr.
f. ⊙	Hast du lange im Bett ....?	◆	Ja, neun Stunden.

einhundertneunzehn

Lerneinheit 21

6 Silbenrätsel: Wie heißen die Wörter? →4

ar • auf • bei • ben • den • din • ga • haus • kre • kun • le • le • ~~leh~~ • pa • ~~rer~~ • rin • rin • schü • se • stel • stu • tä • ter • tient • tin

a. Er arbeitet in einer Schule. Man kann bei ihm Deutsch, Mathematik, Physik usw. lernen: Lehrer
b. Man sucht sie, wenn man Arbeit braucht: Stelle
c. Er arbeitet in einer Fabrik. Er ist kein Chef, kein Manager, aber auch kein Lehrling: Arbeiter
d. Sie arbeitet noch nicht. Sie geht noch zur Schule: Schülerin
e. Man macht sie nicht in der Schule, sondern zu Hause: Hausaufgaben
f. Er liegt im Krankenhaus und möchte gesund werden: Patient
g. Sie geht in ein Geschäft, um etwas zu kaufen: Kundin
h. Sie arbeitet am Computer und schreibt Briefe für ihren Chef: Sekretärin
i. Sie besucht die Universität und macht bald ihr Examen: Studentin

7 Welche Präposition passt? →4

a. Die Arbeiter demonstrieren für mehr Lohn.
   Die Arbeiterinnen demonstrieren für sichere Arbeitsplätze.
b. Die Touristin fragt nach dem Weg.
   Die Kollegin fragt nach der Adresse.
c. Die Studentin hilft der Schülerin bei den Hausaufgaben.
   Der Praktikant hilft der Sekretärin bei der Büroarbeit.
d. Die Schülerinnen nehmen an einem Ausflug teil.
   Die Lehrerinnen nehmen an einem Quiz teil.
e. Der Abiturient denkt an den Termin.
   Die Kollegen denken an ihren Urlaub.
f. Der Manager berichtet über den Export.
   Der Reporter berichtet über den Weihnachtsmarkt.
g. Der Patient wartet auf den Krankenwagen.
   Der Tourist wartet auf den Bus.

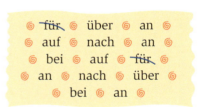

für • über • an • auf • nach • an • bei • auf • ~~für~~ • an • nach • über • bei • an

Lerneinheit 21

8 Ergänzen Sie den/dem, die/der, das/dem, die/den. → 5

a. sich um .... Stelle / .... Arbeit / .... Job / .... Praktikum — bewerben

b. sich nach .... Preis / .... Weg / .... Taxistand / .... Haltestelle — erkundigen

c. an .... Feier / .... Ausflügen / .... Reise / .... Deutschkurs — teilnehmen

d. auf .... Zug / .... Flugzeug / .... Antwort / .... Ärztin — warten

e. sich auf .... Prüfung / .... Test / .... Gespräch / .... Termin — vorbereiten

f. an .... Urlaub / .... Termin / .... Fest / .... Reise — denken

g. bei .... Umzug / .... Einzug / .... Hausaufgaben / .... Arbeit — helfen

h. mit .... Bürgermeister / .... Leuten / .... Marktfrau / .... Lehrerin — sprechen

9 Kombinieren Sie und erfinden Sie zu jedem Verb einen Satz. → 5

- sich vorbereiten
- sich ärgern
- sich interessieren
- sich beschweren
- sich kümmern
- sich erkundigen

- auf
- für
- über
- nach
- um
- über

- der Test
- die Reparatur
- der Fehler
- der Termin
- der Job
- das Gespräch

Der Student bereitet sich auf den Test vor.
Der Handwerker ....
Die Sekretärin ....
Die Touristin ....
Die Kollegin ....
Der Praktikant ....

Grammatik | Lernwortschatz

10 Personalpronomen und Reflexivpronomen → § 11

Personalpronomen		Reflexivpronomen	
Nominativ	Akkusativ	Akkusativ	
ich	mich	mich	Ich wasche **mich**.
du	dich	dich	Du wäschst **dich**.
er	ihn	sich	Er wäscht **sich**.
sie	sie	sich	Sie wäscht **sich**.
es	es	sich	Es wäscht **sich**.
wir	uns	uns	Wir waschen **uns**.
ihr	euch	euch	Ihr wascht **euch**.
sie	sie	sich	Sie waschen **sich**.
Sie	Sie	sich	Sie waschen **sich**.

Zum Vergleich:

Personalpronomen	Reflexivpronomen
Er wäscht **ihn**.	Er wäscht **sich**.
ihn = eine andere Person	**sich** = er selbst

Typische Verben mit Reflexivpronomen im Akkusativ → § 20 d.

11 Verb + Präpositionalergänzung → § 20 e

	Präposition + Akkusativ		Präposition + Dativ
denken **an**	Er denkt **an seinen Chef**.	teilnehmen **an**	Er nimmt **an einer Konferenz** teil.
warten **auf**	Sie wartet **auf ihren Freund**.	helfen **bei**	Sie hilft **bei den Hausaufgaben**.
demonstrieren **für**	Sie demonstriert **für mehr Lohn**.	fragen **nach**	Er fragt **nach dem Weg**.
berichten **über**	Er berichtet **über den Export**.	sprechen **mit**	Sie spricht **mit dem Arzt**.
...		...	
sich vorbereiten **auf**	Er bereitet sich **auf eine Prüfung** vor.	sich erkundigen **nach**	Er erkundigt sich **nach dem Weg**.
sich freuen **über**	Sie freut sich **über die Blumen**.	...	
...			

Typische Verben mit Präpositionalergänzung → § 20 e.

Nomen
r Abiturient, -en
r Arbeiter, –
e Ausbildung, -en
e Ausstellung, -en
r Berufsweg, -e
e Bestellung, -en
r Export, -e
e Grammatik, -en
s Kochbuch, ¨er
e Lehrstelle, -n
e Lieferung, -en
r Lohn, ¨e
r Manager, –
e Marktfrau, -en
r Patient, -en
r Praktikant, -en
e Sendung, en → Sportsendung
e Sportsendung, -en
e Unfreundlichkeit
e Verspätung, -en
e Wartezeit, -en

Verben
sich ärgern
sich beschweren
sich bewerben, bewirbt, hat beworben
demonstrieren
sich erkundigen
sich interessieren
teil·nehmen, nimmt teil, hat teilgenommen
sich unterhalten, unterhält, hat unterhalten

Andere Wörter
sich

Wörter im Kontext
Er **rasiert sich**.
Sie **kämmt sich**.
Sie **waschen sich** nicht.
Er **wartet auf** den Arzt.
Sie **fragt nach** dem Weg.
Sie **sprechen mit** dem Chef.
Er **interessiert sich** nicht **für** Fußball.
Er **beschwert sich über** die Wartezeit.
Sie **unterhalten sich über** das Wetter.
Er **hat sich um** eine Stelle **beworben**.
Er **hat sich bei** einer Bank **beworben**.
Sie **erkundigt sich nach** ihrer Bestellung.

Lerneinheit 22

1 Ergänzen Sie.

a. der Sohn – der Bürgermeister, der Lehrer
   - ♦ Ist das der Sohn des Bürgermeisters?
   - ⊙ Nein, das ist der Sohn _des Lehrers_ .

b. die Telefonnummer – die Ärztin, die Lehrerin
   - ♦ Ist das die Telefonnummer der Ärztin?
   - ⊙ Nein, das ist die Telefonnummer _____ .

c. der Ball – das Mädchen, das Baby
   - ♦ Ist das der Ball des Mädchens?
   - ⊙ Nein, das ist der Ball _____ .

d. die Adressen – die Hotels, die Reisebüros
   - ♦ Sind das die Adressen der Hotels?
   - ⊙ Nein, das sind die Adressen _____ .

e. die Tasche – die Schülerin, die Studentin
   - ♦ Ist das die Tasche der Schülerin?
   - ⊙ Nein, das ist die Tasche _____ .

f. der Wagen – der Buchhändler, der Reporter
   - ♦ Ist das der Wagen des Buchhändlers?
   - ⊙ Nein, das ist der Wagen _____ .

g. die Rechnung – die Kosmetikerin, die Ärztin
   - ♦ Ist das die Rechnung der Kosmetikerin?
   - ⊙ Nein, das ist die Rechnung _____ .

h. die Faxnummern – die Tischler, die Maler
   - ♦ Sind das die Faxnummern der Tischler?
   - ⊙ Nein, das sind die Faxnummern _____ .

2 Was passt zusammen?

a. Birgit organisiert ein Treffen   _3_
b. Das Treffen soll
c. Sandra gibt ihr Auskunft
d. Alle sollen Birgit
e. Birgit wartet noch
f. Sandra erinnert sich nicht
g. Alexanders Abiturzeugnis
h. Alexander hat an der Universität
i. Er hat nach dem Abschluss des Studiums

1. an die Telefonnummer der Lehrerin.
2. bald Bescheid geben.
3. des Abiturjahrgangs.
4. in einem Gasthaus stattfinden.
5. war sehr gut.
6. Jura studiert.
7. bei einer Krankenkasse gearbeitet.
8. auf die Zusage der Lehrer.
9. über einen ehemaligen Mitschüler.

Lerneinheit 22

3 Was passt nicht? →2

a. Sie ist Managerin | eines Konzerns | eines Hotels | eines Fußballs.
b. Er ist Lehrer | von zwei Klassen | von zwei Terminen | von zwei Kursen.
c. Sie ist Direktorin | eines Flugzeugs | eines Museums | einer Schule.
d. Sie ist Schülerin | eines Gymnasiums | einer Klasse | einer Konferenz.
e. Er ist Fan | einer Krankenkasse | eines Fußballvereins | einer Sängerin.
f. Sie sind Geschäftsführer | von Firmen | von Hausaufgaben | von Restaurants.

4 Ergänzen Sie und finden Sie weitere Beispiele. →2

- fragen nach
- sich erkundigen nach
- sich erinnern an

- der Wohnort
- die Adresse
- die Telefonnummer
- das Haus

- meines / meiner
- deines / deiner
- unseres / unserer
- eures / eurer

- Bruders – Schwester
- Mutter – Vaters
- Eltern – Großeltern

a. der Reporter – fragen nach – Wohnort – meines Bruders
   Der Reporter fragt nach dem Wohnort meines Bruders.
b. die Reporterin – sich erkundigen nach – Adresse – deiner Schwester
   Die Reporterin _____.
c. der Journalist – sich erinnern an – Telefonnummer – unserer Mutter
   Der Journalist _____.
d. die Journalistin – fragen nach – Haus – eurer Großeltern
   Die Journalistin _____.
e. *Der Lehrer* _____.
f. *Die Lehrerin* _____.

5 Ergänzen Sie. →3

```
Neue E-Mail
Von:                              Betreff:
```

Liebe Vanessa, lieber Sandro,

über Eure E-Mail habe ich mich sehr gefreut und möchte mich herzlich _____ die Einladung bedanken. Leider muss ich aber _____ einer Konferenz in unserer Firma teilnehmen. _____ diesen Termin habe ich mich schon lange vorbereitet. Darf ich Euch _____ ein Foto von Eurem Treffen bitten? Ihr könnt es mir einfach per E-Mail schicken.

Herzlich
Euer Jens

- an - ~~über~~ - für - um - auf

Lerneinheit 22

6 Ordnen Sie die Aussagen chronologisch. → Kursbuch S. 110 → 5

Claudia von Bornfeld ...

a. ○ hat sich bei der Deutschen Bank beworben.
b. ○ hat nach zehn Semestern ihr erstes Staatsexamen gemacht.
c. 1 hatte gute Noten im Abitur.
d. ○ war Assistentin an der Universität und hat ihren Doktor gemacht.
e. ○ hat ein Stipendium bekommen und Jura studiert.
f. ○ hat eine Stelle in der Auslandsabteilung der Bank bekommen.

7 Was passt? Ergänzen Sie. → 5

◎ nach zehn Semestern ◎ ~~nach dem Abitur~~ ◎ zurzeit ◎
◎ neben dem Studium ◎ nach dem zweiten Staatsexamen ◎ sofort ◎

<u>Nach dem Abitur</u> hat Claudia von Bornfeld ein Stipendium bekommen. Sie musste nicht arbeiten. Ihr erstes Staatsexamen hat sie _____ gemacht. _____ war sie Assistentin an der Universität. Sie hat sich bei einer Bank beworben und hatte _____ Glück. _____ ist sie mit einem Kollegen zusammen, aber jeder hat seine eigene Wohnung.

8 Sagen Sie es anders.

e. Wirtschaft. 经济.   beruflich. 职业的,
die Welt
r. Bekannte. 熟人.

a. Sie hatte gute Noten im Abitur. Deshalb hat sie ein Stipendium bekommen.
   <u>Weil sie gute Noten im Abitur hatte, hat sie ein Stipendium bekommen.</u>

b. Sie wollte in der Wirtschaft arbeiten.
   <u>Sie hatte das Ziel,</u> *in die Wirtschaft zu arbeiten.*

c. Richterin oder Rechtsanwältin wollte sie nicht werden.
   <u>Sie hatte keine Lust,</u> *Richterin oder Rechtsanwältin sie zu werden.*

d. Ihr Beruf und ihre Karriere sind ihr sehr wichtig.
   <u>Sie findet ihren Beruf</u> *und ihre Karriere sehr wichtig.*

e. Sie macht beruflich und privat viele Reisen, deshalb hat sie in der ganzen Welt gute Bekannte.
   <u>Weil sie</u> *beruflich und privat viele Reisen macht, hat sie in der ganzen Welt gut Bekannte.*

f. Sie meint, zu ihrem Leben passt kein Ehemann.
   <u>Sie ist der Meinung, dass zu ihrem Leben</u> *kein Ehemann passt.*

e. Meinung. 意见、看法   Ich bin der Meinung. 在我看来.

Lerneinheit 22

9 Ergänzen Sie die Tabelle. → Kursbuch S. 110/111 → 6

Chef einer Werbeagentur | Lehre als Koch | Hotelmanager | Auslandsabteilung einer Bank | Zivildienst im Krankenhaus | Jura | Stipendium | Mitarbeiter in einer Werbeagentur | Hotelfachschule

	Claudia v. Bornfeld	Jens Zuchgarn	Richard Schmitt
nach dem Abitur			
Studium / Fachschule		Psychologie und Philosophie	
frühere Stelle	Assistentin an der Universität		
aktueller Beruf / aktuelle Stelle			Geschäftsführer einer Steak-House-Filiale

10 Was passt nicht? → 6

a. die Praxis — des Arztes | des Zahnarztes | ~~des Tischlers~~ | des Doktors
b. die Tradition — der Familie | der Firma | der Bank | des Kindes
c. der Wunsch — des Kindes | der Tante | des Geldes | der Schüler
d. das Hotel — des Onkels | des Bruders | des Vaters | des Urlaubs
e. die Zahl — der Zimmer | der Bäder | der Psychologie | der Aufträge
f. die Einrichtung — der Küche | der Garage | des Wohnzimmers | der Gästezimmer
g. das Zentrum — des Ortes | der Stadt | des Landes | des Kochs
h. der Geschäftsführer — der Firma | der Filiale | des Konzerns | der Karriere

11 Was passt? Ergänzen Sie. → 6

a. Sie hat (in | mit | nach) .... dem Essen die Küche aufgeräumt.
b. Er konnte schon (neben | mit | bei) .... einem Jahr laufen.
c. Wir hoffen, unser Kind kann bald laufen. Vielleicht schon (vor | in | bei) .... einem Monat.
d. Sie kann nicht so schnell studieren, denn sie arbeitet (in | neben | bei) .... ihrem Studium.
e. Er hat sie (in | bei | mit) .... der Arbeit kennengelernt.
f. Wir müssen noch vier Wochen arbeiten. Wir machen erst (seit | vor | in) .... einem Monat Urlaub.
g. (seit | nach | vor) .... seiner Kindheit liebt er Kartoffelsalat.
h. Los, schnell. Der Bus kommt (vor | nach | in) .... einer Minute.

12 Ergänzen Sie. →6

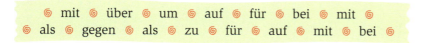
mit ● über ● um ● auf ● für ● bei ● mit ●
als ● gegen ● als ● zu ● für ● auf ● mit ● bei ●

a. Claudia von Bornfeld hat sich am meisten _____ internationales Handelsrecht interessiert.
b. Nach der Doktorprüfung hat sie sich _____ eine Stelle bei der Deutschen Bank beworben.
c. Ihre Karriere ist sehr wichtig _____ sie.
d. Ein Ehemann und ein Kind passen nicht _____ ihrem Leben.
e. Jens Zuchgarn hat sich _____ die Tradition der Familie entschieden.
f. Sein Vater hat sich _____ die Entscheidung geärgert.
g. Jens Zuchgarn arbeitet _____ seiner Frau zusammen.
h. Seine Eltern freuen sich _____ ihr erstes Enkelkind.
i. Und sein Vater ist inzwischen sogar stolz _____ ihn.
j. Richard Schmidt hat zunächst eine Lehre _____ Koch gemacht.
k. Später hat er _____ seinem Onkel gearbeitet.
l. Danach hat er _____ Chef eines Restaurants gearbeitet.
m. Dann hat er sich _____ einer Steak-House-Kette beworben.
n. Jetzt ist er _____ seinem Beruf ganz zufrieden.
o. Aber am liebsten fliegt er _____ seinem Oldtimer-Flugzeug.

13 Was passt nicht? →6

a. 50 Jahre alt | Psychologe | nass | ~~Glück~~ | Rechtsanwältin **werden**
b. das Examen | die Fahrprüfung | die Party | das Abitur **bestehen**
c. Psychologie | Philosophie | Jura | Sprachen | Erfahrung **studieren**
d. eine eigene Werbeagentur | Zeit | alt | Lust | Pech | recht **haben**
e. Erfahrungen | eine Lehre als Koch | Karriere | das Examen | Freunde **machen**
f. eine Tür | die Schule | das Studium | das Licht **abschließen**
g. mit einem Stipendium | durch Jobs | mit einem Urlaub | mit Krediten **etwas finanzieren**
h. sich um eine Stelle | bei einer Bank | als Assistentin | als Geschäftsführer | um das Essen **bewerben**
i. eine Party | eine Einladung | eine Universität | einen Sprachkurs | ein Restaurant **besuchen**
j. ein Zimmer | einen Hobbyraum | ein Haus | einen Ehemann **einrichten**

Grammatik

14 Genitiv → § 1

a. Definiter Artikel

	Nominativ	Genitiv
Maskulinum	der Doktor	des Doktors
Femininum	die Familie	der Familie
Neutrum	das Hotel	des Hotels
Plural	die Banken	der Banken

Das ist die Praxis **des** Doktor**s**.
So ist die Tradition **der** Familie.
Der Geschäftsführer **des** Hotel**s** heißt Meyer.
Die Kredite **der** Banken sind teuer.

Genitivendung -es: des Kind**es**, des Arzt**es** … → **Arbeitsbuch S. 140**

b. Indefiniter Artikel

	Nominativ	Genitiv
Maskulinum	ein Doktor	eines Doktors
Femininum	eine Familie	einer Familie
Neutrum	ein Hotel	eines Hotels
Plural	Banken	von* Banken

Unten im Haus ist die Praxis **eines** Doktor**s**.
Die Tradition **einer** Familie ist wichtig.
Herr Meyer ist Geschäftsführer **eines** Hotel**s**.
Kredite **von** Banken sind meistens teuer.

* Ersatz für den indefiniten Artikel im Genitiv Plural: **von**

c. Artikelwörter im Genitiv

Maskulinum	dies**es**, jed**es**, mein**es**, dein**es**, sein**es**, ihr**es**, unser**es**, eur**es** …	Lehrer**s**
Femininum	dies**er**, jed**er**, mein**er**, dein**er**, sein**er**, ihr**er**, unser**er**, eur**er** …	Lehrerin
Neutrum	dies**es**, jed**es**, mein**es**, dein**es**, sein**es**, ihr**es**, unser**es**, eur**es** …	Kind**es**
Plural	dies**er**, all**er**, mein**er**, dein**er**, sein**er**, ihr**er**, unser**er**, eur**er** …	Eltern

15 Präpositionen mit temporaler Bedeutung

vor	**Vor** vielen Jahren hat er die Grundschule besucht.
nach	**Nach** dem Abitur hat er im Krankenhaus gearbeitet.
von … bis	**Von** 2005 **bis** 2007 hat er im Ausland gelebt.
zwischen	**Zwischen** Januar und Juni war er arbeitslos.
seit	**Seit** dem 1. Juli hat er eine Stelle in einer Bank.
in	**In** einem Jahr möchte er Geschäftsführer sein.

Lernwortschatz

Nomen

s Abitur
r Abiturjahrgang, ⸚e
s Abiturzeugnis, -se
r Abschluss, ⸚e
e Assistentin, -nen
e Auskunft, ⸚e
e Auslandsabteilung, -en
s Blut
e Bundeswehr
r Direktor, -en
e Ehefrau, -en
e Entscheidung, -en
e Filiale, -n
r Geschäftsführer, –
e Grafikerin, -nen
s Gymnasium, Gymnasien
e Hälfte, -n
e Heimat
e Hochzeitsreise, -n
e Hotelfachschule, -en
r Import, -e
e Karriere, -n
e Kette, -n
e Konkurrenz, -en
r Konzern, -e
e Krankenkasse, -n
r Kredit, -e
e Lehre, -n
e Mitteilung, -en
r Monat, -e
e Note, -n
e Psychologie
e Rechtsanwältin, -nen
e Richterin, -nen
s Semester, –
s Staatsexamen, –
s Steak, -s
s Stipendium, Stipendien
s Studium, Studien
s Treffen, –
e Universität, -en
e Welt, -en
e Werbeagentur, -en
e Wirtschaft
e Wissenschaft, -en
s Ziel, -e
e Zusage, -n

Verben

akzeptieren
bauen
sich bedanken
(sich) erinnern
erneuern
finanzieren
fort · setzen
kaputt · machen
organisieren
planen
statt · finden, findet statt, hat stattgefunden
untersuchen
vergrößern
verlaufen, verläuft, ist verlaufen
weg · ziehen, zieht weg, ist weggezogen
wieder · sehen, sieht wieder, hat wiedergesehen
zusammen · arbeiten

Andere Wörter

anbei
befristet
beruflich
ehemalig
geschieden
intelligent
international
inzwischen
mutig
schriftlich
selbstständig
stolz

des, der ...
eines, einer ...

Wörter im Kontext

Nach dem **Abschluss** des Studiums hat sie eine **Stelle** in der **Wirtschaft** gefunden.
Die Familie **steht** erst **an zweiter Stelle**.
Eine **frühere** (= ehemalige) Mitschülerin schickt eine Einladung.

In Deutschland sagt man:	In der Schweiz sagt man auch:	In Österreich sagt man auch:
s Abitur	e Matura	e Matura
e Krankenkasse, -n		e Krankenkassa
inzwischen	unterdessen	

23 Lerneinheit

1 Was passt zusammen? → Kursbuch S. 112 → 2

a. Müssen die Kinder in Deutschland eine Vorschule besuchen?
b. Was machen die meisten Kinder vor dem Beginn der Grundschule?
c. In welchem Alter müssen die Kinder zur Schule gehen?
d. Auf welcher Schule kann man das Abitur machen?
e. Kann man nach der Realschule noch das Gymnasium besuchen?
f. Wie lange muss man zur Schule gehen, um das Abitur zu machen?
g. Was machen die meisten Schüler nach dem Abitur?

1. Wenn sie 6 Jahre alt sind.
2. Ja, das ist möglich.
3. Man braucht 12 Jahre.
4. Sie beginnen ein Studium.
5. Nein, das müssen sie nicht.
6. Nur auf dem Gymnasium.
7. Sie gehen in den Kindergarten.

2 Ergänzen Sie. → 3

a. ❂ Zusage ❂ Lehrstelle ❂ Familie ❂ Bewerbungen ❂ Traumberuf ❂ Frisörsalon ❂

Kira hat eine _____ als Frisörin gefunden. Sie musste zehn _____ schreiben, erst dann hat es geklappt. Sie war sehr froh über die _____ des Salons. Jetzt freut sie sich, denn bald kann sie in ihrem _____ arbeiten. Der _____ liegt in der Stadtmitte und ist groß und modern. Sie will später aber nur noch halbtags arbeiten, um Zeit für ihre _____ haben.

b. ❂ Pläne ❂ Ausbildung ❂ Lehrer ❂ Automechaniker ❂ Polizei ❂

Ulf freut sich auf das Ende der Schulzeit, weil er danach keine Schule und keine _____ mehr sehen muss. Er hat schon genaue _____ für die Zukunft. Wie sein Vater möchte er zur _____ gehen. Weil er noch so jung ist, will er vorher aber eine andere _____ machen. Er hat sich auch schon um eine Lehrstelle als _____ bemüht.

c. ❂ Fotografin ❂ Abitur ❂ Chance ❂ Gymnasium ❂ Antworten ❂ Noten ❂

Line geht nach dem Realschulabschluss noch zwei Jahre aufs _____. Weil ihre _____ gut sind, ist das kein Problem. Wenn sie nach zwei Jahren das _____ hat, will sie vielleicht auch studieren. Aber eigentlich möchte sie gar nicht mehr zur Schule gehen, sondern lieber eine Ausbildung als _____ machen. Sie hat viele Bewerbungen geschrieben, aber niemand hat ihr eine _____ gegeben. Über viele _____ hat sie sich sehr geärgert.

Lerneinheit 23

3 Ergänzen Sie auf oder über. → 3

a. Sie freut sich ___ nächste Woche, weil sie dann Urlaub hat.
b. Gestern hat Helga Post von ihrer Freundin bekommen. Sie hat sich sehr ___ den Brief gefreut.
c. Schenkst du ihr Blumen? – Nein, ___ ein Buch freut sie sich bestimmt mehr.
d. Ich freue mich ___ morgen, weil ich dann ein Tennisspiel habe.
e. Meine Schwester wohnt schon 2 Jahre in Australien. Ich freue mich sehr ___ ihren nächsten Besuch.
f. Ich habe am Sonntag mit meinem Bruder telefoniert. Er hat sich sehr ___ meinen Anruf gefreut.

4 Ergänzen Sie mit oder über. → 3

a. Sie unterhält sich gern ___ anderen Menschen.
b. Die Schüler haben sich ___ die Schule unterhalten.
c. Der Reporter unterhält sich ___ den Schülern.
d. Mit unserem Lehrer können wir uns ___ alles unterhalten.
e. Er hat Probleme, sich ___ seinen Eltern zu unterhalten.
f. ___ wem hast du dich gerade unterhalten?

5 Ergänzen Sie um oder bei. → 3

a. Sie hat sich nach dem Realschulabschluss ___ einem Frisörsalon beworben.
b. Er hat sich ___ eine Stelle als Automechaniker beworben.
c. Nach dem Abitur hat er sich ___ einer großen Firma beworben.
d. Er will sich nicht ___ eine Lehrstelle bewerben, weil er lieber Musik machen möchte.
e. Sie hat sich ___ eine Ausbildung als Fotografin beworben, aber es hat nicht geklappt.
f. Wenn er mit seiner Lehre fertig ist, bewirbt er sich ___ der Polizei.

6 Ordnen Sie das Gespräch. → 4

- ○ In der Küche? Sie sind doch Kellnerin.
- ○ Aber Sie bekommen doch sicher Trinkgeld.
- 1 ○ Arbeiten Sie hier im Restaurant?
- ○ Und wie gefällt Ihnen Ihre Arbeit? Sind Sie zufrieden?
- ◆ Na ja, so ganz zufrieden bin ich nicht, im Moment muss ich oft in der Küche mithelfen.
- ◆ Das gibt es kaum noch. Am liebsten möchte ich die Stelle wechseln.
- ◆ Ja, ich bin Kellnerin.
- ◆ Ja, aber das muss ich immer, wenn dort jemand krank ist. Außerdem verdiene ich viel zu wenig.

einhunderteinunddreißig 131

Lerneinheit 23

7 Ergänzen Sie. → 5

davor · daran · dazu · davon · daran · dafür · ~~darauf~~ · darüber · dagegen · daraus

a. ○ Freust du dich auf das freie Wochenende? ◆ Ja, darauf freue ich mich.
b. ○ Regst du dich über die dummen Witze auf? ◆ Nein, darüber rege ich mich nicht auf.
c. ○ Kannst du nichts gegen die dummen Witze machen? ◆ Nein, dagegen kann ich nichts machen.
d. ○ Hast du an seinen Geburtstag gedacht? => denken ◆ Nein, daran habe ich nicht gedacht.
e. ○ Hast du für die Prüfung gelernt? ◆ Nein, dafür habe ich nicht gelernt.
f. ○ Hast du Angst vor der Prüfung? ◆ Nein, davor habe ich keine Angst.
g. ○ Hast du an dem Sprachkurs teilgenommen? ◆ Ja, daran habe ich teilgenommen.
h. ○ Träumst du immer noch von einer großen Karriere? ◆ Ja, davon träume ich immer noch.
i. ○ Was hat deine Frau zu diesem Thema gesagt? ◆ Sie hat nichts dazu gesagt.
j. ○ Hat dein Kollege etwas aus seinem Fehler gelernt? ◆ Nein, er hat leider nichts daraus gelernt.

8 Welche Frage passt wo? → 5

- Wovor habt ihr denn Angst?
- ~~Worüber habt ihr gesprochen?~~
- Woraus macht man eigentlich die Knödel?
- Wonach habt ihr gesucht?

- Wovon hast du gerade den Kindern erzählt?
- Womit willst du die Katze füttern?
- Wofür hast du die Decke gekauft?
- Woran denkst du gerade?

a. ○ *Worüber habt ihr gesprochen?*
   ◆ Wir haben über das Wetter gesprochen.
   ○ Ach so, darüber habt ihr gesprochen.

b. ○ _____
   ◆ Wir haben nach dem Schlüssel gesucht.
   ○ Ach so, danach habt ihr gesucht.

c. ○ _____
   ◆ Wir haben Angst vor der Prüfung.
   ○ Davor müsst ihr doch keine Angst haben.

d. ○ *Wovon hast du gerade den Kindern erzählt?*
   ◆ Ich habe ihnen von meiner Kindheit erzählt.
   ○ Ach so. Davon hast du ihnen erzählt.

e. ○ _____
   ◆ Die macht man aus Kartoffeln.
   ○ Ach, daraus macht man die.

f. ○ _____
   ◆ Für meinen neuen Tisch.
   ○ Ach, dafür hast du sie gekauft.

g. ○ *Woran denkst du gerade?*
   ◆ Ich denke an unseren Urlaub.
   ○ Daran denke ich auch immer.

h. ○ *Womit willst du die Katze füttern?*
   ◆ Ich will sie mit Brot füttern.
   ○ Damit kann man sie nicht füttern.

Lerneinheit 23

9 Wie heißen die Fragen? Ergänzen Sie. →7

> ~~wofür~~ wonach worauf worüber worum
> für wen nach wem auf wen über wen um wen

a. Sie entscheidet sich für das Angebot.   *Wofür entscheidet sie sich?*
b. Sie entscheidet sich für ihn.   _____?
c. Sie erkundigt sich nach ihrem Freund.   _____?
d. Sie erkundigt sich nach dem Verdienst.   _____?
e. Sie wartet auf den Vertrag.   _____?
f. Sie wartet auf ihren Freund.   _____?
g. Sie unterhalten sich über den Chef.   _____?
h. Sie unterhalten sich über die Zukunft.   _____?
i. Sie kümmert sich um eine neue Wohnung.   _____?
j. Sie kümmert sich um ihren Freund.   _____?

10 Sagen Sie es anders. →7

a. Sie bekommt mehr Gehalt. Darauf wartet sie.
   Sie wartet darauf, dass sie mehr Gehalt bekommt.

b. Die Gäste geben kein Trinkgeld. Darüber beklagt sie sich.
   Sie beklagt sich darüber, _____.

c. Sie hat am Wochenende frei. Darauf freut sie sich.
   _____.

d. Die Kollegen reden über sie. Darüber regt sie sich auf.
   _____.

e. Sie hat ein Angebot bekommen. Darüber freut sie sich.
   _____.

f. Diese Chance kommt vielleicht nie wieder. Davor hat sie Angst.
   _____.

g. Der Mechaniker kommt nicht. Darüber ärgert sie sich.
   _____.

h. Am Sonntag sieht sie ihren Freund. Darauf freut sie sich.
   _____.

Grammatik

11 Verben mit Präpositionalergänzung: Fragewörter und Pronomen → § 14

Nur bei Sachen:		Bei Personen:	
wo(r) + *Präposition*	**da(r)** + *Präposition*	*Fragewort* + Personalpronomen	*Präposition* + Personalpronomen
wofür, wonach, wovon ...	dafür, danach, davon ...	für wen, über wen, nach wem, von wem ...	für ihn, über sie, nach ihr, von ihm ...
woran, worauf, worüber ...	daran, darauf, darüber ...		

Er regt sich **über den Vertrag** auf.
Worüber regt er sich auf?
Er regt sich **darüber** auf.

Sie freut sich **auf ihren Urlaub**.
Worauf freut sie sich?
Sie freut sich **darauf**.

Sie regt sich **über ihren Chef** auf.
Über wen regt sie sich auf?
Sie regt sich **über ihn** auf.

Er freut sich **auf seine Freundin**.
Auf wen freut er sich?
Er freut sich **auf sie**.

Mit Infinitivsatz oder Nebensatz mit dass:
Worauf freut sie sich?
Sie freut sich **darauf**, in Urlaub **zu** fahren.
Worauf freut er sich?
Er freut sich **darauf**, **dass** seine Freundin kommt.

Lernwortschatz 23

Nomen

e Berufsschule, -n
e Bewerbung, -en
e Chance, -n
e Darstellung, -en
e Fachhochschule, -n
e Fachschule, -n
r Fehler, –
e Fernfahrerin, -nen
r Flugzeugmechaniker, –
r Frauenberuf, -e
s Gehalt, ⸚er
r Grund, ⸚e
e Grundschule, -n
r Hauptschulabschluss, ⸚e
e Hauptschule, -n
e Hochschule, -n
r Journalist, -en
s Kfz, -s (Kraftfahrzeug)
r Kfz-Mechaniker, –
r Künstler, –
e Länge, -n
r Männerberuf, -e
r Mechaniker, –
r Politiker, –
r Realschulabschluss, ⸚e
e Realschule, -n
r Salon, -s
r Schulabgänger, –
s Schuljahr, -e
s Schulsystem, -e
e Schulzeit, -en
r Sekretär, -e
e Sekundarschule, -n
e Technik, -en
r Verdienst
r Vergleich, -e
r Vertrag, ⸚e
e Vorschule, -n
s Zeug

Verben

ab·lehnen
an·nehmen, nimmt an, hat angenommen
auf·geben, gibt auf, hat aufgegeben
(sich) auf·regen
(sich) beklagen
(sich) bemühen
leiten
(sich) unterscheiden, unterscheidet, hat unterschieden
unterschreiben, unterschreibt, hat unterschrieben
verlassen, verlässt, hat verlassen
weg·gehen, geht weg, ist weggegangen
weh·tun, tut weh, hat wehgetan

Andere Wörter

egoistisch
halbtags
krank
kreativ
nie wieder
technisch
typisch
verschieden

aufs = auf das
bevor

woran
worauf
worüber
worum
wovor

Wörter im Kontext

Er **besucht** die Realschule.
Im Restaurant sind viele **Gäste**.
Sie regt sich **darüber** auf, **dass** die Kollegen manchmal **dummes Zeug** reden.
Er möchte das Angebot **annehmen**.
Sie muss ihre Stelle **aufgeben**.
Der Reporter hat sich mit den Schülern **bekannt gemacht**.
Ab 6 Jahren müssen Kinder zur Schule gehen.
In diesem Beruf gibt es nur **wenige** Männer.

In Deutschland sagt man:	In der Schweiz sagt man auch:	In Österreich sagt man auch:
s Gehalt, ⸚er	r Lohn, ⸚e	r Lohn, ⸚e

Lerneinheit 24

1 Wie heißen die Verben? → 2

danken ◎ schenken ◎ ~~anfangen~~ ◎ trinken ◎ springen ◎ einladen ◎ (sich) anmelden ◎ sich bewerben ◎ (sich) vorbereiten ◎ begrüßen ◎ beschreiben ◎ singen ◎ (sich) aufregen ◎ (sich) erinnern

a. Anfang — anfangen
b. Dank
c. Anmeldung
d. Geschenk
e. Aufregung
f. Getränk
g. Begrüßung
h. Sprung
i. Beschreibung
j. Sänger
k. Erinnerung
l. Bewerbung
m. Einladung
n. Vorbereitung

2 Wer ist ein Mann (ein Junge)? Wer ist eine Frau (ein Mädchen)? Ordnen Sie. → 3

◎ Großmutter ◎ Großvater ◎ Mutter ◎ Vater ◎ Sohn ◎ Tochter ◎ Tante ◎ Onkel ◎ Enkel ◎ Enkelin ◎ Schwester ◎ Bruder ◎ Nichte ◎ Neffe

3 Was passt zusammen? → 3

a. Der Sohn meiner Mutter ist — 5
b. Die Tochter meiner Schwester ist
c. Die Tochter meiner Tochter ist
d. Der Vater meiner Mutter ist
e. Der Sohn meines Bruders ist
f. Die Mutter meiner Mutter ist
g. Der Sohn meines Sohnes ist
h. Der Bruder meiner Mutter ist
i. Die Schwester meines Vaters ist
j. Die Tochter meines Vaters ist

1. meine Tante.
2. meine Enkelin.
3. meine Schwester.
4. mein Enkel.
5. mein Bruder.
6. mein Onkel.
7. mein Neffe.
8. mein Großvater.
9. meine Nichte.
10. meine Großmutter.

136 einhundertsechsunddreißig

Lerneinheit 24

4 Ergänzen Sie. →4

> eines Tisches · eines Autos · ~~eines Hauses~~ · einer Familie · eines Daches · einer Tür · eines Zimmers · einer Garage · eines Taxis

a. Ein Hausdach ist das Dach *eines Hauses*.
b. Ein Türgriff ist der Griff ....
c. Ein Tischbein ist das Bein ....
d. Ein Dachrand ist der Rand ....
e. Ein Taxifahrer ist der Fahrer ....
f. Ein Autoschlüssel ist der Schlüssel ....
g. Ein Garagentor ist das Tor ....
h. Eine Zimmerwand ist die Wand ....
i. Ein Familienname ist der Name ....

5 Sagen Sie es anders. →4

a. Der Hut meines Vaters ist groß.   *Der Hut von meinem Vater ist groß.*
b. Der Ball seines Kindes ist kaputt.
c. Die Einladung meiner Chefin hat mich gefreut.
d. Der Eingang deines Hauses gefällt mir.
e. Die Augen ihrer Zwillinge sind blau.

6 Was sagt man im Gespräch? Ordnen Sie. →6

> ~~Das stimmt.~~ · ~~Das glaube ich nicht.~~ · Das kann ich mir nicht vorstellen. · Das ist richtig. · Das stimmt nicht. · Das kann ich mir vorstellen. · Da hast du recht. · Das sehe ich anders. · Das meine ich auch. · Das ist nicht richtig. · Das ist auch meine Meinung. · Das finde ich nicht. · Das finde ich auch. · Da bin ich anderer Meinung.

Das stimmt.	Das glaube ich nicht.

Lerneinheit 24

7 Ergänzen Sie. →6

◎ mir ◎ dir ◎ sich ◎ uns ◎ euch ◎

a. Gerd hatte Probleme mit seinem Chef. Deshalb hat er .... eine neue Stelle gesucht.
b. Du hast ja schon wieder ein neues Auto. Wie kannst du .... das denn leisten?
c. Wenn mein Kollege und ich in der Kantine essen, bestellen wir .... immer einen Salat.
d. Was wünschen die Kinder .... zu Weihnachten?
e. Heute früh war es so kalt, dass ich .... einen Mantel anziehen musste.
f. Meine Kollegin und ich mussten gestern lange arbeiten. Gegen sieben hatten wir Hunger, da haben wir .... eine Pizza geholt.
g. Was möchtet ihr morgen essen? Ihr dürft .... etwas wünschen.
h. Warum hast du .... einen roten Wagen gekauft? Die Farbe ist doch gar nicht mehr modern.
i. Es gibt einen neuen Film im Kino. Den möchte ich .... gerne anschauen.
j. Claudia kann .... gut vorstellen, mal im Ausland zu arbeiten.

8 Ergänzen Sie ich, mich oder mir. →6

a. ◆ Kannst du .... schnell deine Telefonnummer aufschreiben?
   ⊙ Ja klar, hier bitte.
b. ◆ Kannst du .... heute Abend zu Hause anrufen?
   ⊙ Ja, das mache ich.
c. ◆ Wer ist da, bitte?
   ⊙ .... bin's, Peter.
d. ◆ Wem ist es langweilig?
   ⊙ .... ist es sehr langweilig.
e. ◆ Setzt du dich neben ....?
   ⊙ Ja, gerne.
f. ◆ Kannst du .... nach Hause fahren?
   ⊙ Natürlich mache ich das.
g. ◆ Wer ist Herr Fischer?
   ⊙ Das bin ....
h. ◆ Gehen wir zu ...., um zu lernen?
   ⊙ Ja, gute Idee.
i. ◆ Ich habe den Termin vergessen. Das tut .... leid.
   ⊙ Es ist nicht so schlimm.
j. ◆ Duschst du morgens kalt?
   ⊙ Ja, aber danach ziehe ich .... immer ganz schnell an.
k. ◆ Hast du dir die Haare gekämmt?
   ⊙ Ich kämme .... gleich.
l. ◆ Gehst du ins Bad?
   ⊙ Ja, ich möchte .... die Haare waschen.

138   *einhundertachtunddreißig*

Lerneinheit 24

9 Schreiben Sie ganze Sätze.

So war es in der alten Firma:

a. sich nicht mit dem Chef verstehen
   Ich habe mich nicht

b. nicht selbstständig arbeiten können
   Ich konnte

c. sich dauernd mit den Kollegen streiten

d. nicht genug verdienen

e. einen weiten Weg zur Arbeit haben

f. keine Aufstiegsmöglichkeiten haben

g. sich nur eine kleine Wohnung leisten können

So ist es in der neuen Firma:

h. sich gut mit der Chefin verstehen
   Ich verstehe

i. jetzt mehr Verantwortung haben
   Ich habe

j. ein gutes Gehalt bekommen

k. sich nie mit den Kolleginnen und Kollegen streiten

l. ausgezeichnete Aufstiegsmöglichkeiten haben

m. Abteilungsleiter werden können

n. sich eine große Wohnung leisten können

einhundertneununddreißig 139

Grammatik | Lernwortschatz

10 Personalpronomen und Reflexivpronomen → § 11

Personalpronomen		Reflexivpronomen
Nominativ	Dativ	Dativ
ich	mir	mir
du	dir	dir
er	ihm	
sie	ihr	sich
es	ihm	
wir	uns	uns
ihr	euch	euch
sie	ihnen	sich
Sie	Ihnen	

Ich wünsche **mir** ein Auto.
Du wünschst **dir** ein Auto.
Er wünscht **sich** ein Auto.
Sie wünscht **sich** ein Auto.
Es wünscht **sich** ein Auto.
Wir wünschen **uns** ein Auto.
Ihr wünscht **euch** ein Auto.
Sie wünschen **sich** ein Auto.
Sie wünschen **sich** ein Auto.

Typische Verben mit Reflexivpronomen im Dativ → § 20 c.

11 Nomen mit Genitivendung -es → § 1 b

- *Viele einsilbige Nomen (Maskulinum und Neutrum):*
  der Mann – des Mann**es**, der Hund – des Hund**es**, das Boot – des Boot**es**, das Dach – des Dach**es** …
- *Nomen (Maskulinum und Neutrum) auf -s, -ss, -ß, -sch, -z, -tz, -zt:*
  das Haus – des Haus**es**, der Kuss – des Kuss**es**, der Fuß – des Fuß**es**, der Fisch – des Fisch**es**,
  der Pilz – des Pilz**es**, der Platz – des Platz**es**, der Arzt – des Arzt**es** …

 der Bus – des Bu**sses**

Nomen
r Abteilungsleiter, –
r Angler, –
e Aufstiegsmöglichkeit, -en
s Feuer, –
e Karrierechance, -n
r Kontakt, -e
r Stress
e Überraschung, -en
s Ufer, –
e Verantwortung

Verben
ein · stellen
fangen, fängt, hat gefangen
konjugieren
sich leisten
sinken, sinkt, ist gesunken
wärmen
wechseln
sich wohl fühlen

Andere Wörter
körperlich
sympathisch
nicht mal (= nicht einmal)

Wörter im Kontext
Die neue Firma wollte ihn sofort **einstellen**.
Er kann **sich nicht einmal** ein Auto **leisten**.
Er **versteht sich** gut mit dem Chef.
Das kann ich **mir vorstellen**.
Hier kann er **selbstständig** arbeiten.
Er **wünscht sich** mehr Verantwortung.

Lerneinheit 25

1 Wie ist die richtige Reihenfolge? → Kursbuch S. 120 → 2

a. ◯ Dann ist er Manager eines bekannten Waschmittelherstellers geworden.
b. ◯ Später war er Direktor der Finanzabteilung eines internationalen Ölkonzerns.
c. 1 Werner Hellmann hat das Gymnasium besucht und 1976 Abitur gemacht.
d. ◯ Zurzeit ist er Mitglied des Aufsichtsrats eines großen deutschen Automobilunternehmens.
e. ◯ Nach dem Abschluss des Studiums war er Angestellter einer mittelgroßen Werkzeugfabrik.
f. ◯ Danach hat er als Geschäftsführer der deutschen Filiale eines französischen Elektronikunternehmens gearbeitet.
g. ◯ Danach hat er an einer deutschen Universität Betriebswirtschaft studiert.
h. ◯ Anschließend hat er die Exportabteilung einer norddeutschen Möbelfabrik geleitet.

2 Nominativ, Akkusativ, Dativ, Genitiv. Ergänzen Sie die Sätze. → 2

a. Das ist _ein großer Konzern_.
   Er übernimmt _einen großen Konzern_.
   Er arbeitet in _einem großen Konzern_.
   Er ist der Chef _eines großen Konzerns_.

b. Das ist _eine große Firma_.
   Er übernimmt _____.
   Er arbeitet in _____.
   Er ist der Chef _____.

c. Das ist _ein großes Geschäft_.
   Er übernimmt _____.
   Er arbeitet in _____.
   Er ist der Chef _eines großen Geschäfts_.

d. Das sind _große Unternehmen_.
   Sie übernehmen _____.
   Sie arbeiten in _____.
   Sie sind die Chefs _____.

Lerneinheit 25

3 Bilden Sie Sätze. → 2

a. Manager – er – eines – Konzerns – französischen – ist
   Er ist Manager eines französischen Konzerns.

b. von – ist – italienischen – einer – Firma – sie – Managerin
   Sie _____.

c. Geschäftsführer – Unternehmens – eines – er – schwedischen – ist
   _____.

d. von – Geschäftsführerin – amerikanischen – ist – einer – sie – Firma
   _____.

e. polnischer – sind – Chefs – Firmen – sie
   _____.

4 Ergänzen Sie. → 2

	Singular	Plural	Singular	Plural
Nominativ	der neu___ Kollege	die neu___ Kollegen	der nett___ Junge	die nett___ Junge___
Akkusativ	den neu___ Kollegen	die neu___ Kollegen	den nett___ Junge___	die nett___ Junge___
Dativ	dem neu___ Kollegen	den neu___ Kollegen	dem nett___ Junge___	den nett___ Junge___
Genitiv	des neu___ Kollegen	der neu___ Kollegen	des nett___ Junge___	der nett___ Junge___

5 Kombinieren Sie und erfinden Sie Sätze. → 2

- lustig
- interessant
- nett
- sympathisch

- der Kollege / die Kollegen
- der Junge / die Jungen
- der Kunde / die Kunden
- der Biologe / die Biologen

a. Hier wohnt der lustige Kollege.
b. Ich suche den _____.
c. Ich spreche mit dem _____.
d. Das ist der Koffer des _____.

e. Hier warten die _____.
f. Wir fragen die _____.
g. Wir antworten den _____.
h. Das sind die Autos der _____.

Lerneinheit 25

6 Tim Töpfer erzählt. Schreiben Sie. → 3

a. geboren – 29. Februar 1976 – bei Hamburg
   Ich bin am 29. Februar 1976 bei Hamburg geboren.

b. Grundschule Pinneberg – Gymnasium Hamburg
   Ich habe ....

c. ein Jahr vor dem Abitur – Lehre als Exportkaufmann
   ....

d. nach der Lehre – Tankwart
   ....

e. 2 Jahre – Seemann – Containerschiff
   ....

f. 1997: Rallye Paris-Dakar
   ....

g. 1999: Berlin – Souvenirladen – selbstständig
   ....

h. 2005: halbes Jahr – Brasilien, Ecuador, Kolumbien
   ....

i. Anden – Buch – Reiseerlebnisse
   ....

7 Welche Präposition passt? Ergänzen Sie. → 3

a. Er ist *(nach | auf | bei)* .... einem großen Schiff *(in | an | um)* .... die Welt gefahren.

b. Er hat *(in | auf | von)* .... seiner Reise viel erlebt.

c. Deshalb hat er ein Buch *(über | für | mit)* .... seine Reiseerlebnisse geschrieben.

d. In Berlin hat er sich *(in | aus | mit)* .... einem Souvenirgeschäft selbstständig gemacht.

e. In Afrika hat er *(bei | mit | an)* .... seinem Motorrad *(an | aus | vor)* .... einer Rallye teilgenommen.

f. In Südamerika ist er *(um | durch | für)* .... viele Länder gereist.

g. Jetzt lebt er *(um | vor | mit)* .... seiner Frau in einem Andendorf.

einhundertdreiundvierzig 143

Lerneinheit 25

8 Ergänzen Sie die Endungen. →3

a. Sie möchten **einen** ganzen Monat bleiben.
b. Er hat **d___** ganzen Tag geschlafen.
c. **Jed___** Nachmittag liest sie.
d. Sie hat nach **d___** Essen aufgeräumt.
e. Mit **ein___** Jahr konnte er schon laufen.
f. Vor **ein___** Jahr hat sie das Abitur gemacht.
g. In **ein___** Jahr kann man viel lernen.
h. Wir müssen nur noch **ein___** Monat warten.
i. In **ein___** Monat machen wir Urlaub.
j. Seit **sein___** Kindheit liebt er Kartoffelsalat.

9 Ergänzen Sie das Bewerbungsschreiben. →5

> seit April des letzten Jahres ◎ Lebenslauf ◎ für Politik und Sport ◎ um ein Praktikum ◎ ~~geehrte Damen und Herren~~ ◎ nach einer interessanten Stelle ◎ über verschiedene Themen ◎ über eine Einladung ◎ mit freundlichen Grüßen ◎ meines Studiums ◎ für einen Monat ◎

Sehr **geehrte Damen und Herren,**

hiermit bewerbe ich mich _____ in Ihrem Unternehmen.
Ich bin 22 Jahre alt und studiere _____ Betriebswirtschaft an der Universität Mannheim. Für die Semesterferien suche ich _____ als Praktikant. Das Praktikum würde ich gerne _____ machen. Ich arbeite seit dem Beginn _____ an einer Studentenzeitung mit und berichte regelmäßig _____. Neben Wirtschaft interessiere ich mich besonders _____.
_____ zu einem Vorstellungsgespräch würde ich mich sehr freuen.

_____

Matthias Albrecht

Anlagen:
Tabellarischer _____
Zeugnisse

Grammatik

10 Artikel + Adjektiv + Nomen im Genitiv → § 6

a. Definiter Artikel

	Nominativ			Genitiv		
Maskulinum	der		Konzern	des		Konzerns
Femininum	die	große	Firma	der	großen	Firma
Neutrum	das		Unternehmen	des		Unternehmens
Plural	die	großen	Unternehmen	der		Unternehmen

b. indefiniter Artikel

	Nominativ			Genitiv		
Maskulinum	ein	großer	Konzern	eines		Konzerns
Femininum	eine	große	Firma	einer	großen	Firma
Neutrum	ein	großes	Unternehmen	eines		Unternehmens
Plural		große	Unternehmen		großer	Unternehmen*

*Ersatzform: von großen Unternehmen

11 Nomen mit besonderen Formen → § 2

Maskulinum Gruppe II: Die meisten maskulinen Nomen mit Plural auf -(e)n

Nominativ	Akkusativ	Dativ	Genitiv	Plural
der Junge	den Jungen	dem Jungen	des Jungen	die Jungen
der Bauer	den Bauern	dem Bauern	des Bauern	die Bauern
der Polizist	den Polizisten	dem Polizisten	des Polizisten	die Polizisten

☺ Alle Formen außer Nominativ Singular enden auf -n/-en.

Ebenso:
Nomen wie Junge: Kollege, Kunde, Türke, Franzose, Zeuge ...
Nomen wie Bauer: Herr, Nachbar ...
Nomen wie Polizist: Tourist, Komponist, Patient, Abiturient, Student, Präsident, Praktikant, Automat, Kandidat, Mensch, Bär, Pilot ...

❗ Aber: der Name – des Namens, der Gedanke – des Gedankens

25 Lernwortschatz

Nomen

r/e Angestellte, -n (ein Angestellter)
e Anstellung, -en
r Aufenthalt, -e
r Bäckermeister, –
e Beratung, -en
r Bereich, -e
e Betriebswirtschaft
r Bewerber, –
e Bewerbungsfrist, -en
s Bewerbungsschreiben, –
e Dauer
r Einkauf, ⸚e
r Einkäufer, –
s Elektronikunternehmen, –
e Entwicklung, -en
e Exportabteilung, -en
e Exportkauffrau, -en
r Exportkaufmann, -leute

e Fabrik, -en
e Finanzabteilung, -en
e Fremdsprache, -n
e Frist, -en → **Bewerbungsfrist**
r Geschäftspartner, –
e Herstellung, -en
e Industrie → **Möbelindustrie, Textilindustrie**
s Inland
e Kenntnis, -se
e Kontrolle, -n
r Lebenslauf, ⸚e
r Lebensweg, -e
r Leiter, –
e Leiterin, -nen
e Marketingabteilung, -en
e Menge, -n
s Mitglied, -er
e Personalberatung, -en

s Postfach, ⸚er
s Produkt, -e
s Programm, -e
r Redakteur, -e
e Reiseführerin, -nen
e Reiseliteratur
r Seemann, -leute
r Stoff, -e
e Studienreise, -n
e Tankstelle, -n
r Tankwart, -e
s Unternehmen, –
e Voraussetzung, -en
r Vorstellungstermin, -e
e Ware, -n
r Waschmittelhersteller, –
s Zeugnis, -se
e Zusammenarbeit

Verben

beraten, berät, hat beraten
(sich) beschäftigen
enden
sich entschließen, entschließt, hat entschlossen
her·stellen
liefern
unterbrechen, unterbricht, hat unterbrochen
vereinbaren
sich verlieben
zurück·kommen, kommt zurück, ist zurückgekommen

Andere Wörter

abgeschlossen
ausländisch
bekannt
eineinhalb
europäisch
führend
geb. (= geborene)
hiermit
kulturell
mehrere
mittelgroß
möglichst
norddeutsch
steil
tabellarisch

Wörter im Kontext

Anlage: Lebenslauf, Zeugnisse
Er hat **eine Menge** Waren mitgebracht.
Sie arbeitet im **Raum** Südostasien.
Sie kauft **Stoffe** für Kleider ein.
Sie **berät mehrere** Firmen.
Sie hat eine **steile** Karriere gemacht.
Diese Firma ist sehr **bekannt**.
Das Unternehmen hat einen neuen **Leiter**.
Endlich ist das Buch **fertig**.

Anker

Das kann ich jetzt:

- **Über Schulsysteme berichten**

Das kann ich gut.
 ein bisschen.
 noch nicht so gut.

Die Schulpflicht beginnt für alle Kinder mit 6 Jahren. Nach der Grundschule kann man zwischen verschiedenen Sekundarschulen wählen. Bis zum Abitur brauchen die Schüler 12 Schuljahre.

- **Über Ausbildung und Berufspläne sprechen**

Das kann ich gut.
 ein bisschen.
 noch nicht so gut.

Nach der Schule hat er eine Lehre als Kfz-Mechaniker gemacht.

Sie möchte einmal Ärztin werden.

- **Über Lebensläufe und Bewerbungen sprechen**

Das kann ich gut.
 ein bisschen.
 noch nicht so gut.

Er war zwei Jahre arbeitslos und hat dann eine Stelle in einer Möbelfirma gefunden.

Sie hat sich nach dem Abitur bei einer Bank und bei einer Versicherung beworben.

- **Über Arbeitsplatz und Arbeitssituation sprechen**

Das kann ich gut.
 ein bisschen.
 noch nicht so gut.

◆ Bist du mit deinem Arbeitsplatz zufrieden?
⊙ Ja. Ich habe nette Kollegen und einen sympathischen Chef.

◆ Wie gefällt Ihnen Ihre neue Stelle?
⊙ Ich bin sehr zufrieden, weil ich selbstständig arbeiten kann.

Anker

Das kann ich jetzt:

■ Über Berufe diskutieren

Das kann ich gut.
 ein bisschen.
 noch nicht so gut.

◆ Möchtest du Karriere machen?
○ Ja. Gute Aufstiegsmöglichkeiten sind mir wichtig.

◆ Ist das Gehalt für dich am wichtigsten?
○ Nein. Wenig Stress und viel Urlaub sind mir wichtiger.

■ Alltagstätigkeiten benennen

Das kann ich gut.
 ein bisschen.
 noch nicht so gut.

Morgens wasche ich mich und dann kämme ich mir die Haare.

Er bringt die Kinder ins Bett und liest ihnen eine Geschichte vor.

■ Freude / Ärger über etwas / jemanden ausdrücken

Das kann ich gut.
 ein bisschen.
 noch nicht so gut.

Ich freue mich sehr über Briefe und Postkarten.

Ich ärgere mich über meinen Mann, wenn er am Wochenende zu viel fernsieht.

■ Zugehörigkeit / Besitz angeben

Das kann ich gut.
 ein bisschen.
 noch nicht so gut.

Das ist das Hotel meines Onkels.

Ich fahre oft mit dem Mofa meiner Freundin.

Lerneinheit 26

1 Was passt nicht? →1

a. einen Händler | ~~ein Kamel~~ | eine Putzfrau | ein Fotomodell **heiraten**
b. Gulaschsuppe | Würste | Kuchen | Knödel **kochen**
c. Brötchen | Kuchen | Torten | Suppen **backen**
d. Bilder | Schlaf | Originale | Kitsch **verkaufen**
e. Schach | mit einer Puppe | mit einem Flohmarkt | mit einem Kind **spielen**
f. bei einem Spiel | bei einem Schachturnier | bei einem Tennisspiel | bei einem Hobby **mitspielen**
g. bei einem Radrennen | auf einem Pferd | bei einem Motorradrennen **mitfahren**
h. Pilze im Wald | Geld auf der Straße | Zeit in der Zeitung | Zeit am Wochenende **finden**
i. Termine | Rechnungen | seinen Kopf | Kinder auf der Raststätte **vergessen**
j. **sich** in einen Händler | in ein Fotomodell | in Zwillinge | in Müll **verlieben**

2 Welche Wörter ergeben keinen Sinn? →1

a. Auto / Pferde / ~~Tennis~~ / Rad **rennen**

b. Fußball / Sport / Musik / Temperatur **verein**

c. Plastik / Kredit / Bonbon / Obst **tüte**

d. Super / Floh / Bau / Ufer **markt**

e. Schach / Tennis / Liter / Rentner **club**

f. Fehler / Pilz / Zwiebel / Tomaten **suppe**

Lerneinheit 26

3 Wie heißen die Sätze zu den Schlagzeilen? →1

a. Kölner Kellner kochte für sechshundert Kinder Kakao.
   Ein Kellner _hat_ in Köln für sechshundert Kinder Kakao _gekocht_.

b. Athener Arbeiter hörten im Aufzug die Stimme von Elvis Presley.
   In Athen ___ Arbeiter in einem Aufzug die Stimme von Elvis Presley ___.

c. Kopenhagener Clowns spielten für kranke Kinder.
   Clowns aus Kopenhagen ___ für kranke Kinder ___.

d. Wiener Weihnachtsmann verkaufte 5000 Würstchen auf dem Weihnachtsmarkt.
   Auf dem Weihnachtsmarkt in Wien ___ ein Weihnachtsmann 5000 Würstchen ___.

e. Pinneberger Pilot provozierte zwei Unfälle auf einem Parkplatz.
   Ein Pilot aus Pinneberg ___ auf einem Parkplatz zwei Unfälle ___.

f. Oldenburger Oldtimer-Händler heiratete im Oldtimer-Flugzeug.
   Ein Oldtimer-Händler aus Oldenburg ___ im Oldtimer-Flugzeug ___.

g. Bielefelder Bäckerlehrling beachtete Brote im Backofen nicht.
   In Bielefeld ___ ein Bäckerlehrling die Brote im Backofen nicht ___.

h. Paderborner Polizist beobachtete zwei Tage lang drei leere Zelte.
   Ein Polizist ___ in Paderborn zwei Tage lang drei leere Zelte ___.

4 Rekord-Schlagzeilen. Ergänzen Sie die Fragen im Perfekt. →2

a. ◆ 13 Reporter berichteten 30 Stunden vom Tennisturnier.
   ○ _Glaubst du, dass sie 30 Stunden vom Tennisturnier berichtet haben?_

b. ◆ 14 Journalisten arbeiteten 40 Stunden ohne Pause.
   ○ _Kann es stimmen, dass sie_ ___?

c. ◆ 15 Sängerinnen heirateten in 50 Minuten.
   ○ _Glaubst du, dass sie_ ___?

d. ◆ 17 Briefmarken kosteten 70 000 Euro.
   ○ _Stimmt es, dass sie_ ___?

e. ◆ 16 Touristen warteten 60 Stunden auf den Bus.
   ○ _Steht wirklich in der Zeitung, dass sie_ ___?

Lerneinheit 26

5 Ergänzen Sie. →1

Infinitiv	Präteritum er/sie/es	Infinitiv	Präteritum er/sie/es	Infinitiv	Präteritum er/sie/es
tauchen	tauchte	suchen		spielen	
eintauchen	tauchte ein	besuchen		mitspielen	
machen		versuchen		vorspielen	
aufmachen		aussuchen		lieben	
zumachen		weitersuchen		sich verlieben	

arbeiten	arbeitete	warten		berichten	
mitarbeiten	arbeitete mit	erwarten		kosten	
einschalten		achten		leisten	
ausschalten		beobachten		beten	

6 Ergänzen Sie die Antworten. Verwenden Sie das Präteritum. →1

a. ◆ Hat ein verliebter Busfahrer wirklich 3 Haltestellen vergessen?
○ Ja, hier steht: *Verliebter Busfahrer vergaß 3 Haltestellen.*

b. ◆ Hat eine Bedienung wirklich 1000 Euro gefunden?
○ Ja, hier lies: *Bedienung fand* _____.

c. ◆ Hat ein Pop-Konzert wirklich nachts um 4 Uhr stattgefunden?
○ Ja, die Zeitung schreibt: *Konzert fand* _____.

d. ◆ Ist ein Radfahrer wirklich beim Radrennen falsch gefahren?
○ Ja, hier heißt es: *Radfahrer fuhr* _____.

e. ◆ Ist ein 90-jähriger Porsche-Fahrer wirklich beim Autorennen mitgefahren?
○ Ja, in der Zeitung steht: *90-jähriger Porsche-Fahrer fuhr* _____.

f. ◆ Ist die Temperatur im Zug wirklich auf 50 Grad gestiegen?
○ Ja, hier steht: *Temperatur im Zug stieg* _____.

g. ◆ Ist ein Taxifahrer wirklich auf der Autobahn ausgestiegen?
○ Ja, in der Nachricht heißt es: *Taxifahrer stieg* _____.

Lerneinheit 26

7 Welche Schlagzeile passt zu dem Zeitungstext? → Kursbuch S. 130 → 5

a. Familie aus dem Bayerischen Wald im Krankenhaus
b. Unfall in der Ferienwohnung
c. Eine ganze Familie mit Pilzvergiftung ins Krankenhaus
d. Mit Blaulicht in den Bayerischen Wald
e. Familie fand Plastiktüte mit Pilzen bei Wanderung

8 Ergänzen Sie. → 6

Infinitiv	Präteritum er/sie/es	Perfekt er/sie/es
fahren	fuhr	ist gefahren
mitfahren	fuhr mit	ist mitgefahren
	grub	hat gegraben
	wusste	hat gewusst
	vergaß	hat vergessen
	sah	hat gesehen
	gab	hat gegeben
	lag	hat gelegen
	stand	hat gestanden

Infinitiv	Präteritum er/sie/es	Perfekt er/sie/es
finden	fand	hat gefunden
	bekam	hat bekommen
	rief	hat gerufen
	rief an	hat angerufen
	stieg	ist gestiegen
	stieg ein	ist eingestiegen
	stieß	ist gestoßen
war		ist gewesen
	hatte	hat gehabt

9 Ergänzen Sie für oder aus. → 6

a. Metalldose: eine Dose aus Metall
b. Kaffeedose: eine Dose für Kaffee
c. Kaffeetasse:
d. Glastasse:
e. Bratentopf:
f. Metalltopf:
g. Topfdeckel:
h. Glasdeckel:
i. Holzteller:
j. Pizzateller:
k. Zuckerlöffel:
l. Plastiklöffel:
m. Metallgabel:
n. Kuchengabel:
o. Brotmesser:
p. Metallmesser:
q. Holzregal:
r. Bücherregal:
s. Müllsack:
t. Plastiksack:
u. Lederschuhe:
v. Sportschuhe:

10 Präteritum → § 16

a. Formen: 3. Person Singular und Plural

Infinitiv		Schwache Verben		Starke Verben		
Infinitiv		machen	arbeiten	fahren	geben	schlafen
Präteritum	er/sie/es	mach**te**	arbeit**ete**	**fu**hr	**ga**b	**schl**ief
	sie/Sie	mach**ten**	arbeit**eten**	**fu**hren	**ga**ben	**schl**iefen

b. Einige starke Verben und wissen

Infinitiv		finden	stehen	sehen	bekommen	helfen	treffen	essen
Präteritum	er/sie/es	fand	stand	sah	bekam	half	traf	aß
	sie/Sie	fanden	standen	sahen	bekamen	halfen	trafen	aßen

Infinitiv		schreiben	steigen	rufen	anrufen	stoßen	graben	wissen
Präteritum	er/sie/es	schr**ie**b	st**ie**g	r**ie**f	r**ie**f an	st**ie**ß	gr**u**b	w**u**sste
	sie/Sie	schr**ie**ben	st**ie**gen	r**ie**fen	r**ie**fen an	st**ie**ßen	gr**u**ben	w**u**ssten

Liste der starken und unregelmäßigen Verben siehe → **Kursbuch S. 215**

11 Präteritum und Perfekt

Schriftlicher Bericht → Präteritum	Mündlicher Bericht → Perfekt
Der Minister **kochte** eine Suppe.	Der Minister **hat** eine Suppe **gekocht**.
Eine Putzfrau **fand** 8000 Euro.	Eine Putzfrau **hat** 8000 Euro **gefunden**.

So stehen die starken und unregelmäßigen Verben in der Wortliste: → **Kursbuch S. 201**

Infinitiv	3. Pers. Sing. Präsens	3. Pers. Sing. Präteritum	Perfekt
fallen	fällt	fiel	ist gefallen
fangen	fängt	fing	hat gefangen
ein·fallen	fällt ein	fiel ein	ist abgefahren
an·fangen	fängt an	fing an	hat angefangen

Lernwortschatz 26

Nomen
r Bankkaufmann, -leute
Bauchschmerzen (pl)
s Bauchweh
s Fahrradrennen, –
r Flohmarkt, ̈e
s Fotomodell, -e
r/e Fünfjährige, -n (ein Fünfjähriger)
e Generation, -en
e Gulaschsuppe, -n
r Händler, –
e Heirat
s Hufeisen, –
s Kinderfest, -e
s Kleeblatt, ̈er
e Metalldose, -n
r Minister, –
r Notdienst, -e
s Original, -e
s Pech
r Pilzratgeber, –
e Pilzvergiftung, -en
e Plastiktüte, -n
e Putzfrau, -en
s Radrennen, –
r Rentner, –
e Rückseite, -n
e Schlagzeile, -n
r Schornsteinfeger, –
s Turnier, -e
r Urgroßvater, ̈
e Wanderung, -en
r Zeitungsreporter, –
r Zeitungstext, -e

Verben
acht·geben, gibt acht, gab acht, hat achtgegeben
mit·fahren, fährt mit, fuhr mit, ist mitgefahren
mit·spielen
pflanzen

Andere Wörter
erfolgreich
froh
giftig
golden
tief
vermutlich
vierblättrig

Wörter im Kontext
Er will einen Baum pflanzen und sucht **dafür** einen guten **Platz**.
An dieser **Stelle** gräbt er ein Loch.
In der Zeitung stehen interessante **Nachrichten**.
Die Nachricht finde ich **etwas** traurig.
Sie sammelten eine ganze Tüte **voll**.

Lerneinheit 27

1 Sagen Sie es anders. →1

a. Als eine Frau vor zwei Tagen spazieren ging, sah sie einen jungen Vogel.
   Vor zwei Tagen ging eine Frau spazieren. *Da sah sie einen jungen Vogel.*

b. Als sie den Vogel auf einen Ast setzte, kam die Vogelmutter.
   Sie setzte _____. *Da kam* _____.

c. Als ein Mann gestern mit seinem Fahrrad fuhr, bemerkte er etwas an einem Zaun.
   Ein Mann _____. *Da* _____.

d. Als er zu dem Zaun ging, entdeckte er zwei kleine Hasen.
   Er _____. *Da* _____.

e. Als ein Kind heute Morgen über die Straße ging, fiel ein Apfel vom Baum.
   Ein Kind _____. *Da* _____.

f. Als es den Apfel nahm, sah es den Wurm.
   Es _____. *Da* _____.

g. Als zwei Schüler gestern zur Bushaltestelle kamen, fuhr der Bus gerade weg.
   Zwei Schüler _____. *Da* _____.

h. Als sie weitergingen, fanden sie 100 Euro auf der Straße.
   Sie _____. *Da* _____.

2 Ergänzen Sie die Verbformen. →2

~~gab~~ ● musste ● stand ... auf ● las ● rief ● sah ● fing ... an ● gelang

a. Gestern Vormittag *gab* es ein Feuer in einer Wohnung.
b. Ein älteres Ehepaar _____ die Zeitung im Wohnzimmer.
c. Da _____ ein Kabel in der Küche _____ zu brennen.
d. Als der Mann stark husten _____, _____ die Frau schnell vom Sofa _____.
e. Sie ging in die Küche, _____ das Feuer und _____ die Feuerwehr.
f. Zum Glück _____ es dem Ehepaar, das Haus rechtzeitig zu verlassen.

einhundertfünfundfünfzig

Lerneinheit 27

3 Was passt nicht? → 6

a. einen Ast | ein Ei | Tischbeine | ein Stück Holz **absägen**
b. auf den Boden | auf das Glück | gegen ein Tor | auf den Rasen **fallen**
c. gegen ein Schild | auf eine Kiste | gegen ein Wort | auf ein neues Wort **stoßen**
d. den Arm | den Kopf | die Hand | das Buch **verbinden**
e. das Papier | den Hof | den Balkon | die Terrasse **kehren**
f. eine Küche | einen Dachboden | einen Ast | den dritten Stock **renovieren**
g. eine Wasserleitung | ein Stromkabel | eine Katze | einen Mixer **reparieren**
h. Glück | eine Panne | einen Hilferuf | Unglück | Pech **haben**
i. ein Glückspilz | ein Pechvogel | ein Patient | Bescheid **sein**
j. auf der nassen Straße | vor der Tür | in der Badewanne | auf einem Sofa **ausrutschen**

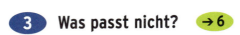

4 Was passt zusammen? → Kursbuch S. 134 → 6

a. Er erlebt ständig Unfälle und Pannen, **2**
b. Er hat an einem Baum einen Ast abgesägt
c. Er hat eine Zange genommen.
d. Er ist gegen das alte Holzregal gestoßen.
e. Er hat auf dem Kellerboden gelegen.
f. Er hat den Platz vor der Garage gekehrt

1. Dabei ist er gegen ein Holzregal gestoßen.
2. doch dabei hat er immer Glück im Unglück.
3. Das ist dabei auf ihn gefallen.
4. und ist den Reportern vor die Füße gefallen.
5. und ist dabei gegen das Garagentor gefallen.
6. Dabei hat er das schwarze Kabel gesehen.

5 Sagen Sie es anders. → 6

a. Die Reporter kamen. Da fiel Herr Ertl ihnen vor die Füße.
   Als die Reporter kamen, fiel Herr Ertl ihnen vor die Füße.

b. Herr Ertl stieß gegen das Regal. Da rief er: „Hilfe!"
   Als Herr Ertl _____ .

c. Herr Ertl blutete. Da verband seine Frau ihm die linke Hand.
   Als Herr Ertl _____ .

d. Herr Ertl stand auf. Da nahm sie seine rechte Hand.
   Als Herr Ertl _____ .

e. Herr Ertl bemerkte die kaputte Stromleitung. Da rief er einen Elektriker.
   Als Herr Ertl _____ .

Lerneinheit 27

6 Was passt nicht? →7

a. die Schuhe | den Kopf | die Kleider | eine Glühbirne **wechseln**
b. **sich** nach vorn | zur Seite | geradeaus | nach links **beugen**
c. im Lenkrad | im Wasser | im Türschloss | in der Wand **stecken bleiben**
d. Hilfe | einen Automechaniker | einen Werkzeugkasten | Glück **holen**
e. ein Lenkrad | ein Marmeladenglas | ein Namensschild | ein Türschloss **abmontieren**
f. das Gesicht | die Hände | den Hals | die Zähne **eincremen**
g. kräftig | vorsichtig | langweilig | schnell **ziehen**
h. im ersten Stock | zwischen zwei Stockwerken | an einer Ampel | aus Glas **stehen bleiben**
i. an der Tür | draußen | im ersten Stock | auf dem Dach **klingeln**
j. um Hilfe | einen Arzt | einen Werkzeugkasten | einen Elektriker **rufen**
k. an der Wohnungstür | am Telefon | am Fenster | an der Balkontür **klopfen**
l. auf einen Knopf | auf einen Schalter | auf ein Missgeschick | auf das „X" **drücken**

7 Was passt zusammen? → Kursbuch S. 135 →7

a. Als er die Schuhe wechseln wollte, 5
b. Als er sich im Auto nach vorn gebeugt hat,
c. Als er die Katze fangen wollte,
d. Während er oben gefangen war,
e. Während der Aufzug stand,
f. Als er den Notrufschalter gedrückt hat,

1. ist er abgebrochen.
2. ist die Eisentür ins Schloss gefallen.
3. ist er im Lenkrad stecken geblieben.
4. hat er sich mit der Frau unterhalten.
5. hat er sich nach vorn gebeugt.
6. hat er schöne Briefmarken angeschaut.

8 Ergänzen Sie die Präteritumformen in der Tabelle. →7

	merken	warten	finden	treffen	bleiben	ziehen
ich					blieb	
du			fandest			
er/sie/es/man	merkte					
wir				trafen		
ihr		wartetet				
sie/Sie						zogen

Lerneinheit 27

9 Sagen Sie es im Perfekt. → 7

a. Wir kamen vom Strand.   Wir sind vom Strand gekommen.
b. Ich nahm den Aufzug.   Ich habe _____.
c. Du stiegst auch ein.   _____.
d. Ich schwieg.   _____.
e. Du drücktest den Knopf.   _____.
f. Ihr wartetet auf uns.   _____.
g. Wir trafen uns im Hotel.   _____.
h. Ihr trankt Sekt.   _____.
i. Ich setzte mich in den Sessel. _____.
j. Wir feierten den ganzen Abend. _____.

10 Ergänzen Sie wenn, als, während, wann. → 7

a. _Wenn_ der Bus zu spät kommt, ärgern die Leute sich.
b. Der Bus kommt oft zu spät, _____ es regnet.
c. _____ der Bus gestern eine halbe Stunde zu spät kam, ärgerten sich manche Leute.
d. Sie gingen in den Bahnhof und fragten: „_____ kommt unser Bus denn endlich?"
e. Draußen kam ihr Bus und wartete 5 Minuten, _____ sie im Bahnhof diskutierten.
f. Der Fahrer dachte: „_____ niemand kommt, fahre ich weiter."
g. _____ niemand einstieg, fuhr er schließlich weiter.

11 Ergänzen Sie. → 7

🌀 ~~liegen bleiben~~ 🌀 stehen bleiben 🌀 sitzen bleiben 🌀 stecken bleiben 🌀
🌀 hängen bleiben 🌀 stehen bleiben 🌀 sitzen bleiben 🌀

a. Er legt sich mittags auf das Sofa und _bleibt_ eine Stunde _liegen_.
b. Sie setzt sich im Wohnzimmer auf das Sofa und _____ _____, obwohl das Telefon klingelt.
c. Das Kind stellt sich vor das Aquarium. Die Mutter will gehen, doch das Kind _____ _____.
d. Der Papagei hängt sich mit dem Kopf nach unten an den Käfig und _____ so _____.
e. Das Mädchen stellt die Katze vor den Spiegel. Aber sie _____ nicht dort _____.
f. Der Vater setzt die Tochter auf den Stuhl, sie will aber dort nicht _____ _____.
g. Die Frau will den Schlüssel ins Schloss stecken, doch er passt nicht und _____ nicht _____.

Lerneinheit 27

12 Ergänzen Sie. →7

Infinitiv	Präteritum	Perfekt
	er/sie/es	er/sie/es
st**ei**gen	st**ie**g	ist gest**ie**gen
schw**ei**gen	schw**ie**g	hat geschw**ie**gen
schreiben	schrieb	
bleiben	blieb	
leihen	lieh	
verzeihen	verzieh	
entscheiden	entschied	

Infinitiv	Präteritum	Perfekt
	er/sie/es	er/sie/es
f**ei**ern	f**ei**erte	hat gef**ei**ert
h**ei**zen	h**ei**zte	hat geh**ei**zt
weinen		
zeigen		
reisen		
befreien		
beleidigen		

Infinitiv	Präteritum	Perfekt
gr**ei**fen	gr**i**ff	hat gegr**i**ffen
r**ei**ten	r**i**tt	ist ger**i**tten
streiten	stritt	
schneiden	schnitt	
reißen	riss	
streichen	strich	

13 Sagen Sie es anders. →7

a. Während er aufräumt, kauft sie ein.
   Während sie einkauft, räumt er auf.

b. Während sie kocht, telefoniert er.
   Während er _____.

c. Während sie fernsieht, füttert er die Katze.
   Während er _____.

d. Während sie die Garage abschließt, macht er die Fenster zu.
   Während er _____.

e. Während er den Hof kehrt, hängt sie die Wäsche auf.
   Während sie _____.

f. Während sie duscht, macht er das Abendessen.
   Während er _____.

g. Während er die Kinder ins Bett bringt, liest sie die Zeitung
   Während sie _____.

Grammatik

14 Präteritum: alle Personen → § 16

	Schwache Verben		Starke Verben			Endungen
Infinitiv	machen	arbeiten	fahren	finden	schlafen	
Prät.-Stamm	mach-**te**-	arbeit-**ete**-	fuhr-	fand-	schlief-	
ich	mach**te**	arbeit**ete**	fuhr	fand	schlief	-
du	mach**test**	arbeit**etest**	fuhr**st**	fand**est**	schlief**st**	-st (-est)
er/sie/es/man	mach**te**	arbeit**ete**	fuhr	fand	schlief	-
wir	mach**ten**	arbeit**eten**	fuhr**en**	fand**en**	schlief**en**	-n (-en)
ihr	mach**tet**	arbeit**etet**	fuhr**t**	fand**et**	schlief**t**	-t (-et)
sie/Sie	mach**ten**	arbeit**eten**	fuhr**en**	fand**en**	schlief**en**	-n (-en)
		Stamm auf **-t, -d**				

Starke und unregelmäßige Verben siehe → **Kursbuch S. 215**

15 Präteritum und Perfekt: Gebrauch

- *sein, haben, Modalverben, Positionsverben, einige häufige Formen:* → *meistens Präteritum*
- *andere Verben:*   schriftliche Erzählungen, Berichte → *Präteritum*
                mündliche Erzählungen, Berichte → *Perfekt*

Schriftlicher Bericht	*Mündlicher Bericht*
Peter Ertl **saß** im Wohnzimmer und **wollte** ein Buch lesen. Plötzlich **hörte** er ein Geräusch. Er **stand auf** und **stieg** auf den Dachboden. Da **entdeckte** er eine Katze. Er **war** sehr überrascht.	Ich **saß** im Wohnzimmer und **wollte** ein Buch lesen. Plötzlich **habe** ich ein Geräusch **gehört**. Ich **bin aufgestanden** und auf den Dachboden **gestiegen**. Da **habe** ich eine Katze **entdeckt**. Ich **war** sehr überrascht.

16 Temporale Junktoren

Nebensatz	Hauptsatz	
Als er ins Zimmer kam,	klingelte das Telefon.	**als** → *meistens Zeitpunkt*
Während er telefonierte,	kamen die Kinder.	**während** → *Zeitdauer*
Wenn die Kinder kamen,	freute er sich.	**wenn** → *hier: immer wenn*

❗ **Wenn** die Katze nicht bald kommt, muss er sie suchen.   **wenn** → *hier: Bedingung*

Lernwortschatz

Nomen

r Ast, ⸚e
r Dachboden, ⸚
e Eisentür, -en
e Eröffnung, -en
e Erzählung, -en
r Fahrstuhl, ⸚e
r Fallschirm, -e
s Geräusch, -e
s Glas
r Glückspilz, -e
s Kabel, –
e Landung, -en
s Lenkrad, ⸚er
r Lift, -s
s Nest, -er
r Notfall, ⸚e
r Notruf, -e
e Operation, -en
e Panik
r Pechvogel, ⸚
e Presse, -n
e Rettung
e Sorge, -n
e Sportlerin, -nen
s Stockwerk, -e
r Sturz, ⸚e
s Tablett, -s
s Unglück, -e
e Verletzung, -en
r Vorteil, -e
e Wasserleitung, -en

Andere Wörter

aufrecht
außer
defekt
häufig
immer wieder
innen
kräftig
nämlich
ständig
stundenlang
tagelang
verschwunden
vorn (= vorne)
während
zwar … aber

Verben

ab·brechen, bricht ab, brach ab, hat/ ist abgebrochen
ab·montieren
ab·sägen
aus·gehen, geht aus, ging aus, ist ausgegangen
aus·rutschen, ist ausgerutscht
(sich) befreien
bluten
fest·halten, hält fest, hielt fest, hat festgehalten
heraus·ziehen, zieht heraus, zog heraus, hat herausgezogen
herunter·kommen, kommt herunter, kam herunter, ist heruntergekommen
hinein·setzen
hinunter·fallen, fällt hinunter, fiel hinunter, ist hinuntergefallen
husten
kehren
retten
sägen
setzen
schweigen, schweigt, schwieg, hat geschwiegen
stehen bleiben, bleibt stehen, blieb stehen, ist stehen geblieben
verbinden, verbindet, verband, hat verbunden
(sich) verletzen
ziehen, zieht, zog, hat gezogen
zu·gehen, geht zu, ging zu, ist zugegangen

Wörter im Kontext

Sie schreiben einen **Artikel** für die Zeitung.
Er hat einen **blauen Fleck**.
Der Fahrstuhl ist **aus Glas**.
Die Tür hat ein großes **Schloss**.
Er **bricht** das Spiel **ab**.
Der Ast **bricht ab**.
Die Tür **geht auf**.
Das Licht **geht aus**.
Die Tür **geht zu**.
Das Kabel **brennt**.
Er **kann** wieder **laufen**.
Sie **blieb** im Baum **hängen**.
Er **blieb stehen**.
Als der Ast abbrach, fiel er auf den Boden.
Während sie ins Haus gingen, erzählte er seine Geschichte.
Am Tag **darauf** fuhr sie zur Großmutter.
Eines Morgens reparierte er die Wasserleitung.
Er saß **zwar** aufrecht, **aber** er hatte das Lenkrad um den Hals.

In Deutschland sagt man:
s Kaufhaus, ⸚er

In der Schweiz sagt man auch:
s Warenhaus, ⸚er

Lerneinheit 28

1 Ergänzen Sie. →1

> Telegramm ◎ Polizei ◎ dachte ◎ Angst ◎ Urlaub ◎ ging ◎ machte ◎ aufgeregt ◎ Glück ◎ Verbrechen

Vor einer Woche **a.** _____ eine ältere Dame zur **b.** _____ . Sie war sehr **c.** _____ , weil sie große **d.** _____ um ihre Freundin hatte. Die alte Dame **e.** _____ an ein **f.** _____ , denn ihre Freundin **g.** _____ seit Tagen nicht die Tür auf. Zum **h.** _____ war mit der Freundin alles in Ordnung. Zwei Tage später kam ein **i.** _____ von ihr aus Paris. Sie war dort im **j.** _____ und es ging ihr gut.

2 Was passt zusammen? Ergänzen Sie die Sätze. →2

> ◎ und musste deshalb auf einer Bundesstraße landen.
> ◎ und brachte die Pilotin zum Flugplatz zurück.
> ◎ dass sie sich bei der Landung nicht verletzt hat.
> ◎ weil nur wenige Autos auf der Straße waren.
> ◎ in eine gefährliche Situation.

a. Gestern kam die Pilotin eines Sportflugzeugs _____
b. Sie hatte kein Benzin mehr _____
c. Ein Unfall passierte dabei nicht, _____
d. Die Polizei organisierte eine Umleitung _____
e. Die Pilotin hatte großes Glück, _____

3 Ergänzen Sie. →3

> ◎ Kunde ◎ Wohnung ◎ Angestellten ◎ Kleidung ◎ Strumpf ◎ Aufregung ◎ Motorrad ◎ Kaufhaus ◎ Geld ◎ Verbrecher

In der Sparkasse von Edewecht gab es heute Morgen eine große **a.** _____ . Ein **b.** _____ mit einem schwarzen **c.** _____ über dem Kopf kam herein und forderte von den **d.** _____ zehntausend Euro. Als ein **e.** _____ die Situation erkannte und laut nach der Polizei rief, rannte der Verbrecher weg und entkam mit seinem **f.** _____ . Am Nachmittag erkannte ein älterer Herr den Gangster in einem **g.** _____ , weil er noch die gleiche **h.** _____ trug wie bei dem Überfall. Die Polizei fand das **i.** _____ wenig später in seiner **j.** _____ .

Lerneinheit 28

4 Was notiert der Polizist? Schreiben Sie die Sätze im Präteritum. → 3

a. „Ich habe in der Nähe der Sparkasse gewartet und immer durch die Fenster geschaut."
  Er wartete in der Nähe der Sparkasse und schaute immer durch die Fenster.

b. „Als die Sparkasse leer gewesen ist, habe ich den Strumpf über den Kopf gezogen."
  Als ....

c. „Dann habe ich eine Wasserpistole aus der Tasche genommen."
  ....

d. „Die Angestellte hat mir sofort Geld gegeben, aber plötzlich ist die Direktorin gekommen."
  ....

e. „Ich habe Angst bekommen und bin zu meinem Fahrrad gerannt."
  ....

f. „Dabei habe ich das Geld vergessen."
  ....

g. „Ich bin nach Hause gefahren und habe Kaffee gekocht."
  ....

h. „Abends ist ein Polizist gekommen und hat mich mitgenommen."
  ....

5 Schreiben Sie die Sätze im Präsens. → 3

a. Die Pilotin landete auf der Straße, weil der Motor ihres Flugzeugs brannte.
  Die Pilotin landet ....

b. Die Polizei organisierte eine Umleitung und brachte Benzin für das Flugzeug.
  ....

c. Ein älterer Herr erkannte den Verbrecher und rief die Polizei.
  ....

d. Die alte Dame dachte an ihre Freundin und machte sich Sorgen.
  ....

e. Die Polizei kannte den Verbrecher, weil er immer rote Schuhe trug.
  ....

f. Der Gangster rannte zu seinem Motorrad und fuhr in Richtung Bahnhof.
  ....

g. Die Autofahrerin rief die Polizei an und nannte ihren Namen.
  ....

Lerneinheit 28

6 Was passt nicht? → 4

a. Lkw | Pkw | Bus | ~~Kinderwagen~~
b. Richter | Zeuge | Notarzt | Anwalt
c. trocken | glatt | nass | deutlich
d. Nebel | Regen | Schnee | Meer
e. anhalten | landen | bremsen | stehen bleiben
f. von vorn | von selbst | von hinten | von links
g. Berufsweg | Bundesstraße | Hauptstraße | Radweg
h. Stromleitung | Wasserleitung | Gasleitung | Umleitung

7 Ergänzen Sie die Sätze. → 4

- andere Wagen plötzlich rechts aus einem Weg kam.
- weil er der Zeuge und nicht der Angeklagte ist.
- weil von dort ein Lastwagen kam.
- war die Straße glatt.
- Herr Hübner vorsichtig.
- die Nummer des Lastwagens nicht erkennen.
- auf der B 68 in Richtung Paderborn fuhr.
- die Wahrheit sagen muss.

a. Herr Hübner weiß, dass er vor dem Gericht _____

b. Herr Hübner sagt dem Richter, dass er am 11. März _____

c. Der 11. März war ein nebliger Tag und abends _____

d. Weil er wegen des Nebels schlecht sehen konnte, fuhr _____

e. Er erzählt dem Richter, dass der _____

f. Herr Hübner konnte nicht auf die andere Seite fahren, _____

g. Weil die Zeit zu kurz war, konnte Herr Hübner _____

h. Herr Hübner regt sich auf, _____

Lerneinheit 28

8 Schreiben Sie die Sätze neu. Beginnen Sie mit den unterstrichenen Wörtern. →6

a. Der Taxifahrer ist trotz des Nebels schnell gefahren.
   Trotz des Nebels ist der Taxifahrer schnell gefahren.

b. Ein müder Minister schlief heute während einer Sitzung ein.
   ....

c. Das Auto fuhr wegen des starken Nebels an einen Baum.
   ....

d. Die Arbeiter haben trotz des starken Regens viele Stunden demonstriert.
   ....

e. Eine Ministerin telefonierte aufgeregt während der Sitzung.
   ....

f. Eine Angestellte bekam wegen eines Computerfehlers eine Telefonrechnung über 5.000 Euro.
   ....

9 Ergänzen Sie. →6

a. Wir sind (wegen – Wetter – schlecht) *wegen des schlechten Wetters* zu Hause geblieben.
b. Der Verbrecher lachte (während – Überfall – frech) ....
c. Die Kinder möchten (trotz – Wasser – kalt) .... im See baden.
d. (während – Rede – langweilig) .... des Direktors las er die Zeitung.
e. Das Flugzeug musste (wegen – Panne – gefährlich) .... landen.
f. Der Angeklagte fuhr (trotz – Straße – glatt) .... zu schnell.
g. Wir haben (während – Zugfahrt – lang) .... Musik gehört.
h. Der Zeuge war (wegen – Richter – streng) .... sehr nervös.
i. (trotz – Unfall – schwer) .... war niemand verletzt.

10 Was passt wo? →6

Sitzung · Diebstahl · Lohn · Parlament · Boden · Kasten · Bank · Demonstration · Nachricht

a. Konferenz – *Sitzung*
b. Decke – ....
c. Meldung – ....
d. Gehalt – ....
e. Streik – ....
f. Kiste – ....
g. Überfall – ....
h. Sparkasse – ....
i. Regierung – ....

einhundertfünfundsechzig 165

Grammatik | Lernwortschatz

11 Präteritum: Gemischte Verben → § 16 c

Infinitiv		kennen	brennen	rennen	nennen	denken	bringen
Präteritum	er/sie/es/man	ka**nnte**	bra**nnte**	ra**nnte**	na**nnte**	da**chte**	bra**chte**

! Gemischte Verben: Stamm mit Vokalwechsel, Endungen wie schwache Verben

12 Präpositionen mit Genitiv → § 15

wegen		**Wegen** ein**es** Computerfehler**s** bekam eine Angestellte 30.000 € Gehalt.
während	+ Genitiv	**Während** d**er** Parlamentssitzung schlief ein Minister ein.
trotz		**Trotz** d**es** schlecht**en** Wetter**s** fuhr ein Segelboot aus Cuxhaven ab.

Nomen

r/e Angeklagte, -n (ein Angeklagter)
r Anwalt, ¨e
s Badeverbot, -e
s Benzin
r Berufsverkehr
e Bremse, -n
r Dachdecker, –
e Drogerie, -n
e Fußgängerzone, -n
r Gangster, –
s Geldstück, -e
s Gewitter, –
e Innenstadt, ¨e
r Lkw, -s (Lastkraftwagen)
r Lokalfunk
e Meldung, -en
e Panne, -n
s Parlament, -e
e Parlamentssitzung, -en
r Pkw, -s (Personenkraftwagen)
e Rede, -n
r Richter, –
e Schusswaffe, -n
r Selbstmord, -e
e Sparkasse, -n
r Streik, -s
r Supermarkt, ¨e
s Telegramm, -e
r Überfall, ¨e
e Umleitung, -en
r Unfall, ¨e
s Verbrechen, –
r Verbrecher, –
e Verhandlung, -en

r Verkehr → Berufsverkehr
e Wahrheit, -en
e Wette, -n
r Zeuge, -n

Verben

an·halten, hält an, hielt an, hat angehalten
(sich) an·melden
auf·fordern
sich befinden, befindet, befand, hat befunden
bremsen
buchen
überfallen, überfällt, überfiel, hat überfallen
verbringen, verbringt, verbrachte, hat verbracht
vor·zeigen

Andere Wörter

aktuell
gesperrt
km/h (Kilometer pro Stunde)
kurios
neblig
panisch

trotz
während
wegen

Wörter im Kontext

Ein Dachdecker fiel durch die **Decke**.
Das **Gericht** hört den Zeugen.
Er musste **im Freien** übernachten.
Ein älterer Herr **meldete sich bei** der Polizei.
Welche Ergänzungen **halten** Sie **für** wahrscheinlich?
Er sollte **eine Rede halten**.

Lerneinheit 29

1 Ergänzen Sie. → 2

Infinitiv	Präteritum	Perfekt
	er/sie/es/man	er/sie/es/man
singen	sang	hat gesungen
gelingen	gelang	ist
springen		ist
sinken		ist
finden		hat
verbinden		hat

2 Was passt am besten? → 4

a. Er hatte Durst.
b. Es fing plötzlich an zu regnen.
c. Eine Katze wollte einen Vogel fangen.
d. Sie hatte Hunger.
e. Ein Ball flog durch ein Fenster.
f. Er erzählte einen Witz.
g. Sie erkannte den Dieb.
h. Sie drückte den Schalter.

1. Da flog er weg.
2. Da rannte er weg.
3. Da fing ein Junge ihn auf.
4. Da brachte sie ihm eine Limonade.
5. Da brach er ab.
6. Da machte er ihr ein Käsebrot.
7. Da lachte sie.
8. Da schloss er das Fenster.

3 Schreiben Sie die Sätze im Präsens. → 4

a. Gestern flogen die Vögel über das Haus.   Heute fliegen die Vögel auch über das Haus.
b. Gestern schriebst du einen Brief.   Heute _____.
c. Gestern hing der Zettel an der Tür.   Heute _____.
d. Gestern bliebt ihr lange im Büro.   Heute _____.
e. Gestern schliefen wir im Zelt.   Heute _____.
f. Gestern standen die Flaschen auf dem Balkon.   Heute _____.

Lerneinheit 29

4 Ergänzen Sie. → 5

Suchen Sie die Formen in der Liste im Kursbuch auf Seite 215.

Infinitiv	Präsens	Präteritum	Perfekt
	er/sie/es/man	er/sie/es/man	er/sie/es/man
abbiegen	b**ie**gt ab	b**o**g ab	ist abgeb**o**gen
fliegen			ist
steigen			ist
einschlafen			ist
aufstehen			ist
fallen			ist
laufen			ist gel**au**fen
reiten			ist
rennen		r**a**nnte	ist
schwimmen			ist
sinken			ist
springen			ist
sterben			ist
werden		w**u**rde	ist
wachsen		w**u**chs	ist

5 Welche Antwort passt? → 6

a. War der Film gut?
b. Wie hat er denn angefangen?
c. Was hat er denn im Nachbarhaus gesehen?
d. Hat er da nicht die Polizei gerufen?
e. Was hat er denn dann gemacht?
f. Aber er saß doch im Rollstuhl. Konnte er das denn alleine?
g. Hat der Mörder etwas gemerkt?
h. Und was hat der Mörder da gemacht?

1. Nein, er hatte eine Freundin. Die half ihm.
2. Ja, er wusste inzwischen, dass es einen Zeugen gab.
3. Er sah, dass ein Mann eine Frau ermordete.
4. Das verrate ich nicht, aber es wurde sehr gefährlich für die beiden.
5. Am Anfang saß ein Mann im Rollstuhl und beobachtete das Nachbarhaus.
6. Doch, aber die glaubte ihm nicht.
7. Ja, er war sehr spannend.
8. Er versuchte, den Mord selbst zu beweisen.

6 Welche Frage passt?

a. 1. ⬜ Warum hatte das Ehepaar Angst?
    2. ☒ Wann hatte das Ehepaar Angst? — Als es dunkel wurde.

b. 1. ⬜ Wann wurde der Mörder gefährlich?
    2. ⬜ Warum wurde der Mörder gefährlich? — Als er merkte, dass es einen Zeugen gab.

c. 1. ⬜ Wann kam die Polizei?
    2. ⬜ Warum kam die Polizei? — Weil in der Wohnung ein Mord passiert ist.

d. 1. ⬜ Warum wachte das Ehepaar nachts auf?
    2. ⬜ Wann wachte das Ehepaar nachts auf? — Weil sie ein seltsames Geräusch hörten.

e. 1. ⬜ Warum brauchte er Hilfe?
    2. ⬜ Wann brauchte er Hilfe? — Als es gefährlich wurde.

f. 1. ⬜ Wann entdeckten die Jungen die Bombe?
    2. ⬜ Warum entdeckten die Jungen die Bombe? — Als sie den Koffer öffneten.

g. 1. ⬜ Warum fand das Paar ein einsames Haus?
    2. ⬜ Wann fand das Paar ein einsames Haus? — Als das Benzin zu Ende ging.

7 Welche zwei Sätze haben eine sehr ähnliche Bedeutung?

a. 1. ☒ Er hat furchtbare Angst vor dem Mörder.
    2. ⬜ Er will den Mörder furchtbar erschrecken.
    3. ☒ Er fürchtet sich schrecklich vor dem Mörder.

b. 1. ⬜ Mitten in der Nacht hörten sie ein seltsames Geräusch.
    2. ⬜ Sie hörten in der Nacht ein komisches Geräusch.
    3. ⬜ Nachts hörten sie plötzlich ein wunderbares Geräusch.

c. 1. ⬜ Im Wald stand ein einsames Haus.
    2. ⬜ Ein Haus stand allein im Wald.
    3. ⬜ Im Wald befand sich ein altes Haus.

d. 1. ⬜ Als sie sich verirrten, wurden sie nervös.
    2. ⬜ Sie wurden unruhig, als sie den richtigen Weg nicht mehr fanden.
    3. ⬜ Sie fanden es spannend, dass sie den richtigen Weg suchen mussten.

e. 1. ⬜ Sie waren traurig, weil der alte Mann heimlich ein Loch im Garten grub.
    2. ⬜ Sie fanden es unheimlich, dass der alte Mann nachts ein Loch grub.
    3. ⬜ Sie fürchteten sich ein bisschen, weil der alte Mann nachts ein Loch grub.

f. 1. ⬜ Plötzlich merkten sie, dass das Benzin zu Ende ging.
    2. ⬜ Auf einmal wurde ihnen klar, dass sie kaum noch Benzin hatten.
    3. ⬜ Eigentlich war es ihnen ganz egal, dass sie kein Benzin mehr hatten.

Lernwortschatz 29

Nomen
e Bombe, -n
r Dummkopf, ⸚e
s Fernglas, ⸚er
e Gegend, -en
s Halstuch, ⸚er
s Hochhaus, ⸚er
e Holzkiste, -n
e Inhaltsangabe, -n
e Köchin, -nen
e Leine, -n
r Löffel, –
r Mord, -e
r Mörder, –
s Nachbarhaus, ⸚er
e Pistole, -n
r Rollstuhl, ⸚e

Andere Wörter
einsam
gegenüber
gesamt
immer schneller
noch immer
seltsam
spannend

Verben
beweisen, beweist, bewies, hat bewiesen
ermorden
fliehen, flieht, floh, ist geflohen
fließen, fließt, floss, ist geflossen
genießen, genießt, genoss, hat genossen
geschehen, geschieht, geschah, ist geschehen
töten
vergraben, vergräbt, vergrub, hat vergraben
sich verirren
verraten, verrät, verriet, hat verraten
verschwinden, verschwindet, verschwand, ist verschwunden

Wörter im Kontext
Zu Beginn saß ein Mann am Fenster.
Was **geschah** dann?
Sie **verirrten sich** im Wald.
In der Wohnung **gegenüber** geschah ein Mord.
Er wollte **mit der Hilfe** seiner Freundin den Mord beweisen.
Wie **geht** die Geschichte **zu Ende**?
Das möchte ich dir nicht **verraten**.

In Deutschland sagt man:	In der Schweiz sagt man auch:	In Österreich sagt man auch:
gegenüber	vis-à-vis	vis-à-vis

Lerneinheit 30

1 Richtig r oder falsch f? → Kursbuch S. 144/145 → 3

a. Vor einem Jahr kaufte Herr M. ein junges Schwein, weil er ein Haustier haben wollte.
b. Sein Sohn Heino fand das Schwein hässlich und mochte es nicht.
c. Vor der Schule fütterte Heino Rosa immer mit seinem Frühstücksbrot.
d. Heino ging jeden Tag mit Rosa spazieren, weil sie wie ein Hund mit ihm lief.
e. Heinos Vater freute sich, dass Heino täglich Spaziergänge mit Rosa machte.
f. Eines Tages holte Herr M. Rosa aus dem Stall und fuhr mit ihr ins nächste Dorf.
g. Er parkte seinen Wagen an der Metzgerei und ging in das Geschäft.
h. Als er wiederkam, wartete Rosa im Wagen auf ihn.
i. Herr M. gab Rosa eine Wurst und fuhr mit ihr wieder nach Hause.
j. Als Heino aus der Schule kam, dachte er an Rosa und weinte.
k. Aber Rosa lag in ihrem Stall und war nur ein bisschen müde.
l. Da war Heino glücklich und auch sein Vater lachte.

2 Was passt zusammen? → Kursbuch S. 144/145 → 3

a. Vor einem Jahr kaufte Herr M. ein junges Schwein 3
b. Sein Sohn fand das Schwein
c. Bevor er morgens zur Schule ging,
d. Wenn Heino mit Rosa spazieren ging,
e. Der Vater sagte immer zu Heino,
f. Heino war sehr traurig, weil sein Vater
g. Dann fuhr Herr M. mit Rosa ins nächste Dorf,
h. Als er Rosa aus dem Wagen holen wollte,
i. Herr M. suchte Rosa überall,
j. Als Herr M. ärgerlich nach Hause zurückkam,
k. Rosa war sehr müde
l. Heino kam aus der Schule und weinte,
m. Aber der Vater führte Heino in den Stall
n. Jetzt war auch sein Vater der Meinung,

1. Fleisch und Wurst aus Rosa machen wollte.
2. war sie nicht mehr da.
3. und brachte es zu Hause in den Stall.
4. dass Rosa wirklich ein Haustier ist.
5. von ihrem langen Spaziergang.
6. um sie zur Metzgerei zu bringen.
7. und zeigte ihm, dass Rosa noch lebt.
8. weil er glaubte, dass Rosa tot ist.
9. aber er konnte sie nicht finden.
10. brachte Heino dem Schwein heimlich sein Frühstücksbrot.
11. fand er Rosa in ihrem Stall.
12. dass ein Schwein kein Haustier ist.
13. sehr hübsch und gab ihm den Namen Rosa.
14. folgte das Schwein ihm wie ein Hund.

Lerneinheit 30

3 Wie heißen die Sätze? → 5

a. indortmundfuhreinbusmitschulkinderngegeneinenbaum

   In Dortmund ....

b. badegästeindormagenentdecktengesterneinkrokodilimsee

   ....

c. mehralsdreihundertautofahrermussteninihrenfahrzeugenübernachten

   ....

d. einkleinesmädchenüberfielheutemitihrerwasserpistoleeinensupermarkt

   ....

e. einfeuerwehrmannretteteeinekatzevoneinemhohenhausdach

   ....

f. beieineroperationfandendieärzteeinenlöffelimmagenderpatientin

   ....

g. eineschülerinfandineinemfahrstuhleinevollegeldbörseundgabsiebeiderpolizeiab

   ....

4 Ergänzen Sie. → 5

◉ rettete ◉ organisierte ◉ schwieg ◉ parkte ◉ bewies ◉ zog ◉
◉ empfahl ◉ verriet ◉ floss ◉ verband ◉ verbrachte ◉ erlebte ◉

a. Der Kunde .... sein Auto direkt vor dem Laden.

b. Als die Schule brannte, ... die Feuerwehr alle Kinder mit einer Leiter.

c. Als der Richter nach dem Unfall fragte, ... der Angeklagte.

d. Heino .... eine schöne Überraschung, als er von der Schule nach Hause kam.

e. Am Ende des Films .... der Mann im Rollstuhl, dass sein Nachbar ein Mörder war.

f. Die kleine Verletzung an ihrer Hand .... sie mit einem Taschentuch.

g. Vor dem Überfall .... der Verbrecher einen Strumpf über seinen Kopf.

h. Meine Freundin kannte den Film, aber sie .... mir das Ende nicht.

i. Nach dem Unfall auf der Bundesstraße .... die Polizei eine Umleitung.

j. Während er in der Badewanne schlief, ... das Wasser in die ganze Wohnung.

k. Weil er sich nicht entscheiden konnte, ... ihm der Kellner eine Tomatensuppe.

l. Sie verirrte sich in einer einsamen Gegend und .... die Nacht deshalb im Wald.

5 Ergänzen Sie. →5

○ Hof ○ Geschwister ○ Original ○ Bauchschmerzen ○ Panne ○
○ Laden ○ Geschichte ○ See ○ Hilfe ○ Lift ○ Fußgängerzone ○

a. Ich habe zu Hause ein Bild von Picasso, aber natürlich ist es kein _____ .

b. Gestern habe ich im Radio eine nette _____ über einen Jungen und sein Schwein gehört.

c. Sie fuhren mit dem _____ in den zwölften Stock.

d. Er wollte auf dem _____ parken, aber da war kein Platz mehr frei.

e. Ich habe drei _____ , zwei Brüder und eine Schwester.

f. In der Stadt gibt es eine große _____ mit vielen Geschäften.

g. Er ging zum Arzt, weil er _____ hatte.

h. Wir hatten eine _____ auf der Autobahn, weil ein Reifen geplatzt ist.

i. Nach der Metzgerei hat der Verbrecher noch einen anderen _____ überfallen.

j. Als die beiden Jungen die Bombe entdeckten, riefen sie um _____ .

k. Ich schwimme lieber in einem _____ als im Meer.

6 Was passt nicht? →5

a. **aufgehen:** die Tür | das Fenster | ~~die Rettung~~ | die Kiste | der Lift
b. **beginnen:** der Film | die Rede | das Theater | der Vorteil | die Probe | die Fahrt
c. **brennen:** die Kerze | das Benzin | der Streik | die Glühbirne | das Feuer
d. **entkommen:** der Dieb | der Verbrecher | der Polizist | der Mörder | der Gangster
e. **gelingen:** der Mord | das Verbrechen | die Wahrheit | die Rettung
f. **passen:** der Hut | der Pullover | die Strümpfe | der Pass | das Kleid
g. **platzen:** die Luftmatratze | der Luftballon | die Bombe | der Ball | der Platz
h. **schmecken:** die Pizza | das Schnitzel | der Wein | die Kneipe | das Gemüse
i. **schweigen:** der Anwalt | die Schlagzeile | der Richter | der Zeuge | der Angeklagte
j. **umfallen:** der Baum | die Lampe | der Rollstuhl | der Strand | der Stuhl
k. **zerbrechen:** der Schalter | der Hof | das Glas | der Spiegel | der Teller

30 Lernwortschatz

Nomen
e **Apotheke**, -n
r *Badesee*, -n
r *Besitzer*, –
r *Bewohner*, –
r **Diesel**
e *Eintrittskarte*, -n
r **Einwohner**, –
r *Fahrgast*, ⸚e
s *Frühstücksbrot*, -e
s **Fundbüro**, -s
r *Hof*, ⸚e
e *Leitung*, -en
r **Magen**, ⸚
e *Metzgerei*, -en
e *Patientin*, -nen
e *Perspektive*, -n
e *Rentnerin*, -nen
s **Schwein**, -e
r **Spaziergang**, ⸚e
e *Suche*
s *Superbenzin*
s **Tier**, -e
e *Wagentür*, -en
e *Wandzeitung*, -en
e *Wasserpistole*, -n
r *Zeitungsartikel*, –

Andere Wörter
ärgerlich
elektrisch
freiwillig
neunjährig
täglich

statt

Verben
ab·brennen, brennt ab, brannte ab, ist abgebrannt
ab·geben, gibt ab, gab ab, hat abgegeben
führen
gestalten
hinauf·gehen, geht hinauf, ging hinauf, ist hinaufgegangen
hinauf·klettern, ist hinaufgeklettert
parken
tanken
weinen
zu·ordnen

Wörter im Kontext
Bei diesem Wagen muss man **Diesel** tanken.
Aber er tankte Super **statt** Diesel.
Er parkt immer auf dem **Hof**.
Hunderte Autofahrer mussten auf der Autobahn übernachten.
Die **elektrische Leitung** war defekt.
Die Leute saßen **im Dunkeln**.
Der Aufzug war **außer Betrieb**.
Sie brachte ein **Rezept** in die Apotheke.
Der Vater **führte** Heino zu Rosa.

In Deutschland sagt man:	In der Schweiz sagt man auch:	In Österreich sagt man auch:
e Eintrittskarte, -n	s Billett, -s	
r Kiosk		e Trafik
e Metzgerei, -en		e Fleischhauerei, -en

Das kann ich jetzt:

- **Kurze Zeitungsartikel verstehen**

Das kann ich gut.
 ein bisschen.
 noch nicht so gut.

Hier steht, dass man ein Krokodil in einem Badesee entdeckt hat.

Gestern hat ein Vater seine Kinder an einer Raststätte vergessen.

- **Über Radiomeldungen sprechen**

Das kann ich gut.
 ein bisschen.
 noch nicht so gut.

Ich habe gerade gehört, dass heute früh ein Flugzeug auf der Autobahn gelandet ist.

Der Radiosprecher hat gesagt, dass ein Verbrecher den Supermarkt überfallen hat.

- **Von Glücksfällen und Missgeschicken berichten**

Das kann ich gut.
 ein bisschen.
 noch nicht so gut.

Zum Glück ist nichts passiert, als meine Schwester von der Leiter gefallen ist.

Es war wirklich Pech, dass ich gestern meinen Schlüssel verloren habe.

- **Über einen Film sprechen**

Das kann ich gut.
 ein bisschen.
 noch nicht so gut.

◆ Wie hat dir der Film gefallen?
⊙ Sehr gut. Ich fand ihn spannend, vom Anfang bis zum Schluss.

Anker

Das kann ich jetzt:

- **Zeitliche Zusammenhänge in der Vergangenheit ausdrücken**

Das kann ich   gut.
  ein bisschen.
  noch nicht so gut.

Als er den Hof kehrte, rutschte er auf nassen Blättern aus.

Während er den Dachboden aufräumte, entdeckte er eine Schachtel mit Briefmarken.

- **Etwas ausformulieren**

Das kann ich   gut.
  ein bisschen.
  noch nicht so gut.

Wien: Schule nachts abgebrannt
In Wien brannte nachts eine Schule ab.

Frankfurt: Bus in Apotheke gefahren
In Frankfurt ist ein Bus in eine Apotheke gefahren.

- **Eine Geschichte im Präteritum schreiben**

Das kann ich   gut.
  ein bisschen.
  noch nicht so gut.

Ein Hund verirrte sich im Wald.

Ein Mann fand ihn und nahm ihn mit nach Hause.

Er gab dem Hund den Namen Waldi.

Sie waren glücklich und gingen jeden Tag zusammen im Wald spazieren.

Lerneinheit 31

1 Ergänzen Sie der, die oder das. →1

a. Das ist der junge Mann, _____ mir Dresden gezeigt hat.
b. Das ist das Goethehaus, _____ in Frankfurt steht.
c. Das sind die schwarz-weißen Rinder, _____ typisch für Norddeutschland sind.
d. Das ist die Seilbahn, _____ auf die Zugspitze fährt.
e. Das ist der Taxifahrer, _____ mich zum Bahnhof gebracht hat.
f. Das sind die seltenen Blumen, _____ in den Alpen wachsen.
g. Das ist das Käsefondue, _____ mir in der Schweiz so gut geschmeckt hat.
h. Das ist die Nordsee, _____ leider ziemlich kalt war.
i. Das ist das Theater, _____ in Hamburg steht.
j. Das ist der Campingplatz, _____ in der Nähe von Bremen liegt.

2 Ergänzen Sie die Sätze. →1

a. Der Zug fährt nach Hamburg.
Gleich kommt der Zug, *der nach Hamburg fährt.*

b. Das Flugzeug ist aus Wien gekommen.
Da steht das Flugzeug, _____ *gekommen ist.*

c. Die S-Bahn hat Verspätung.
Da kommt die S-Bahn, _____.

d. Der Turm steht am See.
Das ist der Turm, _____.

e. Die Vögel leben auf der Insel.
Das sind die Vögel, _____.

f. Das Schiff kommt aus Cuxhaven.
Da liegt das Schiff, _____.

g. Die Freundin hat mich am Bahnhof abgeholt.
Das ist die Freundin, _____.

h. Die Schüler wollen den Dom besichtigen.
Da laufen die Schüler, _____.

Lerneinheit 31

3 Was passt? → 2

a. Stefanie zeigt ihrem Freund die Fotos, 8
b. Sie erklärt ihm den Maibaum,
c. Dann sieht er die Weißwürste,
d. Sie hat das Schloss fotografiert,
e. Auf einem Foto sieht man den Berg,
f. Sie zeigt ihm auch die Torte,
g. Sehr interessant findet er das Museum,
h. Natürlich gefällt ihm auch der Bär,
i. Aber er mag die Hüte nicht,
j. Am schönsten findet er den Strand,

1. die man in Bayern gern zum Frühstück isst.
2. das sie in Berlin fotografiert hat.
3. den sie an der Nordsee fotografiert hat.
4. die sie in Wien gegessen hat.
5. die die Mädchen im Schwarzwald tragen.
6. den sie aus Berlin mitgebracht hat.
7. den man auf dem Viktualienmarkt sehen kann.
8. die sie im Urlaub gemacht hat.
9. das König Ludwig II. gebaut hat.
10. den sie in Österreich bestiegen hat.

4 Ergänzen Sie die Sätze. → 2

a. Der See ist abends wunderschön.
   Das ist der See, der abends wunderschön ist.

b. Ich habe den See oft fotografiert.
   Das ist der See, den ich oft fotografiert habe.

c. Er hat den Berg bestiegen.
   Das ist der Berg, _____.

d. Der Berg ist sehr gefährlich.
   Das ist der Berg, _____.

e. Der Wald ist immer sehr dunkel.
   Das ist der Wald, _____.

f. Er kennt den Wald gut.
   Das ist der Wald, _____.

g. Sie möchte den Fluss malen.
   Das ist der Fluss, _____.

h. Der Fluss ist sehr breit.
   Das ist der Fluss, _____.

i. Sie trägt den Hut nur bei Festen.
   Das ist der Hut, _____.

j. Der Hut liegt sonst im Schrank.
   Das ist der Hut, _____.

Lerneinheit 31

5 Ergänzen Sie. → 4

a. das Goethehaus in Frankfurt — das Frankfurter Goethehaus
b. das Goethehaus in Weimar — das Weimarer
c. das Mozarthaus in Salzburg
d. der Zoo von Duisburg
e. der Hafen von Hamburg
f. der Bär von Berlin
g. die Cafés von Wien
h. die Seen der Schweiz
i. der See bei Genf
j. die Kirschtorte aus dem Schwarzwald

6 Was passt nicht? → Kursbuch S. 155 → 5

a. **Meer:** Nordsee | ~~Mondsee~~ | Ostsee
b. **Fluss:** Elbe | Oder | Eifel
c. **Gebirge:** Alpen | Weinberg | Schwarzwald
d. **Insel:** Husum | Rügen | Helgoland
e. **Stadt:** Frankfurt | Trier | Main
f. **See:** Bodensee | Schweriner See | Ostsee
g. **Land:** Freiburg | Luxemburg | Belgien
h. **Berg:** Zugspitze | Konstanz | Matterhorn

7 Wie heißen die Sätze? → 5

a. Das ist der Bus. Mit dem bin ich durch Süddeutschland gereist.
   Das ist der Bus, mit dem ich durch Süddeutschland gereist bin.

b. Das ist das Schloss Neuschwanstein. Von dem habe ich viele Fotos gemacht.
   Das ist das Schloss Neuschwanstein, _____ .

c. Hier sieht man den Thuner See. Durch den bin ich einmal geschwommen.
   Hier sieht man den Thuner See, _____ .

d. Das ist die Seilbahn. Mit der bin ich auf den Berg gefahren.
   Das ist die Seilbahn, _____ .

e. Hier sieht man die Straßenbahn. Auf die habe ich eine halbe Stunde gewartet.
   Hier sieht man die Straßenbahn, _____ .

f. Das ist der Zoo. In den möchte ich noch einmal gehen.
   Das ist der Zoo, _____ .

g. Das ist die Zugspitze. Von der hat man eine herrliche Aussicht.
   Das ist die Zugspitze, _____ .

Lerneinheit 31

8 Ergänzen Sie. → 5

a. Wie nennt man den See, **durch den** der Rhein fließt?
b. Wie heißt der Fluss, _____ Köln liegt?
c. Wie heißt die Bucht, _____ Kiel liegt?
d. Wie heißt das Meer, _____ die Insel Rügen liegt?
e. Wie heißt der Fluss, _____ die Mosel fließt?
f. Wie heißt das Gebirge, _____ die Donau kommt?
g. Wie heißen die Flüsse, _____ die Weser entsteht?
h. Wie nennt man das Meer, _____ die Elbe fließt?
i. Wie heißen die Länder, _____ die Oder fließt?
j. Wie nennt man den See, _____ Schwerin liegt?
k. Wie heißt das Gebirge, _____ die Zugspitze liegt?

- aus dem
- an der
- in dem
- zwischen denen
- in das
- an dem
- ~~durch den~~
- an dem
- in den
- aus denen
- in dem

9 Ergänzen Sie. → 5

a. eine Sekretärin mit einem roten Regenschirm – halten
   eine Sekretärin, die einen roten Regenschirm hält

b. eine Kellnerin mit blauen Augen – haben
   eine Kellnerin, die blaue Augen hat

c. ein Junge mit einem schweren Koffer – tragen
   ein Junge, der _____

d. ein Busfahrer am Lenkrad – sitzen
   ein Busfahrer, _____

e. ein Clown mit bunten Bällen – in der Hand haben
   ein Clown, _____

f. ein Einbrecher mit einer dunklen Sonnenbrille – tragen
   ein Einbrecher, _____

g. ein Fisch mit dem Namen Wanda – heißen
   ein Fisch, _____

Grammatik | Lernwortschatz

10 Relativpronomen → § 12, 24

a. Formen

		Nominativ	Akkusativ	Dativ
Maskulinum	Der Mann,	der	den	dem
Femininum	Die Frau,		die	der
Neutrum	Das Kind,		das	dem
Plural	Die Leute,		die	denen

b. Relativpronomen im Satz

Das ist ein Taxifahrer.	Er	hat	mich zum Bahnhof gebracht.	
Das ist der Taxifahrer,	der		mich zum Bahnhof gebracht	hat.

c. Relativpronomen mit Präposition

		Akkusativ	Dativ
Maskulinum	Der Fluss,	… **in den** die Mosel fließt	… **an dem** Köln liegt
Femininum	Die Stadt,	… **durch die** der Rhein fließt	… **in der** ein Dom steht
Neutrum	Das Meer,	… **in das** die Weser fließt	… **in dem** die Inseln liegen
Plural	Die Berge,	… **auf die** wir geklettert sind	… **zwischen denen** die Mosel fließt

Nomen

Alpen (pl)
e Badetemperatur, -en
r Bär, -en
e Bucht, -en
r Festtag, -e
s Gebirge, –
e Geografie
s Käsefondue, -s
r König, -e
e Landkarte, -n
r Maibaum, ¨e → Baum
e Reiseroute, -n
s Rind, -er
s Schloss, ¨er
e Seilbahn, -en
s Waldgebirge, –
e Weißwurst, ¨e

Verben

beantworten
besteigen, besteigt, bestieg, hat bestiegen
ein·zeichnen

Andere Wörter

bayrisch
berühmt
ostfriesisch
schwarz-weiß

Relativpronomen:
der die das den dem denen

Lerneinheit 32

1 Wozu passen die Stichworte? → Kursbuch S. 156 → 1

	Kölner Dom	Porta Nigra	Wiener Hofburg
a. war einmal ein Stadttor			
b. kurze Zeit das höchste Gebäude der Welt			
c. sechs Jahrhunderte lang Sitz von Kaisern und Königen			
d. 157 Meter hoch			
e. in der ältesten Stadt Deutschlands			
f. nie fertig geworden			
g. Räume der Kaiserin Elisabeth			
h. Sitz des Bundespräsidenten			
i. schwarze Steine			
j. mehrere Museen			
k. erstes Jahrhundert v. Chr.			
l. im 13. Jahrhundert begonnen			

2 Ergänzen Sie. → Kursbuch S. 156 → 1

Insel ◉ Bahn ◉ Steinzeit ◉ Pyramide ◉ Wasserfall ◉ Ostseeküste ◉ Autos ◉ Bild ◉ Berg ◉ Kreidefelsen ◉ Wasser ◉ Ort

a. Das Matterhorn ist ein .... in der Schweiz. Seine Form erinnert an eine .... Am Fuß des Matterhorns liegt der .... Zermatt, in dem es keine .... gibt. Man kann nur mit der .... dorthin fahren.

b. Rügen ist die größte deutsche .... Sie liegt vor der .... Die größte Attraktion sind die .... Sie wurden durch ein .... des Malers Caspar David Friedrich berühmt. Auf Rügen kann man auch Gräber aus der .... besichtigen.

c. Bei Schaffhausen fällt das .... des Rheins 23 Meter tief hinunter. Der Rheinfall ist damit der größte .... Europas.

3 Sagen Sie es anders. →2

a. Der Maler hat die Felsen gemalt. Er heißt Caspar David Friedrich.
   Der Maler, *der die Felsen gemalt hat*, heißt Caspar David Friedrich.

b. Die Insel liegt in der Ostsee. Auf ihr lebten schon in der Steinzeit Menschen.
   Die Insel, *auf* _____, liegt in der Ostsee.

c. Das nette Mädchen heißt Susanne. Es hat mir das Stadttor gezeigt.
   Das nette Mädchen, _____, heißt Susanne.

d. Die junge Frau hat mir den Dom gezeigt. Sie heißt Barbara.
   Die junge Frau, _____, hat mir den Dom gezeigt.

e. Der junge Mann hat mich durch die Stadt geführt. Ich habe ihn in Trier getroffen.
   Der junge Mann, _____, hat mich durch die Stadt geführt.

f. Meine Freunde wohnen in Basel. Bei ihnen habe ich Käsefondue gegessen.
   Meine Freunde, _____, wohnen in Basel.

g. Die braunen Kühe habe ich in der Schweiz fotografiert. Sie schauen direkt in die Kamera.
   Die braunen Kühe, _____, habe ich in der Schweiz fotografiert.

h. Die Pferdekutschen stehen vor der Hofburg. Mit ihnen kann man eine Stadtrundfahrt machen.
   Die Pferdekutschen, _____, stehen vor der Hofburg.

4 Was passt? →3

a. Die Menschen, ___ lebten in der Steinzeit.
b. Der Dom, ___ steht in Köln.
c. Die Kaiserin, ___ ist als „Sisi" bekannt.
d. Das Gebäude, ___ ist die Porta Nigra.
e. Der Berg, ___ heißt Matterhorn.
f. Die Kühe, ___ leben in Norddeutschland.
g. Das Museum, ___ steht in Berlin.

1. dessen Mauern aus schwarzen Steinen bestehen,
2. deren Wohnräume man besichtigen kann,
3. dessen Wände aus Glas sind,
4. deren Gräber man heute noch sehen kann,
5. dessen Form an eine Pyramide erinnert,
6. deren Farbe schwarz-weiß ist,
7. dessen Türme über 150 Meter hoch sind,

Lerneinheit 32

5 Was passt zusammen? → Kursbuch S. 159 → 6

a. Für manche Sehenswürdigkeiten **4**
b. Zweimal am Tag
c. Mit Pferdekutschen
d. Bei Cuxhaven
e. In einem Naturpark in Westfalen
f. Nirgends in Europa
g. Nur einmal im Jahr
h. Mit 3.798 Metern
i. Über die Großglocknerstraße
j. Für etwas Geld

1. ist der Großglockner der höchste Berg Österreichs.
2. darf man in Heiligenblut Gold suchen.
3. gibt es noch so viele echte Wildpferde.
4. lohnt sich ein Umweg.
5. wird die Post zu den Inseln gebracht.
6. fahren jährlich über eine Million Autos.
7. leben wilde Pferde.
8. geht das Wasser an der Nordseeküste zurück.
9. gibt es jedes Jahr ein Pferderennen.
10. werden junge, männliche Tiere gefangen.

6 Welche Definition passt? X → 6

a. die Nordseeküste: die Küste,
  1. die an der Nordsee ist
  2. die an einem See in Norddeutschland liegt

b. das Wattenmeer: das Meer,
  1. das aus Watte besteht
  2. das zweimal am Tag verschwindet

c. der Meeresboden: der Boden,
  1. den das Meer normalerweise bedeckt
  2. der über dem Meer liegt

d. eine Pferdekutsche: eine Kutsche,
  1. in der Pferde fahren
  2. die von Pferden gezogen wird

e. ein Kutschpferd: ein Pferd,
  1. das eine Kutsche zieht
  2. das von einer Kutsche gezogen wird

f. Halstücher: Tücher,
  1. die man um den Hals trägt
  2. die der Hals schützt

g. eine Traumstraße: eine Straße,
  1. auf der alle Fahrer träumen
  2. von der man träumt

h. die Goldberge: die Berge,
  1. die tatsächlich aus Gold sind
  2. in denen man Gold finden kann

7 Wie heißt das Gegenteil? → 6

a. der Berg: _das Tal_
b. der Morgen: ....
c. der Tag: ....
d. der Norden: ....
e. das Meer: ....

 ~~Tal~~   Nacht   Süden   Land   Abend

Lerneinheit 32

8 Was passt? →6

🌀 Ufer 🌀 Gebirge 🌀 Sonnenbrille 🌀 Fuß 🌀 Gold 🌀 Meer 🌀
🌀 Gramm 🌀 Woche 🌀 Klima 🌀 Wald 🌀 Passagier 🌀 Schnee 🌀

a. Meer: Küste ◀▶ Fluss: *Ufer*
b. Bach: Fluss ◀▶ See: *Meer*
c. Sommer: Sonne ◀▶ Winter: ....
d. Tag: Wetter ◀▶ Land: ....
e. Regen: Regenschirm ◀▶ Sonne: ....
f. Arm: Hand ◀▶ Bein: ....
g. Baum: Wald ◀▶ Berg: ....
h. Kilometer: Meter ◀▶ Kilogramm: ....
i. Jahr: Jahrhundert ◀▶ Tag: ....
j. Krankenhaus: Patient ◀▶ Flugzeug: ....
k. Gras: Wiese ◀▶ Baum: ....
l. Fenster: Glas ◀▶ Ring: ....

9 Ergänzen Sie. →6

🌀 hinüber 🌀 hinein 🌀 hinauf 🌀 hinunter 🌀 hinaus 🌀

a. Wir fahren auf den Berg. – Wir fahren ....
b. Sie laufen nach draußen. – Sie laufen ....
c. Er geht in das Zimmer. – Er geht ....
d. Sie fährt über die Grenze. – Sie fährt ....
e. Es geht nach unten. – Es geht ....

10 Ergänzen Sie. →6

🌀 an die 🌀 mit der 🌀 das 🌀 zu der 🌀 dessen 🌀 denen 🌀 in dem 🌀 über das 🌀 die 🌀 deren 🌀

a. Das Meer, ... zweimal am Tag verschwindet, heißt Nordsee.
b. Der Naturpark, ... die wilden Pferde leben, liegt in Westfalen.
c. Die Wildpferde, ... Vorfahren aus Russland kamen, leben in Freiheit.
d. Die Kutsche, ... die Touristen zur Insel fahren, fährt heute um 11 Uhr ab.
e. Der Maler, ... Bilder oft blaue Pferde zeigen, heißt Franz Marc.
f. Die Straße, ... Salzburg und Kärnten verbindet, nennt man Großglockner-Hochalpenstraße.
g. Die Reise, ... wir uns gern erinnern, dauerte drei Wochen.
h. Die Insel, ... wir mit dem Schiff gefahren sind, liegt in der Ostsee.
i. Das Schloss, ... wir euch berichtet haben, steht in Bayern.

einhundertfünfundachtzig 185

Grammatik

11 Relativpronomen im Genitiv → § 12

		Genitiv	
Maskulinum	Der Mann,	**dessen**	Auto vor dem Schloss steht
Femininum	Die Frau,	**deren**	Zug um 11 Uhr abfährt
Neutrum	Das Kind,	**dessen**	Rucksack kaputt ist
Plural	Die Leute,	**deren**	Bus nicht kommt

Zum Vergleich:

Da ist der Mann. **Sein Auto** steht vor dem Schloss.
Da ist der Mann, **dessen Auto** vor dem Schloss steht.

Da ist das Kind. **Sein Rucksack** ist kaputt.
Da ist das Kind, **dessen Rucksack** kaputt ist.

Da ist die Frau. **Ihr Zug** fährt um 11 Uhr ab.
Da ist die Frau, **deren Zug** um 11 Uhr abfährt.

Da sind die Leute. **Ihr Bus** kommt nicht.
Da sind die Leute, **deren Bus** nicht kommt.

12 Hauptsatz + integrierter Relativsatz → § 24

Zwei Hauptsätze: Die Pferde **leben im Naturpark.** Sie sind glücklich.

Integrierter Relativsatz: Die Pferde, **die im Naturpark leben,** sind glücklich. (Hauptsatz / Relativsatz)

Zum Vergleich:

| Das ist ein Taxifahrer. | **Er** | hat | mich zum Bahnhof gebracht. | | |
| Das ist der Taxifahrer, | | **der** | mich zum Bahnhof gebracht | **hat**. | |

| Das ist eine Taxifahrerin. | **Sie** | hat | mich zum Bahnhof gebracht. | | **Sie** | heißt Müller. |
| Die Taxifahrerin, | | **die** | mich zum Bahnhof gebracht | **hat**, | | heißt Müller. |

Lernwortschatz 32

Nomen

e Attraktion, -en
r Bau
r Betrag, ⸚e
s Bundesland, ⸚er
r Bundespräsident, -en
r Eintritt, -e
e Eiszeit
s Ereignis, -se
e Fähre, -n
r Fahrplan, ⸚e
r Felsen, –
s Gebäude, –
e Gebühr, -en
s Gold
s Grab, ⸚er
s Gras, ⸚er
e Grenze, -n
s Jahrhundert, -e
r Kaiser, –
e Kälte
e Klimazone, -n
e Küste, -n
e Kutsche, -n
e Landschaft, -en
r Meeresboden
e Million, -en
r Nationalpark, -s
r Naturpark, -s
e Pyramide, -n
r Rabatt, -e
e Reiseversicherung, -en
r Sitz, -e
e Skisaison
e Stadtrundfahrt, -en
e Steinzeit
r Sturm, ⸚e
s Tal, ⸚er
r Umweg, -e
e Unterkunft, ⸚e
e Versicherung, -en → Reiseversicherung
r Vorfahr, -en
r Wasserfall, ⸚e
r Wohnraum, ⸚e
r Zoll → Zollvorschrift
e Zollvorschrift, -en

Verben

aus·bilden
bedecken
durchqueren
(sich) ernähren
erreichen
gründen
hinauf·fahren, fährt hinauf, fuhr hinauf, ist hinaufgefahren
hinaus·laufen, läuft hinaus, lief hinaus, ist hinausgelaufen
(sich) lohnen
treiben, treibt, trieb, hat getrieben
(sich) verabschieden
verlängern
verpassen
zurecht·kommen, kommt zurecht, kam zurecht, ist zurechtgekommen

Andere Wörter

besondere
eher
ewig
hinunter
jährlich
nackt
nicht immer
nirgends
nördlich
nützlich
tatsächlich
touristisch
umsonst
v. Chr. (= vor Christus)
wild
winzig
zuletzt

Relativpronomen:
deren dessen

Wörter im Kontext

Im Gebirge liegt ewiges **Eis**.
Zwischen dem **Land** und den Inseln ist viel Wasser.
Der Briefträger bringt die **Post**.
Die Hofburg ist der **Sitz** des Bundespräsidenten.
Für die Reise soll man **eine Versicherung abschließen**.
Das Matterhorn **erinnert an** eine Pyramide.
Den **Ort** Zermatt kann man nur **mit der Bahn erreichen**.
Das Wattenmeer ist ein interessanter **Ort**.
Die Straße **verbindet** zwei Bundesländer.
Die Grenze **verläuft** in der Mitte des Flusses.
In Westfalen gibt es **echte** Wildpferde.
Das Wasser geht **zweimal pro Tag** zurück.
Selbst (= sogar) heute wird noch weitergebaut.

Lerneinheit 33

1 Wie ist das Wetter? Ergänzen Sie. →1

a. der Wind: Es ist *windig*.
b. der Regen: Es ist _____.
c. der Nebel: Es ist _____.
d. die Sonne: Es ist _____.
e. das Gewitter: Es ist _____.
f. der Sturm: Es ist _____.
g. die Wolken: Es ist _____.
h. die Wärme: Es ist _____.
i. die Hitze: Es ist _____.
j. die Kälte: Es ist _____.

2 Was passt zusammen? →1

a. Es liegt schon Schnee, aber man kann leider
b. Es ist schon dunkel draußen, obwohl
c. Es geht mir auf die Nerven, dass meine Nachbarin
d. Es ist schade, dass du nicht
e. Es tut mir leid, dass Sie
f. Es ist schrecklich, dass es bei dem Unfall
g. Es ist schon spät, aber die Kinder
h. Es klingelt an der Tür, obwohl ich
i. Es ist gefährlich, nachts allein
j. Es geht mir besser, aber ganz
k. Es gibt viel Verkehr auf der Autobahn, weil
l. Es kann sein, dass es heute noch ein

1. gar keinen Besuch erwarte.
2. Gewitter gibt.
3. so viele Verletzte gab.
4. gesund bin ich noch nicht.
5. jeden Abend Klavier spielt.
6. die Ferien angefangen haben.
7. auf mich warten mussten.
8. mit mir wandern willst.
9. noch nicht Ski fahren.
10. es erst sechs Uhr ist.
11. wollen noch nicht ins Bett.
12. durch den Wald zu gehen.

3 Welcher Text passt zu welcher Jahreszeit? →2

a. Die Temperaturen beginnen zu steigen und die Tage werden wieder länger. Die ersten Blumen wachsen und die Bäume bekommen neue Blätter. Die Menschen freuen sich darüber, dass ihnen nicht mehr kalt ist und dass sie keine dicken Mäntel und Jacken mehr brauchen. Es gibt schon warme Tage, aber es ist meistens noch kühl, auch wenn die Sonne scheint. Die Monate dieser Jahreszeit heißen März, April und Mai.

b. In dieser Jahreszeit ist es am kältesten und die Tage sind am kürzesten. Abends ist es schon früh dunkel. Im Dezember, Januar und Februar liegen die Temperaturen oft unter 0 Grad. Es gibt Eis und Schnee und die Menschen müssen sich warm anziehen. In Süddeutschland, Österreich und in der Schweiz liegt dann in den Bergen die ganze Zeit Schnee und man kann Ski fahren. Wenn es schneit oder die Temperaturen unter Null sinken, sind die Straßen glatt; dadurch passieren öfter Unfälle. Das wichtigste Fest in dieser Zeit ist Weihnachten.

c. In dieser Jahreszeit fallen die Blätter von den Bäumen. Die Temperaturen sinken und die sonnigen Tage werden weniger. Oft ist der Himmel grau und an vielen Tagen regnet es. Es ist meistens windig oder sogar stürmisch. In den Monaten September, Oktober und November gibt es die meisten großen Stürme. Auch Nebel ist typisch für diese Zeit.

d. Das ist die Zeit, in der die Menschen am meisten draußen sind, weil das Wetter schön warm ist. Man besucht gerne Schwimmbäder oder badet im Meer und in Seen. Im Juni, Juli und August scheint oft die Sonne und die Temperaturen steigen manchmal bis 30 Grad. Es regnet wenig, aber wenn die Luft heiß und feucht ist, kann es Gewitter geben. Die Tage sind in dieser Jahreszeit am längsten und abends ist es lange hell.

 Frühling   Sommer   Herbst   Winter

4 Ergänzen Sie. → 3

a. ....
b. ....
c. ....
d. ....
e. ....
f. ....
g. ....
h. ....

5 Ergänzen Sie. → 3

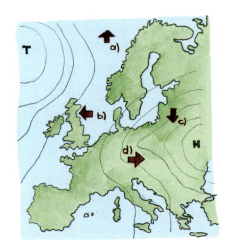

a. *Nordeuropa* : Der Wind weht aus *südlicher* Richtung.
b. .... : Der Wind weht aus .... Richtung.
c. .... : Der Wind weht aus .... Richtung.
d. .... : Der Wind weht aus .... Richtung.

einhundertneunundachtzig

33 Lerneinheit

6 Was passt zusammen? → Kursbuch S. 162 → 5

a. Die Mutter soll sich die Telefonnummer des Hotels aufschreiben,
b. Weil die Kinder noch nicht lesen können,
c. Die Kinder hatten während der Anreise keinen Streit,
d. Vor der Grenze gab es einen großen Stau,
e. Die Großmutter macht sich Sorgen wegen des Skikurses,
f. Frau Kurz erzählt ihrer Mutter,
g. Wenn die Kinder im Skikurs sind,
h. Am Morgen waren es minus 12 Grad,

1. sondern waren beide ganz brav.
2. weil es in den Zimmern kein Telefon gibt.
3. bleibt Frau Kurz immer in ihrer Nähe.
4. aber mittags ist es ein bisschen wärmer.
5. haben sie während der Autofahrt Bilderbücher angeschaut.
6. weil es stark schneite.
7. dass in der Schweiz schon die Babys Ski fahren lernen.
8. weil die Kinder noch so klein sind.

7 Welches Wort passt nicht zu den anderen? → 5

a. Umleitung | Stau | ~~Radweg~~ | Umweg
b. Hinfahrt | Anreise | Ankunft | Abreise
c. Grenze | Zoll | Bewerbung | Pass
d. Urlaub | Kündigung | Ferien | Freizeit
e. Rolle | Platz | Ort | Stelle
f. Unfall | Notfall | Überfall | Wasserfall
g. Hitze | Größe | Kälte | Wärme
h. Regen | Schnee | Eis | Joghurt

8 Welche Antwort passt? → Kursbuch S. 163 → 6

a. Wie gefällt dir dein Urlaub? 4
b. Was machst du den ganzen Tag?
c. Hast du ein nettes Hotel gefunden?
d. Wie ist das Wetter?
e. Kannst du im Meer baden?
f. Kannst du in dem Gasthaus auch essen?
g. Wie ist das Essen?
h. Hast du schon geangelt?

1. Ich gehe spazieren und lese viel.
2. Prima, am besten schmeckt mir der Fisch.
3. Es ist kein Hotel, sondern ein Gasthaus, aber das Zimmer ist nicht schlecht.
4. Ich finde es sehr schön hier.
5. Nein, Uwe zeigt es mir erst morgen.
6. Ja, ich esse normalerweise hier.
7. Es ist meistens sehr windig.
8. Ja, aber das mache ich nicht; ich gehe nur mit den Füßen ins Wasser.

Lerneinheit 33

9 Wie sagt man in Österreich? Wie sagt man in Deutschland? → 7

die Arztpraxis ◎ die Tomate ◎ das Krankenhaus ◎ die Treppe ◎
die Metzgerei ◎ die Kneipe ◎ das Brötchen ◎ das Abitur ◎ die Kartoffel

	Beispielsatz	In Österreich:	in Deutschland:
a.	In einer <u>Fleischhauerei</u> kauft man Fleisch und Wurst.	die Fleischhauerei	....
b.	Die Freunde treffen sich abends in einem <u>Beisl</u>.	das Beisl	....
c.	Er isst lieber <u>Erdäpfel</u> als Nudeln oder Reis.	der Erdapfel	....
d.	Die Schüler eines Gymnasiums machen am Ende der Schulzeit ihre <u>Matura</u>.	die Matura	....
e.	Die <u>Ordination</u> von Doktor Schütte ist montags geschlossen.	die Ordination	....
f.	<u>Paradeiser</u> sind rot und rund; man kann Suppen, Soßen und Salate daraus machen.	der Paradeiser	....
g.	In einer Bäckerei kann man Brot und <u>Semmeln</u> kaufen.	die Semmel	....
h.	Nach dem Unfall war er zwei Wochen im <u>Spital</u>.	das Spital	....
i.	Vorsicht, die <u>Stiege</u> zum Dachboden ist sehr steil.	die Stiege	....

10 Wie sagt man in der Schweiz? Wie sagt man in Deutschland? → 7

der Sessel ◎ der Rock ◎ der Reifen ◎ die Straßenbahn ◎ das Fahrrad ◎
die Eintrittskarte ◎ das Eis ◎ der Frisör ◎ das Frühstück

	Beispielsatz	In der Schweiz:	in Deutschland:
a.	Am Eingang des Museums müssen wir ein <u>Billet</u> kaufen.	das Billet	....
b.	Ich muss unbedingt zum <u>Coiffeur</u>, weil meine Haare zu lang sind.	der Coiffeur	....
c.	Der Vater sitzt im <u>Fauteuil</u> und liest seine Zeitung.	der Fauteuil	....
d.	Heute Nachmittag gehe ich ins Café und esse eine <u>Glace</u>.	die Glace	....
e.	Heute trage ich keinen <u>Jupe</u>, weil es zu kalt ist. Ich ziehe lieber eine Hose an.	der Jupe	....
f.	Zum <u>Morgenessen</u> trinke ich immer Orangensaft.	das Morgenessen	....
g.	Gestern ist an meinem Auto ein <u>Pneu</u> geplatzt.	der Pneu	....
h.	Ich fahre lieber mit dem <u>Tram</u> als mit dem Bus.	das Tram	....
i.	Zum Geburtstag wünscht er sich ein neues <u>Velo</u>.	das Velo	....

einhunderteinundneunzig 191

Lernwortschatz 33

Nomen
r Abschied, -e
s Bergland
e Besonderheit, -en
s Bilderbuch, ¨-er
r Dialekt, -e
e Hinfahrt, -en
e Hitze
s Hoch, -s
e Jahreszeit, -en
r Lauf, ¨-e
e Meeresluft
r Nebel, –
r Nordwesten
r Schauer, –
s Skifahren
r Skikurs, -e
r Stau, -s
s Tief, -s
r Unterschied, -e
r Wetterbericht, -e
e Windstärke
e Zwillingsschwester, -n

Verben
bestimmen
fühlen
schneien
wehen
zusammen · fassen

Andere Wörter
durchschnittlich
erkältet
heiter
heute früh
kühl
mild
problemlos
regional
sonnig
sprachlich
stellenweise
stürmisch
südwestlich
telefonisch
vorgestern

Wörter im Kontext
Im Lauf des Tages gibt es Schauer.
Sie bekommen einen **Platz** im Skikurs.
Ein Hoch bestimmt **morgen** das Wetter.
Ich **fühle**, wenn es Regen gibt.
Die Temperaturen **erreichen** 20 Grad.
Der Wind **weht** aus Westen.
Das Wetter ist **angenehm mild**.
Sie wohnt in einem **einfachen** Hotel.
Er ist ganz **fertig** von der Reise.
Es regnet.
Es schneit.
Es ist windig.
Es ist warm.
Es gibt ein Gewitter.
Es sind 20 Grad.
Es geht mir gut.
Es ist toll, wenn es schneit.
Ich **finde es schön, wenn** die Sonne scheint.

In Deutschland sagt man:
erkältet
Auf Wiedersehen
Tschüs

In der Schweiz sagt man auch:

Uf Widerluege

In Österreich sagt man auch:
verkühlt

Servus

Lerneinheit 34

1 Schreiben Sie. → 2

a. Eine Frau sitzt auf dem Balkon und isst eine Pizza.
   Die Frau, die auf dem Balkon sitzt, isst eine Pizza.
   Die Frau, die eine Pizza isst, sitzt auf dem Balkon.

b. Ein Mann liegt auf dem Sofa und streichelt seinen Hund.
   Der Mann, _____ .
   Der Mann, _____ .

c. Ein Kind steht unter der Dusche und wäscht sich die Haare.
   Das Kind, _____ .
   Das Kind, _____ .

d. Eine Taxifahrerin geht am Meer spazieren und liest ein Buch.
   Die Taxifahrerin, _____ .
   Die Taxifahrerin, _____ .

e. Ein Fisch schwimmt im Wasser und ist glücklich.
   Der Fisch, _____ .
   Der Fisch, _____ .

f. Ein Hotel liegt direkt an einem See und hat viele Zimmer mit Balkon.
   Das Hotel, _____ .
   Das Hotel, _____ .

g. Die Pferde leben in einem großen Park und müssen sich selbst ernähren.
   Die Pferde, _____ .
   Die Pferde, _____ .

2 Definitionen. Ergänzen Sie → 3

a. Ein Frühstücksei ist ein *Ei*, das man zum *Frühstück* isst.
b. Eine Nordseeinsel ist eine *Insel*, die in der _____ liegt.
c. Die Meeresluft ist die _____, die vom _____ kommt.
d. Ein Bilderbuch ist ein _____, in dem man _____ anschauen kann.
e. Ein Flusstal ist ein _____, durch das ein _____ fließt.
f. Eine Reiseversicherung ist eine _____, die man für eine _____ abschließt.
g. Ein Skikurs ist ein _____, in dem man _____ fahren lernen kann.
h. Der Winterurlaub ist der _____, den man im _____ macht.
i. Ein Taxifahrer ist ein _____, der ein _____ fährt.

34 Lerneinheit

3 Ergänzen Sie. → 4

a. Erholung ist alles, _____ sie braucht.
b. Ruhe ist alles, _____ sie träumt.
c. Sie will nichts tun, _____ anstrengend ist.
d. Kultur ist nichts, _____ sie sich interessiert.
e. Sport ist etwas, _____ sie hasst.
f. Aber sie findet keinen Ort, _____ sie fahren möchte.
g. Er will etwas erleben, _____ er sich später gern erinnert.
h. Es gibt einiges, _____ er sich gut vorbereiten möchte.
i. Kultur ist etwas, _____ ihm nicht so wichtig ist.
j. Sport ist alles, _____ er sich beschäftigt.
k. Es gibt vieles, _____ er sich jetzt schon freut.
l. Aber er findet nichts, _____ er sich entscheiden kann.

> was ● wofür ● worauf ● was ● wofür ● wohin ● was ● womit ● woran ● was ● worauf ● wovon

4 Was passt zusammen? → 5

a. ◆ Ich möchte nicht nach Frankreich fahren, weil
b. ○ Weißt du denn ein besseres Reiseziel, wo
c. ◆ Was hältst du davon, mal in die Berge
d. ○ Meinetwegen, aber ich finde es langweilig,
e. ◆ In den Bergen gibt es auch Seen, wenn du
f. ○ Wenn wir einen See finden, auf dem ich
g. ◆ In Ordnung, dann suchen wir einen Ort in den Bergen,

1. lieber schwimmen möchtest.
2. im Urlaub jeden Tag nur zu laufen.
3. wir da schon zweimal waren.
4. auch surfen kann, bin ich einverstanden.
5. wir hinfahren können?
6. an dem man wandern und surfen kann.
7. zu fahren um zu wandern?

5 Positiv + oder negativ – ? → 6

a. Meinetwegen. +
b. Da bin ich dagegen. –
c. Auf keinen Fall.
d. Alles klar.
e. Das kommt nicht in Frage.
f. Das ist wahr.
g. Ich bin dafür.
h. Das mache ich nicht mit.
i. Warum nicht?
j. Das kann ich mir nicht vorstellen.
k. In Ordnung.
l. Das geht doch nicht.
m. So ein Quatsch.
n. Einverstanden.
o. Ohne mich.
p. Von mir aus.
q. Nein danke.
r. Niemals.
s. Gern.
t. Tut mir leid.
u. Das machen wir.

194   einhundertvierundneunzig

Lerneinheit 34

6 Ergänzen Sie. →6

🌀 irgendwie 🌀 irgendwas 🌀 irgendwo 🌀 irgendwann 🌀 irgendwer 🌀 irgendwohin 🌀

a. Ich suche schon seit zwei Stunden meine Autoschlüssel und kann sie nicht finden. .... müssen sie doch sein!

b. Mein Mann hat immer Probleme mit seinen Autoschlüsseln. Er legt sie einfach .... und später sucht er sie dann stundenlang.

c. Über mir wohnt ein junges Ehepaar. .... wollen sie Kinder haben, aber noch nicht in den nächsten Jahren.

d. Gerade hat ein Mann angerufen. Er hat .... gesagt, aber ich habe es nicht verstanden.

e. Ich finde es schlimm, dass du so große Probleme mit deinem Chef hast. Kann ich dir vielleicht .... helfen?

f. Meine kleine Schwester weint schon den ganzen Tag. .... hat zu ihr gesagt, dass sie eine hässliche Nase hat.

7 Welches Wort passt? →6

a. Ich weiß nichts, (wonach | wohin | worüber) _worüber_ ich mit ihr reden kann.

b. Gibt es etwas, (wovor | woran | wonach) .... man erkennen kann, dass ein Mensch nicht die Wahrheit sagt?

c. Sie hat mir noch nicht gesagt, (wohin | woher | wodurch) .... sie im Urlaub fahren will.

d. Bitte gib mir irgendwas, (wohin | wovor | womit) .... ich meine Hände sauber machen kann.

e. Gibt es keine Gegend, (wo | wohin | wobei) .... es nicht so heiß ist?

f. Den Kindern fällt nichts ein, (wofür | womit | wonach) .... sie sich beschäftigen können.

g. Kennst du die Stelle, (wozu | wofür | wo) .... der Unfall passiert ist?

h. Ich suche ein Hotel, (woher | wohin | womit) .... ich meinen Hund mitnehmen kann.

Grammatik | Lernwortschatz

8 Generalisierende Relativpronomen → § 13

alles, etwas, nichts, einiges, vieles,	was / wohin / wofür / wovon …
ein Ort,	wo / wohin …

Was möchte sie?
– Das ist **alles, was** sie möchte.
Wofür interessiert sie sich?
– Es gibt **nichts, wofür** sie sich nicht interessiert.
Wo kann sie Urlaub machen?
– Sie sucht einen **Ort, wo** sie Urlaub machen kann.
❗ auch:
– Sie sucht einen **Ort, an dem** sie Urlaub machen kann.

9 Generalisierende Indefinitpronomen mit *irgend-*

irgend**wer**	**Irgendwer** hat meine Torte gegessen.
irgend**wen**	Hast du **irgendwen** getroffen?
irgend**was**	Wollen wir **irgendwas** essen?
irgend**wann**	**Irgendwann** möchte ich nach Australien fahren.
irgend**wo**	Ich möchte **irgendwo** Urlaub machen, wo ich noch nie war.
irgend**wohin**	Ich möchte **irgendwohin** fahren, wo es nicht so viele Touristen gibt.
irgend**wie**	Das finde ich **irgendwie** merkwürdig.

Nomen
e Altstadt, ⸚e
r Badeort, -e
r Begriff, -e
e Empfehlung, -en
e Ferne
e Höhle, -n
r Mietwagen, –
s Mittelmeer
e Reiseinformation, -en
r Reisekatalog, -e
r Reisetipp, -s
e Reisezeit, -en
s Reiseziel, -e
e Spüle, -n
r Strandurlaub, -e
r Tipp, -s
r Titel, –
r Tourist, -en
e Urlaubsreise, -n
s Verkehrsmittel, –

Verben
auf·drehen
aus·geben, gibt aus, gab aus, hat ausgegeben
sich aus·ruhen
dafür sein
dagegen sein
sich erholen
träumen
sich verständigen
weiter·reisen, ist weitergereist

Wörter im Kontext
Was machen wir **bloß** im Urlaub?
Wo fahren wir im Urlaub **hin**?
Was **hältst** du **von** einer griechischen Insel?
Ich **würde gern** nach Italien fahren.
Würdest du mir mal den Katalog geben?
Von mir aus.
Ich möchte mich **vor allem** erholen.

Andere Wörter
circa
einiges
irgendwann
irgendwo
irgendwohin
manche
meinetwegen
relativ
vieles
wahr

wofür
wovon

Lerneinheit 35

1 Ergänzen Sie. →2

> Herstellung ◎ Freizeit ◎ Klima ◎ Seite ◎ Ausflug ◎ Besichtigung ◎ Aussicht ◎ Messe

a. Diese Insel hat ein besonderes ....; dort ist es fast immer warm.
b. Wir konnten uns genau über die .... der berühmten Schweizer Schokolade informieren.
c. Die .... der Käsefabrik dauerte fast vier Stunden.
d. Auf der .... haben wir etwas über die Schweizer Milchproduktion erfahren.
e. Weil wir am Nachmittag .... hatten, sind wir in ein schönes Café gegangen.
f. Ich freue mich schon auf nächste Woche, weil wir dann einen .... nach St. Moritz machen.
g. Vom Balkon meines Hotels hat man eine wunderbare .... auf den Bodensee.
h. Nur die österreichische .... des Sees kenne ich noch nicht.

2 Welches Wort passt nicht zu den anderen? →2

a. Seminar | Unterricht | ~~Rennen~~ | Kurs
b. Kunstmesse | Industriemesse | Landwirtschaftsmesse | Mitternachtsmesse
c. Unterrichtsraum | Wirtschaftsraum | Hobbyraum | Wohnraum
d. Dozent | Holzleiter | Lehrer | Seminarleiter
e. erfahren | sich informieren | kennenlernen | verlieren
f. besichtigen | achtgeben | besuchen | anschauen
g. denken | meinen | danken | glauben
h. abnehmen | mitmachen | teilnehmen | dabei sein
i. fabelhaft | herrlich | wunderbar | furchtbar
j. langweilig | spannend | anstrengend | schwierig

3 Was passt? →2

> über ein ◎ ~~ein~~ ◎ in einem ◎ auf ein ◎ an einem ◎
> für ein ◎ zu einem ◎ ein ◎ nach einem ◎ ein ◎ ein

a. _ein_ Seminar leiten
b. .... Seminar teilnehmen
c. sich .... Seminar erkundigen
d. .... Seminar sitzen
e. sich .... Seminar anmelden
f. .... Seminar berichten
g. sich .... Seminar entscheiden
h. .... Seminar abbrechen
i. sich .... Seminar vorbereiten
j. .... Seminar empfehlen
k. .... Seminar beenden

einhundertsiebenundneunzig

35 Lerneinheit

4 Ergänzen Sie. →2

> von dem ... hat • in dem ... wachsen • in der ... gibt •
> in dem ... schwimmen • zu dem ... kommt • in dem ... dürfen •
> auf dem... liegt • in der ... macht • in denen ... ist

a. Ich war in einer Stadt, *in der* es viele schöne Museen *gibt* .
b. Ich war in einer Fabrik, _____ man guten Käse _____ .
c. Ich war an einem See, _____ viele Fische _____ .
d. Ich war in einem Hotel, _____ auch Hunde wohnen _____ .
e. Ich war in einem Park, _____ Zitronenbäume _____ .
f. Ich war auf einem Berg, _____ auch im Sommer Schnee _____ .
g. Ich war an einem Strand, _____ man nur mit einem Boot _____ .
h. Ich war in einigen Höhlen, _____ es ziemlich unheimlich _____ .
i. Ich war auf einem Turm, _____ man einen Blick auf den Bodensee _____ .

5 Schreiben Sie die Sätze richtig. →2

a. ichwohnehierineinemsehrschönenhotel,dasdirektaneinemgroßenseeliegt

b. wennichaufdembalkonstehe,kannichbishinübernachösterreichschauen

c. meinekollegenundichbesuchenhierambodenseeeinseminar

d. wirmachenjedentaginteressanteausflügeundbesuchenauchfabriken

e. natürlichhabenwirauchgenügendfreizeitundmüssennichtnurarbeiten

f. esgibthiereineinselmiteinemmildenklima,aufdersogarzitronenwachsen

g. gleichtreffeichdieanderenteilnehmer,mitdenenichnachbregenzfahrenmöchte

h. wennichnächstewochewiederzuhausebin,rufeichdichanunderzähledirmehr

Lerneinheit 35

6 Ergänzen Sie. →2

a. Auf dieser Insel wachsen Zitronen.

   Das ist eine Insel, auf der Zitronen wachsen.

b. In dieser Fabrik kann man Käse probieren.

   Das ist eine Fabrik, in der _____.

c. Über diesen See kann man mit einem Schiff fahren.

   Das ist ein See, _____.

d. An diesem See liegt ein wunderbares Hotel.

   Das ist ein See, _____.

e. Hinter diesem Haus fließt ein kalter Bach.

   Das ist ein Haus, _____.

f. Zu diesem Bach führt ein einsamer Weg.

   Das ist ein Bach, _____.

7 Was man im Urlaub machen kann. Schreiben Sie die Wörter zu den Zeichnungen. →3

> tauchen ◎ surfen ◎ segeln ◎ wandern ◎ reiten ◎ schwimmen ◎ Ski fahren ◎ lesen ◎
> Tennis spielen ◎ angeln ◎ fotografieren ◎ grillen ◎ klettern ◎ malen ◎ Pilze sammeln ◎
> Briefe schreiben ◎ sich verlieben ◎ spazieren gehen ◎ Karten spielen ◎ tanzen ◎

a. _____ b. _____ c. _____ d. _____ e. _____

f. _____ g. _____ h. _____ i. _____ j. _____

k. _____ l. _____ m. _____ n. _____ o. _____

p. _____ q. _____ r. _____ s. _____ t. _____

Lerneinheit 35

8 Ergänzen Sie die Sätze im Perfekt und im Präteritum. → 3

- eine lange Reise machen
- zuerst Kataloge anschauen
- dann zum Flughafen fahren
- durch viele Länder reisen
- viele hohe Berge besteigen
- einmal auf Kamele steigen
- bis zu einem großen Fluss reiten
- dem Fluss folgen
- nur einmal schwimmen gehen
- später ein Krokodil sehen
- eines Abends einen Tiger hören
- eines Morgens eine Schlange auf dem Schlafsack finden
- einmal drei Tage auf einen Bus warten
- über fünfzig Städte besuchen
- viele interessante Leute kennenlernen
- mit vielen Fotos zurückkommen

a. Wir haben eine lange Reise gemacht.   Sie machten eine lange Reise.
b. Zuerst haben wir _____ .   Zuerst schauten sie _____ .
c. Dann _____ .   Dann _____ .
d. Wir _____ .   Sie _____ .
e. Wir _____ .   _____ .
f. Einmal _____ .   _____ .
g. Wir _____ .   _____ .
h. Wir _____ .   _____ .
i. Nur einmal _____ .   _____ .
j. Später _____ .   _____ .
k. Eines Abends _____ .   _____ .
l. Eines Morgens _____ .   _____ .
m. Einmal _____ .   _____ .
n. Wir _____ .   _____ .
o. Wir _____ .   _____ .
p. Wir _____ .   _____ .

Lernwortschatz 35

Nomen
r Adressat, -en
r Dozent, -en
s Ferienhaus, ¨er
s Hausboot, -e
s Kanu, -s
e Käsefabrik, -en
s Klima
e Landwirtschaftsmesse, -n
s Marketing
e Messe, -n → Landwirtschaftsmesse
e Milchproduktion
s Schiff, -e
s Seminar, -e
s Souvenir, -s
s Städtchen, –
s Technologiezentrum, -zentren
e Tour, -en

Verben
an·reisen, ist angereist
klingen, klingt, klang, hat geklungen
verschicken

Andere Wörter
bzw. (= beziehungsweise)
fabelhaft
genügend
hinüber

Wörter im Kontext
Die österreichische **Seite** des Sees kennt er nicht.
Das **klingt** vielleicht langweilig.
Der Wein schmeckt **einfach** fabelhaft.
Sie haben **genügend** Freizeit.
Das Wasser des Sees ist ganz **klar**.

Anker

Das kann ich jetzt:

- **Von Sehenswürdigkeiten erzählen**

Das kann ich gut.
 ein bisschen.
 noch nicht so gut.

Ich habe gestern die Museen in der Wiener Hofburg besucht.

Das Schloss Neuschwanstein liegt auf einem Berg.

- **Reiseerlebnisse schildern**

Das kann ich gut.
 ein bisschen.
 noch nicht so gut.

Meine Frau und ich sind im Urlaub jeden Tag in den Bergen gewandert. Dabei haben wir viele nette Leute getroffen.

- **Über die Geografie eines Landes sprechen**

Das kann ich gut.
 ein bisschen.
 noch nicht so gut.

Die Donau ist ein Fluss, der durch Wien fließt.

München liegt im Süden von Deutschland.

- **Sich über regionale Sprachunterschiede unterhalten**

Das kann ich gut.
 ein bisschen.
 noch nicht so gut.

In meinem Land gibt es viele Dialekte.

In Zürich sagt man zum Abschied „Uf Wiederluege".

Das kann ich jetzt:

■ **Über das Wetter sprechen**

Das kann ich gut.
 ein bisschen.
 noch nicht so gut.

 Vor ein paar Minuten hat es geregnet, aber jetzt scheint die Sonne.

 Ich fühle mich nicht wohl, wenn es sehr heiß ist.

■ **Personen und Dinge genauer beschreiben**

Das kann ich gut.
 ein bisschen.
 noch nicht so gut.

 Das ist der Taxifahrer, der mich zum Bahnhof gefahren hat.

 Hier sieht man Blumen, die nur in den Alpen wachsen.

■ **Reisetipps formulieren**

Das kann ich gut.
 ein bisschen.
 noch nicht so gut.

 In Rom gibt es sehr viele Kirchen und Museen, die man besichtigen kann.

 Die Insel Mainau ist im Frühling besonders schön.

■ **Urlaubsgrüße schreiben**

Das kann ich gut.
 ein bisschen.
 noch nicht so gut.

Lieber Sebastian,
hier in Marokko ist das Wetter wunderbar. Ich liege viel in der Sonne und bin schon richtig braun. Auch das Essen schmeckt sehr gut. Ich bringe Dir ein schönes Souvenir mit.
Herzliche Grüße
Deine Veronika

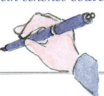

Lösungsschlüssel

Lerneinheit 1

1 **b.** dem Vater, der Mutter, dem Ehepaar, den Mädchen **c.** dem Lehrer, der Fotografin, dem Kind, den Leuten **d.** dem Arzt, der Ärztin, dem Mädchen, den Geschwistern

2 **c.** Der Chef gratuliert dem Mädchen. **d.** Das Mädchen gratuliert der Krankenschwester. **e.** Die Krankenschwester gratuliert den Großeltern. **f.** Die Großeltern gratulieren dem Kind.

3 *Modell-Lösung (Es sind viele andere Lösungen möglich.)*
Der Arzt hilft dem Fußgänger. Die Polizistin hört der Sekretärin zu. Der Taxifahrer dankt den Feuerwehrmännern. Die Rechtsanwältin antwortet der Fotografin. Die Schülerin winkt dem Mitschüler …

4 **b.** Er – ihm **c.** Es – ihr **d.** Sie – ihr **e.** Er – ihnen **f.** Sie – ihm

5 **b.** 8 **c.** 6 **d.** 1 **e.** 7 **f.** 3 **g.** 5 **h.** 2

6 **b.** Ich gebe ihn meiner Freundin. **c.** Ich schenke es meinen Eltern. **d.** Ich bringe sie meiner Großmutter. **e.** Ich gebe es meinem Kind.

7 **c.** Nein, ich schenke ihm einen Hund. **d.** Nein, ich schenke ihr eine CD. **e.** Nein, ich schenke ihnen eine Vase.

Lerneinheit 2

1 **a.** 4 **b.** 6 **c.** 2 **d.** 1 **e.** 3 **f.** 5

2 **b.** mir **c.** uns **d.** dir **e.** euch **f.** dir **g.** euch **h.** dir

3 **a.** richtig **b.** falsch **c.** falsch **d.** richtig **e.** falsch **f.** richtig **g.** richtig **h.** falsch

4 **a.** 4 **b.** 6 **c.** 1 **d.** 3 **e.** 2 **f.** 5

5 **b.** mir **c.** mir **d.** uns **e.** dich **f.** uns **g.** euch **h.** euch **i.** mir **j.** mich **k.** uns **l.** ihnen

6 **b.** du mir **c.** du mich **d.** ihr uns **e.** du mich **f.** du mir **g.** ihr uns **h.** es dir **i.** sie dir **j.** es euch

7 **a.** zu **b.** zu **c.** bei **d.** bei **e.** bei **f.** zu **g.** zu **h.** bei **i.** zu

8 **a.** falsch **b.** richtig **c.** falsch **d.** richtig **e.** richtig **f.** richtig

9 **a.** 3 **b.** 6 **c.** 2 **d.** 7 **e.** 4 **f.** 1 **g.** 5

10 **a.** 4 **b.** 6 **c.** 5 **d.** 7 **e.** 1 **f.** 2 **g.** 3

11 **b.** schieben **c.** verstecken **d.** hängen **e.** schreiben/vorlesen **f.** warten **g.** beginnen **h.** singen **i.** vorlesen/schreiben **j.** füllen **k.** gratulieren **l.** feiern

12 **c.** jedem **d.** allen **e.** Jede **f.** Alle **g.** Jeder **h.** Alle **i.** jeden **j.** alle

Lerneinheit 3

1 2 Ja, bitte … 3 Meine erste … 4 Ja, er … 5 Haben Sie … 6 Nein, wir … 7 Wo sind … 8 Wir fliegen … 9 Und dann … 10 Nein, eigentlich … 11 Ach so. … 12 Ein Weihnachtsbaum? … 13 Dann wünsche … 14 Vielen Dank!

2 **a.** 5 **b.** 3 **c.** 1 **d.** 4 **e.** 2

3 **a.** nett, Atmosphäre **b.** Freundin **c.** Kerzen **d.** Platz **e.** wichtig, trotzdem, Uhr, gekauft **f.** Weihnachten, Spaß

Lösungsschlüssel

4 c. die, mir d. den, ich e. das, ihnen f. die, er g. das, ihr h. das, uns i. die, sie j. die, mir k. den, ich l. Das, mir m. das, sie

5 b. viel zu c. sehr d. ziemlich e. ein bisschen f. nicht

6 b. dem Briefträger die Freiheit c. dem Mann viel Glück d. der Großmutter Luxus e. den Kindern das Radio f. der Sekretärin den Koffer g. dem Bruder ein Foto h. der Touristin das Fest i. dem Weihnachtsmann den Bart j. dem Hund eine Brille

Lerneinheit 4

1 a. Briefträger b. Sekretärin c. Bürgermeister d. Krawatte e. Führerschein f. Fernseher g. Hochzeitspaar h. Kalender i. Osterhase j. Erinnerung

2 **links:** Lehrer – Lehrerin, Verkäufer – Verkäuferin, Bauer – Bäuerin,
rechts: Klavier – Klaviere, Meer – Meere, Tor – Tore

3 a. regnen b. reisen c. rasieren d. anrufen e. feiern f. rechnen g. raten h. fernsehen i. schreiben j. erklären

4 b. meins c. mir d. ihr e. ihre f. ihrer g. ihm h. seiner i. uns j. unserer

5 b. zu spät c. zu kurz d. zu richtig e. zu fleißig f. zu zufrieden g. zu alt h. zu voll i. zu richtig j. ganz falsch

6 b. Er schmeckt mir nicht. c. Es gefällt mir nicht. d. Sie schmeckt mir nicht. e. Es gefällt mir nicht. f. Es passt mir nicht. g. Er schmeckt mir nicht. h. Er gefällt mir nicht. i. Sie passt mir nicht.

7 b. er ihm c. es ihnen d. es dir e. sie ihnen f. er uns g. es mir h. sie euch i. sie dir j. sie uns

8 b. nicht mehr c. erst, schon d. schon e. noch nicht f. erst g. schon h. noch nicht i. nicht mehr j. schon k. noch nicht

9 a. Nur b. nur, erst c. erst, nur d. nur e. nur f. nur g. nur h. erst

10 2 Die Einladung … 3 Schade, aber … 4 Ja, danach … 5 Natürlich. So viel … 6 So um fünf. 7 Gut, also … 8 Danke schön.

11 b. gestern Nachmittag c. gestern Abend d. heute Vormittag e. heute Nachmittag f. heute Abend g. morgen früh h. morgen Abend i. übermorgen j. am Wochenende k. nächste Woche Montag

12 a. 5 b. 1 c. 6 d. 3 e. 4 f. 2 g. 8 h. 7 i. 10 j. 11 k. 9

13 2 Vielen Dank … 3 Dann vielleicht … 4 Ja, nach … 5 Wann seid … 6 So um … 7 Dann geht … 8 Bestimmt. Um drei … 9 Dann bis … 10 Danke. Und euch …

Lerneinheit 5

1 b. Herzlichen Glückwunsch zu Deinem Examen. c. Die besten Wünsche zu Eurer Hochzeit. d. Wir wünschen Euch ein schönes Weihnachtsfest. e. Herzlichen Glückwunsch zu Ihrem Geburtstag.

2 a. 6 b. 3 c. 4 d. 7 e. 1 f. 8 g. 2 h. 5

3 b. … Ihrem Geburtstag. c. … Deine Einladung., … Ihre Einladung. d. … Deiner Feier kommen., … Eurer Feier kommen. e. … Eurem Fest., … Ihrem Fest. f. … Dich herzlich …, … Sie herzlich …

zweihundertfünf

Lösungsschlüssel

4 1 Liebes Brautpaar, herzlichen Glückwunsch zu Eurer Hochzeit. Wir wünschen Euch alles Gute für das Leben zu zweit. Mit allen guten Wünschen für Euch beide Eure Sabine und euer Hans.

2 Lieber Herr Becker, meine herzlichen Glückwünsche zu Ihrem Geburtstag. Ich wünsche Ihnen alles Gute für das neue Lebensjahr. Bleiben Sie immer so fröhlich und zufrieden. Ihre Monika Schneider.

3 Liebe Inge, lieber Georg, ich wünsche Euch ein schönes Weihnachtsfest mit Eurer Familie. Gibt es bei Euch wieder Gans mit Klößen und Rotkohl? Fröhliche Feiertage und ein glückliches neues Jahr. Eure Ursula.

5 d. Wir fliegen für einen Monat nach Kanada. e. Wir fliegen in vierzehn Tagen nach London. f. Wir sind seit fünf Tagen in Berlin. g. Wir gehen in dreißig Minuten nach Hause. h. Wir besuchen unsere Freunde für eine Woche.

6 *Modell-Lösung (Mehrere Lösungen sind möglich.)*
Lieber Heribert, herzlichen Glückwunsch zum Geburtstag und Gesundheit im neuen Lebensjahr. Leider kann ich nicht zu Deiner Geburtstagsfeier kommen. Ich bekomme Besuch. Meine Freunde kommen und ich will ihnen die Stadt zeigen. Aber ich möchte Dich für das nächste Wochenende zum Essen einladen! Dein/e …

Lerneinheit 6

1 1. ein Kilogramm Mehl   2. eine Schachtel Pralinen   3. Hähnchenschenkel
4. ein Becher Sahne   5. ein Liter Milch   6. ein Päckchen Fischstäbchen
7. ein Glas Marmelade   8. ein Kilogramm Bananen   9. vier Becher Joghurt

2 a. Glas   b. Paket   c. Tüte   d. Päckchen   e. Dose   f. Kiste   g. Sack   h. Tube   i. Stück   j. Flasche

3 b. Gurken   c. Saft   d. Hamburger   e. Cola   f. Kaffee   g. Holzkohle

4 b. eine Tube   c. ein Stück   d. ein Kopf   e. eine Tube   f. ein Glas   g. ein Glas

5 b. …, weil Obst gesund ist.   c. …, weil er einen Kuchen backen will.   d. …, weil sie eine Nudelsuppe kochen will.   e. …, weil sie eine Party geben will.   f. …, weil sie grillen will.

6 b. Weil ich abnehmen will.   c. Weil ich morgen dreißig Jahre alt werde.   d. Weil der mir zu fett ist. e. Weil die mir zu scharf ist.

7 b. 4   c. 1   d. 7   e. 6   f. 2   g. 5

8 c. aufräumt   d. fährt weiter   e. aussteigen   f. anhat   g. biegt ab   h. anstreicht   i. anzündet j. schläft weiter   k. passen … zusammen

9 c. …, denn sie ist ihr zu scharf.   d. …, denn sie will abnehmen.   e. …, weil sie keinen Durst hat.

10 a. mag   b. Magst   c. mag   d. mag   e. mögen   f. Mögt   g. mögen   h. mögen

11 **der Apfel:** die, die **die Tomate:** die Gurke, die Karotte **der Joghurt:** der Käse, die Sahne
das Salz: der Pfeffer, der Senf   **die Wurst:** die Bratwurst, das Würstchen
der Saft: das Mineralwasser, das (die) Cola   **der Kaffee:** der Kakao, der Tee
das Bier: der Sekt, der Wein   **der Kuchen:** das Plätzchen, die Torte
die Bonbons: die Pralinen, die Schokolade

Lösungsschlüssel

Lerneinheit 7

1 a. ..., isst er viel. b. ..., geht er zum Imbiss. c. ..., besucht er gern den Biergarten. d. ..., hat sie an einer Raststätte gehalten. e. ..., trinkt sie immer eine Tasse Kaffee.

2 b. Wenn sie wenig Zeit hat, trinkt sie nur einen Kaffee. / Sie trinkt nur einen Kaffee, wenn sie wenig Zeit hat. c. Wenn die Sonne scheint, geht er ins Schwimmbad. / Er geht ins Schwimmbad, wenn die Sonne scheint. d. Wenn sie auf Reisen ist, hält sie an einer Raststätte. / Sie hält an einer Raststätte, wenn sie auf Reisen ist. e. Wenn er seine Freundin einladen möchte, geht er mit ihr ins Café. / Er geht mit seiner Freundin ins Café, wenn er sie einladen möchte.

3 a. ..., weil er eine Suppe kocht. / ..., weil er in der Küche eine Suppe kocht. / ..., weil er in der Küche eine Suppe kochen will. / ..., weil er in der Küche eine Suppe gekocht hat. b. ..., weil er aufräumt. / ..., weil er die Wohnung aufräumt. / ..., weil er die Wohnung und den Keller aufräumt. / ..., weil er die Wohnung und den Keller aufräumen will. / ..., weil er die Wohnung und den Keller aufgeräumt hat.

4 b. am schönsten c. am besten d. am liebsten e. am teuersten f. am meisten

5 b, d, f, h, i, l

6 a. 4 b. 5 c. 1 d. 8 e. 2 f. 7 g. 6 h. 3 i. 10 j. 11 k. 9

7 a. 2 b. 1 c. 5 d. 6 e. 3 f. 4

8 b. richtig c. leer d. klein e. tief f. kurz g. langsam h. spät i. jung j. neu k. nervös l. traurig m. langweilig n. verheiratet o. sauer p. trocken

9 b. langsam c. hoch d. traurig e. nervös f. tief g. sauer h. gemütlich

10 a. Bedienung b. Garderobe c. Speisekarte d. Brille e. Decke f. Stimme g. Probe h. Rolle i. Quittung

Lerneinheit 8

1 b. Brötchen c. Weißbrot d. Wurst e. Käse f. Ei g. Quark h. Honig i. Müsli j. Gebäck

2 a. 6 b. 7 c. 1 d. 2 e. 3 f. 4 g. 5

3 b. Ich esse ein Brötchen mit Wurst oder Käse. c. Manchmal esse ich ein Ei zum Frühstück. d. Kaffee trinke ich lieber als Tee. e. Normalerweise esse ich nur einen Becher Joghurt. f. Honig schmeckt mir besser als Marmelade. g. Am liebsten esse ich Schwarzbrot mit Schinken.

4 b. ... steht früher auf als ich. c. ... frühstückt später als ich. d. ... hat morgens mehr Hunger als ich. / ... frühstückt immer mehr/besser als ich. e. ... trinkt mehr Kaffee als ich. f. ...isst Honig lieber als ich.

5 a. 3 b. 1 c. 3 d. 1 e. 3

6 b. Ich hätte lieber ein Brötchen mit Honig. c. Ich hätte lieber ein Schwarzbrot mit Wurst. d. Ich hätte lieber einen Joghurt mit Erdbeeren. e. Ich hätte lieber ein Kotelett mit Nudeln. f. Ich hätte lieber einen Kaffee mit Milch. g. Ich hätte lieber einen Salat mit Schinken.

7 b. 5 c. 6 d. 3 e. 4 f. 2 g. 7

8 b. Bestellen wir eine Suppe! c. Iss doch auch ein Eis! / Essen wir ein Eis! d. Geh doch auch nach Hause! / Gehen wir nach Hause! e. Hol doch auch Geld! / Holen wir Geld! f. Probier doch auch das Fleisch! / Probieren wir das Fleisch! g. Trink doch auch einen Rotwein! / Trinken wir einen Rotwein!

9 freundlich: b, c, f, h, k   unfreundlich: d, e, g, i, j

Lösungsschlüssel

Lerneinheit 9

1 a. -ich, -ich b. -ich, -ig c. -ig, -ig d. -ich, -ig e. -ich, -ich f. -isch, -ich g. -ig, -ig h. -ich, -isch

2 Kar-tof-fel-sa-lat, Mi-ne-ral-was-ser, Nuss-scho-ko-la-de

3 b. Nein, ich möchte lieber einen Karottensalat. c. Nein, ich möchte lieber einen Apfelsaft.
d. Nein, ich möchte lieber eine Tomatensuppe. e. Nein, ich möchte lieber eine Obsttorte.
f. Nein, ich möchte lieber ein Käsebrot. g. Nein, ich möchte lieber einen Birnenkuchen.
h. Nein, ich möchte lieber ein Bananeneis. i. Nein, ich möchte lieber einen Gänsebraten.

4 b. das c. die, der d. der, der e. die, die f. die, die, die g. die, der, der h. die, die, die
i. das, der, der j. die, der, der k. die, die, die l. das, das, das m. das, die, die n. die, das, das
o. die, das, das

5 a. wenn b. weil c. Wenn, weil d. weil e. wenn f. wenn g. weil h. weil i. wenn j. Wenn
k. wenn l. weil m. weil

6 a. der b. der Kartoffelsalat c. die Margarine d. die Limonade e. die Marmelade
f. der Hundekuchen g. die Erdbeere h. die Sahnesoße i. der Salatteller j. das Mineralwasser
k. das Würstchen

7 warte, warten Sie, warten wir, wartet   nimm, nehmen Sie, nehmen wir, nehmt
frag, fragen Sie, fragen wir, fragt   hol, holen Sie, holen wir, holt   trink, trinken Sie, trinken wir, trinkt
bezahl, bezahlen Sie, bezahlen wir, bezahlt   bestell, bestellen Sie, bestellen wir, bestellt

8 a. 4 b. 3 c. 6 d. 8 e. 2 f. 7 g. 1 h. 5

9 1 Was möchtest …   2 Ich weiß …   3 Ja, ich esse …   4 Nein, lieber eine …   5 Mit Pommes …
6 Nein, lieber mit …

10 b. zwei Flaschen Kaffee c. einen Löffel Salat d. einen Teller Wasser e. ein Fass Eis
f. einen Salat Tomaten g. ein Kilogramm Wein h. ein Brot Schinken i. ein Pfund Saft

11 Rechnung, geschmeckt, Ausgezeichnet, getrennt, bezahlen, Kotelett, macht, hatte, zusammen,
Stimmt, Dank

Lerneinheit 10

1 b. Der Fisch wird gebraten. c. Das Ei wird geschnitten. d. Die Kartoffeln werden geschält.
e. Der Kuchen wird gebacken. f. Der Topf wird gespült.

2 b. Braten Sie die Zwiebeln kurz in der Pfanne. c. Geben Sie die Butter in die Pfanne.
d. Legen Sie den Schinken auf die Kartoffeln. e. Gießen Sie die Sahne in die Soße.
f. Würzen Sie die Eier mit Salz und Pfeffer. g. Streuen Sie die Petersilie auf die Zwiebeln.

3 b. Salat c. Tomaten d. Soße e. Salz f. Zwiebeln g. Eis h. Butter i. Sahne

4 a. 5 b. 7 c. 4 d. 1 e. 8 f. 9 g. 2 h. 10 i. 6 j. 3

5 b. Das Huhn wird in den Ofen geschoben. c. Der Schinken wird auf die Brotscheibe gelegt.
d. Die Soße wird über die Nudeln gegossen. e. Das Ei wird aus dem Kühlschrank geholt.
f. Der Salat wird auf den Tisch gestellt. g. Die Sahne wird über das Obst gegossen.
h. Das Salz wird über die Tomaten gestreut. i. Die Würstchen werden in die Pfanne gelegt.
j. Der Käse wird zu den Zwiebeln gegeben. k. Der Topf wird auf den Ofen gestellt.

6 b. 2. Dann kocht man die Kartoffeln. 3. Dann werden die Kartoffeln gekocht.
c. 2. Danach streut man die Petersilie auf die Eier. 3. Danach wird die Petersilie auf die Eier gestreut.
d. 1. Braten Sie dann die Würstchen in der Pfanne. 3. Dann werden die Wüstchen in der Pfanne gebraten.

Lösungsschlüssel

e. 1. Gießen Sie jetzt die Sahne in die Suppe. **2.** Jetzt gießt man die Sahne in die Suppe.
f. 2. Vorher würzt man den Braten. **3.** Vorher wird der Braten gewürzt.
g. 1. Schlagen Sie zum Schluss die Sahne. **3.** Zum Schluss wird die Sahne geschlagen.

7 **b.** ... ich habe ihn schon gewürzt. **c.** ... ich habe sie schon gemacht. **d.** ... ich habe sie schon geschlagen. **e.** ... ich habe sie schon gebraten. **f.** ... ich habe sie schon geschnitten. **g.** ... ich habe ihn schon gebacken. **h.** ... ich habe sie schon gehackt.

8 **a.** -er **b.** -er **c.** -e **d.** -e **e.** -s **f.** -e **g.** -er **h.** -es **i.** -e **j.** -e **k.** -s **l.** -er

9 **b.** keinen, welchen **c.** kein, welches **d.** keine, welche **e.** keine, welche **f.** keine, welche **g.** kein, welches **h.** keinen, welchen **i.** kein, welches

Lerneinheit 11

1 **d.** Er beginnt zu schreiben. **e.** Er beginnt, E-Mails zu schreiben. **f.** Er hat Lust weiterzuschreiben. **g.** Sie hört auf, das Buch zu lesen. **h.** Sie hat keine Lust weiterzulesen. **i.** Er fängt an zu lachen. **j.** Sie fangen an, laut zu lachen. **k.** Er hört auf zu bohren. **l.** Er hört auf, Löcher zu bohren.

2 **b.** Ich habe keine Lust, spazieren zu gehen. **c.** Nein, ich rufe sie lieber an. **d.** Nein, sie schläft lieber. **e.** Doch, aber sie muss arbeiten. **f.** Ja, wir besuchen euch gerne.

3 (Lösungsbeispiele) **c.** Sie vergisst immer, den Stecker in die Steckdose zu stecken. **d.** Wir haben oft vergessen, den Schlüssel mitzunehmen. **e.** Ihr habt nie Lust, das Zimmer aufzuräumen. **f.** Mein Freund hat selten Zeit, die Wohnung zu putzen. **g.** Unsere Freunde haben fast nie Zeit, Bücher zu lesen. **h.** Unsere Nachbarn helfen euch oft, die Taschen zu tragen. **i.** Meine Mutter versucht, den Mixer zu reparieren. **j.** Mein Vater hat selten Lust, den Tisch zu decken.

4 **c.** Die Schüler können Filme anschauen und gleichzeitig die Hausaufgaben machen. **d.** Der Bürgermeister kann schnell denken und langsam sprechen. **e.** Der Sohn schafft es, schnell Fahrrad zu fahren und gleichzeitig SMS zu schreiben. **f.** Der Großvater kann Sonderangebote im Internet suchen und gleichzeitig telefonieren. **g.** Die Sekretärin schafft es, Briefumschläge zu öffnen und gleichzeitig Rechnungen zu schreiben.

5 **a.** bohren **b.** trocknen **c.** spülen **d.** kochen **e.** fotografieren **f.** rasieren **g.** bügeln **h.** anzünden **i.** nachschlagen

6 (Beispiele) **a.** ◆ Gibst du mir mal die Brille, bitte? – ◉ Willst du die Zeitung lesen? – ◆ Nein, ich will das Papier anzünden. – ◉ Wie bitte? – ◆ Ich brauche sie, um das Papier anzuzünden.
b. ◆ Gebt ihr uns mal die Taucherbrille, bitte? – ◉ Wollt ihr tauchen? – ◆ Nein, wir wollen Zwiebeln schneiden. – ◉ Wie bitte? – ◆ Wir brauchen sie, um Zwiebeln zu schneiden.

7 **b.** 2 **c.** 1 **d.** 2 **e.** 1 **f.** 2

8 **b.** ..., damit er sehr süß wird. **c.** ..., damit sie nicht zu fett sind. **d.** ..., damit er bald fertig ist. **e.** ..., damit ihr Freund schnell ihre Antwort bekommt. **f.** ..., damit sie einschlafen. **g.** ..., damit sie an Ostern ganz sauber ist. **h.** ..., damit er Äpfel aus dem Supermarkt mitbringt. **i.** ..., damit er mehr liest.

9 **c.** ..., damit sein Herz gesund bleibt. **d.** ..., um schnell wach zu werden. **e.** ..., um schnell fertig zu werden. / ..., damit er schnell fertig wird. **f.** ..., damit sein Chef zufrieden ist. **g.** ..., damit ihre Haare nicht nass werden. **h.** ..., damit sie nicht nass wird. / ..., um nicht nass zu werden.

10 **c.** zu **d.** – **e.** – **f.** zu **g.** – **h.** zu **i.** – **j.** zu **k.** zu **l.** –

zweihundertneun

Lösungsschlüssel

Lerneinheit 12

1 **der:** Herd, Kühlschrank, Computer, Rasierapparat, Föhn, Mixer, Fernseher, MP3-Player, Fotoapparat, DVD-Rekorder **die:** Waschmaschine, Bohrmaschine, Heizung, Stereo-Anlage, Digitalkamera **das:** Handy, Bügeleisen, Radio

2 **c.** ..., dass der Computer heute funktioniert. **d.** ..., dass der Wäschetrockner zu teuer ist. **e.** ..., dass unten ein Wagen hält. **f.** ..., dass ein Bus kommt. **g.** ..., dass man den Fernseher reparieren kann. **h.** ..., dass das Gerät nicht funktioniert. **i.** ..., dass die Batterien leer sind.

3 **b.** ..., dass ein Taxi wegfährt. **c.** ..., dass ein Lastwagen abbiegt. **d.** ..., dass eine Maus wegläuft. **e.** ..., dass ein Nachbar die Tür aufschließt. **f.** ..., dass die Kinder weitersingen. **g.** ..., dass die Nachbarn Wäsche aufhängen. **h.** ..., dass sie die Garage zumachen. **i.** ..., dass eine Frau einen Kuchen backt.

4 **a.** r, f, f **b.** r, r, f **c.** r, f, r **d.** r, r, f

5 **a.** f, r, f **b.** f, r, r **c.** f, r, r **d.** r, r, f **e.** r, f, r **f.** f, r, f **g.** r, f, r

6 **b.** ein Radio, eine Waschmaschine, einen Geschirrspüler **c.** eine Kerze, den Fernseher, das Bügeleisen **d.** ein Fenster, das Klavier, eine Tür **e.** dem Gast den Tee, dem Vater die Zeitung, der Mutter die Brille **f.** ein Namensschild, ein Regal, eine Lampe **g.** Freunden ein Geschenk, dem Kind einen Keks **h.** Flaschen aus dem Keller, einen Besen aus der Garage **i.** die Kinder von der Schule, einen Freund zu Hause **j.** einen Koffer, eine Tasche, ein Päckchen, ein Paket **k.** eine Vase, einen Wecker, eine Krawatte **l.** ein Geschenk, einen Koffer, ein Paket **m.** die Augen, einen Sack, ein Buch **n.** einen Briefkasten, eine Tür, eine Garage **o.** eine Tür, ein Tor, einen Koffer **p.** einen Arzt, die Polizei, die Feuerwehr **q.** eine Freundin, einen Arzt, ein Geschäft

7 **c.** ..., ihr zuzuschauen. **d.** ..., um ihr zuzuschauen. **e.** ..., um ihr beim Umzug zu helfen. **f.** ...einzuziehen. **g.** ..., ihr beim Umzug zu helfen.

8 ... zuzuhören. ... aufzuhören. ...zurückzufahren. ... zu bestellen. ... aufzustehen. ... zu verkaufen. ... zu versuchen. ... zu verstehen. ... anzukommen. ... zu entkommen. ... wegzufahren. ... abzustellen. ... zu erfahren. ... auszusuchen. ... einzukaufen.

9 **a.** niemand **b.** jemand **c.** nichts **d.** etwas **e.** alles **f.** Jedes **g.** Alle **h.** Alle **i.** etwas **j.** Jede **k.** jedem **l.** jedes, alle, allen, nichts **m.** alle

Lerneinheit 13

1 **b.** Geschirrbett **c.** Spülbett **d.** Essbecken **e.** Büchersofa **f.** Küchenbett **g.** Schlaftisch

2 **a.** Herr Fischer will seinen Sessel neben die Heizung stellen. **b.** Er ist seit zwei Wochen Rentner und muss nicht mehr arbeiten. **c.** Wenn der Sessel neben der Heizung steht, hat er es schön warm. **d.** Er sieht Filme lieber zu Hause als im Kino. **e.** Herr Fischer hat den Sessel gekauft, weil er im Sonderangebot war.

3 **b.**

4 **a.** 3 **b.** 5 **c.** 2 **d.** 1 **e.** 4

5 **b.** höher **c.** schärfer **d.** gesünder **e.** länger **f.** größer **g.** kälter **h.** jünger **i.** kürzer **j.** schwächer **k.** stärker

6 **a.** 5 **b.** 3 **c.** 8 **d.** 6 **e.** 1 **f.** 7 **g.** 4 **h.** 2

Lösungsschlüssel

7   **b.** Sie ist dabei, Suppe zu kochen.   **c.** Er ist dabei, die Waschmaschine zu reparieren.   **d.** Sie ist dabei, ein Buch zu lesen.   **e.** Wir sind dabei, den Tisch zu decken.   **f.** Ich bin dabei, den Keller sauber zu machen.   **g.** Sie ist gerade dabei, die Katze zu füttern.   **h.** Die Männer sind dabei, die Kisten zum Auto zu tragen.

8   **b.** Hans-Dieter soll einen Hammer holen.   **c.** Das Bild soll im Wohnzimmer hängen.   **d.** Hans-Dieter soll vorsichtig sein.   **e.** Ihre Tante soll einen Moment warten.   **f.** Die Tante soll erst morgen wieder kommen.

9   **a.** Badewanne   **b.** Toilette   **c.** Spiegel   **d.** Dusche   **e.** Fenster   **f.** Balkon   **g.** Sessel   **h.** Heizung   **i.** Steckdose   **j.** Glühbirne   **k.** Garderobe

Lerneinheit 14

1   **a. kurz:** glatt, Fass, nass, hacken, backen   **lang:** Straße, Haar, Paar
   b. kurz: schleppen, Treppe, Pfeffer, Ecke, Decke, messen   **lang:** Besen, mehr, Meer
   c. kurz: nimm, in, drinnen, Blick, Schritte, Mitte, bitte   **lang:** ihn, ihnen, ihr
   d. kurz: Rolle, Sonne   **lang:** Soße, stoßen, Dose, bohren, Boot, Ohr, ohne, Sohn
   e. kurz: Schluck, Suppe, Zucker, kaputt, Butter, Mutter   **lang:** Fuß, Uhr, Flur, gut

2   **b.** Schafen, schaffen   **c.** Meer, mehr   **d.** dass, das   **e.** Nase, nass   **f.** Sohn, Sonne   **g.** Nüsse, Füße   **h.** beten, Betten   **i.** kaputt, gut

3   **b.** Das Sofa ist so schön wie der Sessel. Das Sofa ist schöner als der Sessel.   **c.** Das Bett ist so bequem wie die Couch. Das Bett ist bequemer als die Couch.   **d.** Der Schrank ist so hoch wie der Tisch. Der Schrank ist höher als der Tisch.   **e.** Das Krokodil ist so stark wie der Wolf. Das Krokodil ist stärker als der Wolf.   **f.** Der Teppich ist so lang wie der Flur. Der Teppich ist länger als der Flur.

4   **a.** Wohnung   **b.** Dusche   **c.** Vermieter   **d.** Nähe   **e.** Kaution   **f.** Nebenkosten

5   **a.** 2   **b.** 1   **c.** 6   **d.** 4   **e.** 5   **f.** 3   **g.** 7

6   **a.** 5   **b.** 7   **c.** 1   **d.** 6   **e.** 2   **f.** 4   **g.** 3

7   **b.** die Anzeige   **c.** die Nebenkosten   **d.** den Briefkasten   **e.** die Haustür   **f.** den Herd   **g.** die Bohrmaschine   **h.** die Leiter

8   **b.** Waschmaschine   **c.** Badewanne   **d.** Toilette   **e.** Tischdecke   **f.** Sessel   **g.** Tapete

Lerneinheit 15

1   **a.** der Wasserhahn   **b.** der Schlüssel   **c.** die Garage   **d.** der Griff   **e.** die Kontrolllampe   **f.** die Feuerwehr   **g.** der Regler   **h.** die Müllabfuhr   **i.** das Waschbecken   **j.** der Fensterladen   **k.** die Toilette / das WC   **l.** der Briefkasten   **m.** die Stromleitung   **n.** der Grill   **o.** der Schalter

2   **a.** wählen   **b.** Ausflüge   **c.** Sicherung   **d.** füttern   **e.** tropft   **f.** Müllsäcke   **g.** drücken   **h.** klemmt   **i.** Kellertür   **j.** Hausschlüssel

3   **a.** 5   **b.** 7   **c.** 8   **d.** 2   **e.** 3   **f.** 1   **g.** 6   **h.** 4

4   **a.** Die Haustür zweimal abschließen.   **b.** Sie klemmt ein bisschen.   **c.** Neben dem Telefon.   **d.** Am Donnerstag.   **e.** Im Keller.   **f.** Neben der Kellertür.   **g.** Mit einem Trick.   **h.** Er tropft.   **i.** An die Straße.   **j.** Weil sonst Mäuse ins Haus kommen.   **k.** Auf Stufe 3.

Lösungsschlüssel

5   **b.** Um zu telefonieren, wählen Sie zuerst eine Null. Damit Sie telefonieren können, müssen Sie zuerst eine Null wählen. **c.** Um im Garten zu grillen, holen Sie zuerst Holzkohle aus dem Keller. Damit Sie im Garten grillen können, müssen Sie zuerst Holzkohle aus dem Keller holen. **d.** Um den Kühlschrank richtig zuzumachen, müssen Sie fest gegen die Tür drücken. Damit Sie die Kühlschranktür richtig zumachen können, müssen Sie fest gegen die Tür drücken. **e.** Um das Garagentor zu öffnen, benutzen Sie einen Trick. Damit Sie das Garagentor öffnen können, müssen einen Trick benutzen. **f.** Um sichere Wanderwege zu finden, betrachten Sie die Karten in der Kommode. Damit Sie sichere Wanderwege finden können, müssen Sie die Karten in der Kommode betrachten.

6   **b.** Bitte drehen Sie den Wasserhahn fest zu. **c.** Bitte machen Sie die Kellertür zu. **d.** Bitte holen Sie den Schlüssel bei den Nachbarn ab. **e.** Bitte schließen Sie die Haustür zweimal ab. **f.** Bitte füttern Sie jeden Tag die Fische. **g.** Bitte stellen Sie die Mülltonne an der Straße ab. **h.** Bitte drücken Sie den Hauptschalter. **i.** Bitte drehen Sie den Griff nach rechts. **j.** Bitte machen Sie alle Fensterläden auf.

Lerneinheit 16

1   **b.** Die gelbe Brille ...   **c.** Das blaue Meer ...   **d.** Der grüne Koffer ...   **e.** Der weiße Regenschirm ...
f. Das schwarze Kleid ...   **g.** Der kleine Ball ...   **h.** Das fröhliche Kind ...   **i.** Der helle Pullover ...
j. Die salzige Suppe ...

2   **b.** Das gelbe Fahrrad ist neu. Das neue Fahrrad ist gelb.   **c.** Der grüne Ball ist klein. Der kleine Ball ist grün.   **d.** Der große Baum ist schön. Der schöne Baum ist groß.   **e.** Die alte Brille ist blau. Die blaue Brille ist alt.   **f.** Das schmutzige Kleid ist schwarz. Das schwarze Kleid ist schmutzig.   **g.** Der harte Apfel ist süß. Der süße Apfel ist hart.   **h.** Die breite Brücke ist lang. Die lange Brücke ist breit.

3   **b.** blauen   **c.** schwarze   **d.** grünen   **e.** gelbe   **f.** blauen   **g.** bunte

4   **b.** Die blauen Schuhe sind bequem.   **c.** Der gelbe Ball ist kaputt.   **d.** Der schwarze Kaffe ist heiß.
e. Der warme Kakao ist süß.   **f.** Die roten Schuhe sind bequem.   **g.** Die weißen Autos sind schnell.
h. Der neue Sessel ist bequem.

5   **b.** Weintraube   **c.** Limonade   **d.** Gummistiefel   **e.** Blumenvase   **f.** Regenschirm   **g.** Schokolade
h. Handschuh   **i.** Handtasche   **j.** Fahrrad   **k.** Banane

6   **b.** Schuhe – Strümpfe   **c.** Pferd – Schwein   **d.** Wein – Limonade   **e.** Käse – Wurst   **f.** Apfel – Kirsche
g. Kuss – Lippen   **h.** Meer – See   **i.** Milch – Sahne

7   **b.** eine neue Brücke   **c.** ein neues Auto   **d.** eine neue Freundin   **e.** ein neuer Tisch
f. eine neue Bluse   **g.** eine neue Puppe   **h.** ein neuer Stiefel   **i.** ein neues Bild   **j.** ein neuer Hut
k. ein neues Sofa   **l.** ein neuer Ball   **m.** ein neues Bett   **n.** ein neues Restaurant   **o.** ein neues Klavier

8   **b.** dickes, kleines, großes   **c.** heiße, rote, gute, scharfe   **d.** verliebtes, altes, glückliches, verheiratetes
e. süße, gelbe, kalte, rote   **f.** nervöses, gesundes, wundervolles, ruhiges
g. schöner, sauberer, langer, breiter   **h.** fette, salzige, scharfe, kleine

9   **b.** Das ist eine junge Frau. – Das sind junge Frauen.   **c.** Das ist ein langes Brot. – Das sind lange Brote.
d. Das ist eine rote Kirsche. – Das sind rote Kirschen.   **e.** Das ist ein dickes Schwein. – Das sind dicke Schweine.   **f.** Das ist eine fette Wurst. – Das sind fette Würste.   **g.** Das ist ein heißer Herd. Das sind heiße Herde.

10   **b.** neu, neue   **c.** grüne, grüne   **d.** großer, große   **e.** lang, lange, lange   **f.** neu, neuer, neue
g. hell, helle, helle   **h.** klein, kleiner, kleine   **i.** süß, süße, süßen   **j.** jung, junge, jungen

Lösungsschlüssel

Lerneinheit 17

1 b. Gestern musste Linda auch zum Bahnhof fahren. c. Gestern konnte Linda auch nicht zur Party gehen. d. Gestern durften die Kinder auch Cola trinken. e. Gestern konnte ich auch lange schlafen. f. Gestern mussten wir auch nicht arbeiten. g. Gestern wollten wir auch pünktlich sein. h. Gestern musstest du auch einen Brief schreiben. i. Gestern sollte ich auch Jeans anziehen. j. Gestern durftet ihr auch ein Eis essen. k. Gestern wollte der Junge auch nicht duschen.

2 ich: konnte, wollte, durfte, musste, sollte du: konntest, wolltest, durftest, musstest, solltest er/sie/es/man: konnte, wollte, durfte, musste, sollte wir: konnten, wollten, durften, mussten, sollten ihr: konntet, wolltet, durftet, musstet, solltet sie/Sie: konnten, wollten, durften, mussten, sollten

3 a. -en, -en, -en, -en b. -en, -en, -e, -e c. -e, -e, -e d. -e, -e, -e e. -, -es f. -e g. -, -es, -en, -en

4 a. dunklen b. teuren c. hohe d. dunkle e. teure f. hohes g. hoher h. dunkles i. teures j. dunkler k. hohen l. teurer

5 b. das grüne Hemd c. den weißen Hut d. die blaue Bluse e. Den grauen Pullover f. den großen Ring g. die neuen Schuhe h. die schwarze Hose i. die braunen Stiefel j. Das enge Kleid

6 a. 2. b. 2. c. 1. d. 2. e. 1. f. 2. g. 1. h. 1.

7 a, c, d, f, g, i

8 a. 1. b. 2. c. 2. d. 1. e. 1. f. 1. g. 2. h. 1. i. 1.

9 b. kurze, rote c. lange, blonde d. langes, weißes e. schwarze, unendliche f. großen, bunten

10 b. + Sie liebt weiße Kleider. Sie findet weiße Kleider schön. Sie findet, dass ihr weiße Kleider stehen.
– Sie mag keine weißen Kleider. Sie hasst weiße Kleider. Sie findet weiße Kleider schrecklich.
c. + Sie liebt enge Pullover. Sie findet enge Pullover schön. Sie findet, dass ihr enge Pullover stehen.
– Sie mag keine engen Pullover. Sie hasst enge Pullover. Sie findet enge Pullover schrecklich.
d. + Sie liebt große Hüte. Sie findet große Hüte schön. Sie findet, dass ihr große Hüte stehen.
– Sie mag keine großen Hüte. Sie hasst große Hüte. Sie findet große Hüte schrecklich.

Lerneinheit 18

1 1 die 2 die 4 die 5 die 6 das 7 der 8 das 9 das 10 der

2 7. der Bart 8. die Brust 9. der Rücken 10. der Arm 11. die Hand 12. der Fuß

3 b. mit einer schmalen Nase c. mit einer schwarzen Brille d. mit großen Ohren e. mit kleinen Ohrringen f. mit starken Armen g. mit kurzen Beinen h. mit einer schwarzen Tasche i. mit weißen Sportschuhen k. mit kurzen, schwarzen Haaren l. mit großen, dunklen Augen m. mit einer langen, schmalen Nase n. mit schönen, breiten Lippen o. mit einem schönen, roten Mund p. mit schönen, langen Beinen q. mit kleinen, schwarzen Schuhen r. mit einer modernen, roten Handtasche

4 a. -er b. -e, -e c. -en d. -e, -e e. -en, -en f. -en, -en g. -en, -en

5 b. seine, Ihre, ihrn c. seinen, seine, Ihre, ihren d. seinen, seine, Ihre, ihren e. seinen, seine, Ihre ihren f. seinem, seine, Ihre, ihrem

6 b. Was für einen c. Was für einem d. Was für einen e. Was für ein f. Was für ein g. Was für h. Was für einer i. Was für einen j. Was für einen

7 b. -en c. -er d. -en e. -en f. -en g. -en

8 a. 3 b. 8 c. 5 d. 2 e. 1 f. 7 g. 6 h. 4

Lösungsschlüssel

9   b. ihrem   c. seiner   d. mein   e. meine   f. meine

10   a. -er, -en   b. -er, -en   c. -e, -en   d. -e, -en   e. -e, -en   f. -e, -en   g. -e, -en   h. -e, -en

11   b. dem   c. den   d. dem   e. dem   f. die   g. die   h. der   i. der   j. der

Lerneinheit 19

1   b. Glück   c. Durst   d. Tag   e. Mensch   f. Stunde   g. Farbe   h. Haus   i. Museum   j. Unfall   k. Sekunde   l. Stern

2   a. M   b. m, n   c. n, M   d. n, n   e. N, n   f. M, n   g. n, m   h. n, m   i. n, N   j. m, N   k. n, n   l. N, n   m. M, m   n. n, n   o. m, n

3   b. … ein grauer, leichter und weiter Mantel – … einen grauen, leichten und weiten Mantel – … graue, leichte und weite Mäntel
c. … eine bunte, fröhliche und lange Jacke – … eine bunte, fröhliche und lange Jacke – … bunte, fröhliche und lange Jacken
d. … ein hübsches, gelbes und modernes Hemd – … ein hübsches, gelbes und modernes Hemd – … hübsche, gelbe und moderne Hemden
e. … schwarze, preiswerte und bequeme Schuhe – … schwarze, preiswerte und bequeme Schuhe – … schwarze, preiswerte und bequeme Schuhe

4   b. Unter   c. Unten   d. über   e. Hinter   f. hinten

5   a. viel   b. sehr   c. viel   d. viele   e. sehr   f. sehr   g. viele   h. viel

6   b. die dunkle Milch   c. eine dünne Ankunft   d. der freche Teller   e. ein harter Kaffee   f. der helle Wind   g. ein langer Unfall   h. das leichte Meer   i. ein saures Kleid   j. das schwere Blatt   k. ein starkes Brötchen   l. die volle Brille

7   a. -e, -e, -en, -en, -en, -en, -e, -e, -es   b. -e, -e, -e, -e, -en, -en, -en, -en, -e, -e
c. -en, -en, -e, -e, -e, -e, -es, -en, -en, -es, -es, -e

Lerneinheit 20

1   b. Ausweis   c. Brieftasche   d. Staatsangehörigkeit   e. Ort   f. Gewicht   g. Blumenladen   h. Geschichte   i. Ohren   j. Handschuhe

2   *Kästchen von oben nach unten:* g. – a. – d. – e. – b. – c. – f.

3   c.

4   b. Ein blauer Vogel fliegt über die Brücke.   c. Auf dem Meer fahren zwei bunte Segelboote.   d. Auf dem Bild kann man viele bunte Bäume sehen.   e. Man sieht einen grünen Stern im Hintergrund.   f. Auf der linken Seite sitzt eine weiße Puppe auf einem Sofa.   g. In der Mitte steht ein großer Baum mit schwarzen Blättern.   h. Rechts kann man einen alten Mann mit einem grünen Hut erkennen.

5   a. -er, -e, -em, -en, -e, -em, -en, -e, -e, -e, -e, -e, -er, -en
b. –, -es, -e, -em, -en, -e, -em, -en, -e, -e, -en, -e
c. -e, -e, -e, -en, -en, -e, -em, -en, -en, -e, -en, –, -es

6   a. Garage   b. Rasen   c. Holz   d. Keller   e. Treppe   f. Müll   g. Balkon

7   a. große   b. eckige   c. braunen   d. blaue   e. weißen   f. grüne   g. kleine   h. jungen

Lösungsschlüssel

Lerneinheit 21

1 b. ihn, dich c. ihn, sich d. sie, sich e. es, sich f. sie, uns g. sie, euch h. sie, sich

2 c. sich d. sie e. sich f. sich g. es h. sich i. ihn j. es k. sich l. ihn m. sich

3 a.
du kämmst dich, du hast dich gekämmt
er/sie/es kämmt sich, er/sie/es hat sich gekämmt
wir kämmen uns, wir haben uns gekämmt
ihr kämmt euch, ihr habt euch gekämmt
sie kämmen sich, sie haben sich gekämmt

b.
du setzt dich, du hast dich gesetzt
er/sie/es setzt sich, er/sie/es hat sich gesetzt
wir setzen uns, wir haben uns gesetzt
ihr setzt euch, ihr habt euch gesetzt
sie setzen sich, sie haben sich gesetzt

4 b. Die Frau steht vor dem Spiegel, denn sie will sich anschauen. c. Die Studentin setzt sich an den Schreibtisch, weil sie lernen muss. d. Die Studentin sitzt am Schreibtisch, denn sie muss lernen.
e. Der Junge legt sich unter das Bett, denn er will sich verstecken. f. Der Junge liegt unter dem Bett, weil er sich versteckt hat.

5 b. … gesessen (… gestanden) c. … gestellt d. … gestanden (… gesessen) e. … gelegt f. … gelegen

6 b. Stelle c. Arbeiter d. Schülerin e. Hausaufgaben f. Patient g. Kundin h. Sekretärin i. Studentin

7 b. nach, nach c. bei, bei d. an, an e. an, an f. über, über g. auf, auf

8 a. die, die, den, das b. dem, dem, dem, der c. der, den, der, dem d. den, das, die, die
e. die, den, das, den f. den, den, das, die g. dem, dem, den, der h. dem, den, der, der

9 (Lösungsvorschlag) Der Handwerker kümmert sich um die Reparatur. Die Sekretärin erkundigt sich nach dem Termin. Die Touristin beschwert sich über den Fehler. Die Kollegin ärgert sich über das Gespräch. Der Praktikant interessiert sich für den Job.

Lerneinheit 22

1 b. … der Lehrerin c. … des Babys d. … der Reisebüros e. … der Studentin f. … des Reporters
g. … der Ärztin h. … der Maler

2 b. 4 c. 9 d. 2 e. 8 f. 1 g. 5 h. 6 i. 7

3 b. … von zwei Terminen c. … eines Flugzeugs d. … einer Konferenz e. … einer Krankenkasse
f. … von Hausaufgaben

4 b. Die Reporterin erkundigt sich nach der Adresse deiner Schwester. c. Der Journalist erinnert sich an die Telefonnummer unserer Mutter. d. Die Journalistin fragt nach dem Haus eurer Großeltern.
(Lösungsbeispiele) e. Der Lehrer erinnert sich an die Adresse meines Vaters. f. Die Lehrerin fragt nach der Telefonnummer unserer Eltern.

5 für, an, Auf, um

6 a. 5 b. 3 c. 1 d. 4 e. 2 f. 6

7 neben dem Studium, nach zehn Semestern, Nach dem zweiten Staatsexamen, sofort, Zurzeit

8 b. Sie hatte das Ziel, in der Wirtschaft zu arbeiten. c. Sie hatte keine Lust, Richterin oder Rechtsanwältin zu werden. d. Sie findet ihren Beruf und ihre Karriere sehr wichtig.
e. Weil sie beruflich und privat viele Reisen macht, hat sie in der ganzen Welt gute Bekannte.
f. Sie ist der Meinung, dass zu ihrem Leben kein Ehemann passt.

9 **Claudia v. Bornfeld:** Stipendium, Jura, Auslandsabteilung einer Bank
Jens Zuchgarn: Zivildienst im Krankenhaus, Mitarbeiter in einer Werbeagentur, Chef einer Werbeagentur
Richard Schmitt: Lehre als Koch, Hotelfachschule, Hotelmanager

Lösungsschlüssel

- **10** b. des Kindes c. des Geldes d. des Urlaubs e. der Psychologie f. der Garage g. des Kochs h. der Karriere
- **11** a. nach b. mit c. in d. neben e. bei f. in g. Seit h. in
- **12** a. für b. um c. für d. zu e. gegen f. über g. mit h. auf i. auf j. als k. bei l. als m. bei n. mit o. mit
- **13** b. die Party c. Erfahrung d. alt e. Freunde f. das Licht g. mit einem Urlaub h. um das Essen i. eine Einladung j. einen Ehemann

Lerneinheit 23

- **1** a. 5 b. 7 c. 1 d. 6 e. 2 f. 3 g. 4
- **2** a. Lehrstelle, Bewerbungen, Zusage, Traumberuf, Frisörsalon, Familie b. Lehrer, Pläne, Polizei, Ausbildung, Automechaniker c. Gymnasium, Noten, Abitur, Fotografin, Chance, Antworten
- **3** a. auf b. über c. über d. auf e. auf f. über
- **4** a. mit b. über c. mit d. über e. mit f. Mit
- **5** a. bei b. um c. bei d. um e. um f. bei
- **6** 1 Arbeiten Sie … 2 Ja, ich bin … 3 Und wie gefällt … 4 Na ja, so ganz … 5 In der Küche? … 6 Ja, aber das … 7 Aber Sie bekommen … 8 Das gibt es …
- **7** b. darüber c. dagegen d. daran e. dafür f. davor g. daran h. davon i. dazu j. daraus
- **8** b. Wonach habt ihr gesucht? c. Wovor habt ihr denn Angst? d. Wovon hast du gerade den Kindern erzählt? e. Woraus macht man eigentlich die Knödel? f. Wofür hast du die Decke gekauft? g. Woran denkst du gerade? h. Womit willst du die Katze füttern?
- **9** b. Für wen entscheidet sie sich? c. Nach wem erkundigt sie sich? d. Wonach erkundigt sie sich? e. Worauf wartet sie? f. Auf wen wartet sie? g. Über wen unterhalten sie sich? h. Worüber unterhalten sie sich? i. Worum kümmert sie sich? j. Um wen kümmert sie sich?
- **10** b. Sie beklagt sich darüber, dass die Gäste kein Trinkgeld geben. c. Sie freut sich darauf, dass sie am Wochenende frei hat. d. Sie regt sich darüber auf, dass die Kollegen über sie reden. e. Sie freut sich darüber, dass sie ein Angebot bekommen hat. f. Sie hat Angst davor, dass diese Chance vielleicht nie wieder kommt. g. Sie ärgert sich darüber, dass der Mechaniker nicht kommt. h. Sie freut sich darauf, dass sie am Sonntag ihren Freund sieht.

Lerneinheit 24

- **1** a. anfangen b. danken c. (sich) anmelden d. schenken e. (sich) aufregen f. trinken g. begrüßen h. springen i. beschreiben j. singen k. (sich) erinnern l. sich bewerben m. einladen n. (sich) vorbereiten
- **2** **Mann:** Großvater, Vater, Sohn, Onkel, Enkel, Bruder, Neffe
  Frau: Großmutter, Mutter, Tochter, Tante, Enkelin, Schwester, Nichte
- **3** b. 9 c. 2 d. 8 e. 7 f. 10 g. 4 h. 6 i. 1 j. 3
- **4** b. … einer Tür c. … eines Tisches d. … eines Daches e. … eines Taxis f. … eines Autos g. … einer Garage h. … eines Zimmers i. … einer Familie

Lösungsschlüssel

5 b. Der Ball von seinem Kind ist kaputt. c. Die Einladung von meiner Chefin hat mich gefreut. d. Der Eingang von deinem Haus gefällt mir. e. Die Augen von ihren Zwillingen sind blau.

6 **positiv:** Das ist richtig. Das kann ich mir vorstellen. Da hast du recht. Das meine ich auch. Das ist auch meine Meinung. Das finde ich auch.
negativ: Das kann ich mir nicht vorstellen. Das stimmt nicht. Das sehe ich anders. Das ist nicht richtig. Das finde ich nicht. Da bin ich anderer Meinung.

7 a. sich b. dir c. uns d. sich e. mir f. uns g. euch h. dir i. mir j. sich

8 a. mir b. mich c. Ich d. Mir e. mich f. mich g. ich h. mir i. mir j. mich k. mich l. mir

9 a. Ich habe mich nicht mit dem Chef verstanden. b. Ich konnte nicht selbstständig arbeiten. c. Ich hatte dauernd Streit mit den Kollegen. d. Ich habe nicht genug verdient. e. Ich hatte einen weiten Weg zur Arbeit. f. Ich hatte keine Aufstiegsmöglichkeiten. g. Ich konnte mir nur eine kleine Wohnung leisten. h. Ich verstehe mich gut mit der Chefin. i. Ich habe jetzt mehr Verantwortung. j. Ich bekomme ein gutes Gehalt. k. Ich streite mich nie mit den Kolleginnen und Kollegen. l. Ich habe ausgezeichnete Aufstiegsmöglichkeiten. m. Ich kann Abteilungsleiter werden. n. Ich kann mir eine große Wohnung leisten.

Lerneinheit 25

1 a. 4 b. 7 c. 1 d. 8 e. 3 f. 6 g. 2 h. 5

2 b. … eine große Firma – einer großen Firma – einer großen Firma c. … ein großes Geschäft – einem großen Geschäft d. … große Unternehmen – großen Unternehmen – großer Unternehmen

3 b. Sie ist Managerin von einer italienischen Firma. c. Er ist Geschäftsführer eines schwedischen Unternehmens. d. Sie ist Geschäftsführerin von einer amerikanischen Firma. e. Sie sind Chefs polnischer Firmen.

4 **Nominativ:** -e, -en, -e, -en, -n   **Akkusativ:** -en, -en, -en, -n, -en, -n
Dativ: -en, -en, -en, -n, -en, -n   **Genitiv:** -en, -en, -en, -n, -en, -n

5 *(Lösungsbeispiel)* b. Ich suche den netten Jungen. c. Ich spreche mit dem interessanten Kunden. d. Das ist der Koffer des netten Biologen. e. Hier warten die sympathischen Kunden. f. Wir fragen die lustigen Biologen. g. Wir antworten den netten Jungen. h. Das sind die Autos der lustigen Kollegen.

6 b. Ich habe zunächst die Grundschule in Pinneberg besucht und bin dann in Hamburg auf das Gymnasium gekommen. c. Ein Jahr vor dem Abitur habe ich eine Lehre als Exportkaufmann gemacht. d. Nach der Lehre habe ich als Tankwart gearbeitet. e. Danach bin ich 2 Jahre lang als Seemann auf einem Containerschiff gefahren. f. 1997 habe ich an der Rallye Paris-Dakar teilgenommen. g. 1999 habe ich mich mit einem Souvenirladen in Berlin selbstständig gemacht. h. 2005 bin ich ein halbes Jahr durch Brasilien, Ecuador und Kolumbien gereist. i. Zurzeit lebe ich in den Anden und schreibe ein Buch über meine Reiseerlebnisse.

7 a. auf, um b. auf c. über d. mit e. mit, an f. durch g. mit

8 b. -en c. -en d. -em e. -em f. -em g. -em h. -en i. -em j. -er

9 um ein Praktikum, seit April letzten Jahres, nach einer interessanten Stelle, für einen Monat, meines Studiums, über verschiedene Themen, für Politik und Sport, über eine Einladung, mit freundlichen Grüßen, Lebenslauf

zweihundertsiebzehn 217

Lösungsschlüssel

Lerneinheit 26

1 b. Kuchen c. Suppen d. Schlaf e. mit einem Flohmarkt f. bei einem Hobby g. auf einem Pferd h. Zeit in der Zeitung i. seinen Kopf j. in Müll

2 b. Temperaturverein c. Kredittüte d. Ufermarkt e. Literclub f. Fehlersuppe

3 b. … haben … gehört c. … haben … gespielt d. … hat … verkauft e. … hat … provoziert f. … hat … geheiratet g. … hat … beachtet h. … hat … beobachtet

4 b. Kann es stimmen, dass sie 40 Stunden ohne Pause gearbeitet haben? c. Glaubst du, dass sie in 50 Minuten geheiratet haben? d. Stimmt es, dass sie 70 000 Euro gekostet haben? e. Steht wirklich in der Zeitung, dass sie 60 Stunden auf den Bus gewartet haben?

5 machte, machte auf, machte zu   schaltete ein, schaltete aus   suchte, besuchte, versuchte, suchte aus, suchte weiter   wartete, erwartete, achtete, beobachtete   spielte, spielte mit, spielte vor, liebte, verliebte sich   berichtete, kostete, leistete, betete

6 b. Bedienung fand 1000 Euro c. Konzert fand nachts um 4 Uhr statt d. Radfahrer fuhr beim Radrennen falsch e. 90-jähriger Porsche-Fahrer fuhr beim Autorennen mit f. Temperatur im Zug stieg auf 50 Grad g. Taxifahrer stieg auf der Autobahn aus

7 c.

8 graben, wissen, vergessen, sehen, geben, liegen, stehen
bekommen, rufen, anrufen, steigen, einsteigen, stoßen, sein, haben

9 c. eine Tasse für Kaffee d. eine Tasse aus Glas e. ein Topf für Braten f. ein Topf aus Metall g. ein Deckel für den Topf h. ein Deckel aus Glas i. ein Teller aus Holz j. ein Teller für Pizza k. ein Löffel für Zucker l. ein Löffel aus Plastik m. eine Gabel aus Metall n. eine Gabel für Kuchen o. ein Messer für Brot p. ein Messer aus Metall q. ein Regal aus Holz r. ein Regal für Bücher s. ein Sack für Müll t. ein Sack aus Plastik u. Schuhe aus Leder v. Schuhe für Sport

Lerneinheit 27

1 b. Sie setzte den Vogel auf einen Ast. Da kam die Vogelmutter. c. Ein Mann fuhr gestern mit seinem Fahrrad. Da bemerkte er etwas an einem Zaun. d. Er ging zu dem Zaun. Da entdeckte er zwei kleine Hasen. e. Ein Kind ging heute Morgen über die Straße. Da fiel ein Apfel vom Baum. f. Es nahm den Apfel. Da sah es den Wurm. g. Zwei Schüler kamen gestern zur Bushaltestelle. Da fuhr der Bus gerade weg. h. Sie gingen weiter. Da fanden sie 100 Euro auf der Straße.

2 b. las c. fing, an d. musste, stand, auf e. sah, rief f. gelang

3 a. ein Ei b. auf das Glück c. gegen ein Wort d. das Buch e. das Papier f. einen Ast g. eine Katze h. einen Hilferuf i. Bescheid j. auf einem Sofa

4 b. 4 c. 1 d. 3 e. 6 f. 5

5 b. Als Herr Ertl gegen das Regal stieß, rief er: „Hilfe!" c. Als Herr Ertl blutete, verband seine Frau ihm die linke Hand. d. Als Herr Ertl aufstand, nahm sie seine rechte Hand. e. Als Herr Ertl die kaputte Stromleitung bemerkte, rief er einen Elektriker.

6 a. den Kopf b. geradeaus c. im Lenkrad d. Glück e. ein Marmeladenglas f. die Zähne g. langweilig h. aus Glas i. auf dem Dach j. einen Werkzeugkasten k. am Telefon l. auf ein Missgeschick

7 b. 3 c. 2 d. 6 e. 4 f. 1

Lösungsschlüssel

8 ich: merkte, wartete, fand, traf, zog   du: merktest, wartetest, trafst, bliebst, zogst
er/sie/es/man: wartete, fand, traf, blieb, zog   wir: merkten, warteten, fanden, blieben, zogen
ihr: merktet, fandet, traft, bliebt, zogt   sie/Sie: merkten, warteten, fanden, trafen, blieben

9 b. Ich habe den Aufzug genommen.   c. Du bist auch eingestiegen.   d. Ich habe geschwiegen.
e. Du hast den Knopf gedrückt.   f. Ihr habt auf uns gewartet.   g. Wir haben uns im Hotel getroffen.
h. Ihr habt Sekt getrunken.   i. Ich habe mich in den Sessel gesetzt.   j. Wir haben den ganzen Abend gefeiert.

10 b. wenn   c. Als   d. Wann   e. während   f. Wenn   g. Als

11 b. bleibt sitzen   c. bleibt stehen   d. bleibt … hängen   e. bleibt … stehen   f. sitzen bleiben
g. bleibt … stecken

12 hat geschrieben, ist geblieben, hat geliehen, hat verziehen, hat entschieden
hat gestritten, hat geschnitten, ist gerissen, hat gestrichen
hat geweint, hat gezeigt, ist gereist, hat befreit, hat beleidigt

13 b. Während er telefoniert, kocht sie.   c. Während er die Katze füttert, sieht sie fern.   d. Während er die Fenster zumacht, schließt sie die Garage ab.   e. Während sie die Wäsche aufhängt, kehrt er den Hof.
f. Während er das Abendessen macht, duscht sie.   g. Während sie die Zeitung liest, bringt er die Kinder ins Bett.

Lerneinheit 28

1 a. ging   b. Polizei   c. aufgeregt   d. Angst   e. dachte   f. Verbrechen   g. machte   h. Glück
i. Telegramm   j. Urlaub

2 a. in eine gefährliche Situation.   b. und musste deshalb auf einer Bundesstraße landen.
c. weil nur wenige Autos auf der Straße waren.   d. und brachte die Pilotin zum Flugplatz zurück.
e. dass sie sich bei der Landung nicht verletzt hat.

3 a. Aufregung   b. Verbrecher   c. Strumpf   d. Angestellten   e. Kunde   f. Motorrad   g. Kaufhaus
h. Kleidung   i. Geld   j. Wohnung

4 b. Als die Sparkasse leer war, zog ich den Strumpf über den Kopf.   c. Dann nahm ich eine Wasserpistole aus der Tasche.   d. Die Angestellte gab mir sofort Geld, aber plötzlich kam die Direktorin.   e. Ich bekam Angst und rannte zu meinem Fahrrad.   f. Dabei vergaß ich das Geld.   g. Ich fuhr nach Hause und kochte Kaffee.   h. Abends kam ein Polizist und nahm mich mit.

5 a. Die Pilotin landet auf der Straße, weil der Motor ihres Flugzeugs brennt.   b. Die Polizei organisiert eine Umleitung und bringt Benzin für das Flugzeug.   c. Ein älterer Herr erkennt den Verbrecher und ruft die Polizei.   d. Die alte Dame denkt an ihre Freundin und macht sich Sorgen.   e. Die Polizei kennt den Verbrecher, weil er immer rote Schuhe trägt.   f. Der Gangster rennt zu seinem Motorrad und fährt in Richtung Bahnhof.   g. Die Autofahrerin ruft die Polizei an und nennt ihren Namen.

6 b. Zeuge   c. deutlich   d. Meer   e. landen   f. von selbst   g. Berufsweg   h. Umleitung

7 a. die Wahrheit sagen muss.   b. auf der B 68 in Richtung Paderborn fuhr.
c. war die Straße glatt.   d. Herr Hübner vorsichtig.   e. andere Wagen plötzlich rechts aus einem Weg kam.   f. weil von dort ein Lastwagen kam.   g. die Nummer des Lastwagens nicht erkennen.
h. weil er der Zeuge und nicht der Angeklagte ist.

zweihundertneunzehn

Lösungsschlüssel

8   b. Während einer Sitzung schlief heute ein müder Minister ein. c. Wegen des starken Nebels fuhr das Auto an einen Baum. d. Trotz des starken Regens haben die Arbeiter viele Stnden demonstriert. e. Während der Sitzung telefonierte eine Ministerin aufgeregt. f. Wegen eines Computerfehlers bekam eine Angestellte eine Telefonrechnung über 5000 Euro.

9   b. während des frechen Überfalls. c. trotz des kalten Wassers d. Während der langweiligen Rede e. wegen der gefährlichen Panne f. trotz der glatten Straße g. während der langen Zugfahrt h. wegen des strengen Richters i. Trotz des schweren Unfalls

10   b. Boden   c. Nachricht   d. Lohn   e. Demonstration   f. Kasten   g. Diebstahl   h. Bank   i. Parlament

Lerneinheit 29

1   gelungen, sprang, gesprungen, sank, gesunken, fand, gefunden, verband, verbunden

2   a. 4   b. 8   c. 1   d. 6   e. 3   f. 7   g. 2   h. 5

3   b. Heute schreibst du auch einen Brief. c. Heute hängt der Zettel auch an der Tür. d. Heute bleibt ihr auch lange im Büro. e. Heute schlafen wir auch im Zelt. f. Heute stehen die Flaschen auch auf dem Balkon.

4   fliegt, flog, geflogen   steigt, stieg, gestiegen   schläft ein, schlief ein, eingeschlafen
steht auf, stand auf, aufgestanden   fällt, fiel, gefallen   läuft, lief, gelaufen
reitet, ritt, geritten   rennt, gerannt   schwimmt, schwamm, geschwommen   sinkt, sank, gesunken
springt, sprang, gesprungen   stirbt, starb, gestorben   wird, geworden   wächst, gewachsen

5   a. 7   b. 5   c. 3   d. 6   e. 8   f. 1   g. 2   h. 4

6   b. 1.   c. 2.   d. 1.   e. 2.   f. 1.   g. 2.

7   b. 1., 2.   c. 1., 2.   d. 1., 2.   e. 2., 3.   f. 1., 2.

Lerneinheit 30

1   a. f   b. f   c. r   d. r   e. f   f. r   g. r   h. f   i. f   j. r   k. r   l. r

2   b. 13   c. 10   d. 14   e. 12   f. 1   g. 6   h. 2   i. 9   j. 11   k. 5   l. 8   m. 7   n. 4

3   a. In Dortmund fuhr ein Bus mit Schulkindern gegen einen Baum. b. Badegäste in Dormagen entdeckten gestern ein Krokodil im See. c. Mehr als dreihundert Autofahrer mussten in ihren Fahrzeugen übernachten. d. Ein kleines Mädchen überfiel heute mit ihrer Wasserpistole einen Supermarkt. e. Ein Feuerwehrmann rettete eine Katze von einem hohen Hausdach. f. Bei einer Operation fanden die Ärzte einen Löffel im Magen der Patientin. g. Eine Schülerin fand in einem Fahrstuhl eine volle Geldbörse und gab sie bei der Polizei ab.

4   a. parkte   b. rettete   c. schwieg   d. erlebte   e. bewies   f. verband   g. zog   h. verriet
i. organisierte   j. floss   k. empfahl   l. verbrachte

5   a. Original   b. Geschichte   c. Lift   d. Hof   e. Geschwister   f. Fußgängerzone   g. Bauchschmerzen
h. Panne   i. Laden   j. Hilfe   k. See

6   b. der Vorteil   c. der Streik   d. der Polizist   e. die Wahrheit   f. der Pass   g. der Platz   h. die Kneipe
i. die Schlagzeile   j. der Strand   k. der Hof

Lösungsschlüssel

Lerneinheit 31

1 a. der b. das c. die d. die e. der f. die g. das h. die i. das j. der

2 b. …, das aus Wien gekommen ist. c. …, die Verspätung hat. d. …, der am See steht. e. …, die auf der Insel leben. f. …, das aus Cuxhafen kommt. g. …, die mich am Bahnhof abgeholt hat. h. …, die den Dom besichtigen wollen.

3 b. 7 c. 1 d. 9 e. 10 f. 4 g. 2 h. 6 i. 5 j. 3

4 c. …, den er bestiegen hat. d. …, der sehr gefährlich ist. e. …, der immer sehr dunkel ist. f. …, den er gut kennt. g. …, den sie malen möchte. h. …, der sehr breit ist. i. …, den sie nur bei Festen trägt. j. …, der sonst im Schrank liegt.

5 b. das Weimarer Goethehaus c. das Salzburger Mozarthaus d. der Duisburger Zoo e. der Hamburger Hafen f. der Berliner Bär g. die Wiener Cafés h. die Schweizer Seen i. der Genfer See j. die Schwarzwälder Kirschtorte

6 b. Eifel c. Weinberg d. Husum e. Main f. Ostsee g. Freiburg h. Konstanz

7 b. …, von dem ich viele Fotos gemacht habe. c. …, durch den ich einmal geschwommen bin. d. …, mit der ich auf den Berg gefahren bin. e. …, auf die ich eine halbe Stunde gewartet habe. f. …, in den ich noch einmal gehen möchte. g. …, von der man eine herrliche Aussicht hat.

8 b. an dem c. an der d. in dem e. in den f. aus dem g. aus denen h. in das i. zwischen denen j. an dem k. in dem

9 c. …, der einen schweren Koffer trägt. d. …, der am Lenkrad sitzt. e. …, der bunte Bälle in der Hand hat. f. …, der eine dunkle Sonnenbrille trägt. g. …, der Wanda heißt.

Lerneinheit 32

1 **Kölner Dom:** b., d., f., l. **Porta Nigra:** a., e., i., k. **Wiener Hofburg:** c., g., h., j.

2 a. Berg, Pyramide, Ort, Autos, Bahn b. Insel, Ostseeküste, Kreidefelsen, Bild, Steinzeit c. Wasser, Wasserfall

3 b. auf der schon in der Steinzeit Menschen lebten c. das mir das Stadttor gezeigt hat d. die Barbara heißt e. den ich in Trier getroffen habe f. bei denen ich Käsefondue gegessen habe g. die direkt in die Kamera schauen h. mit denen man eine Stadtrundfahrt machen kann

4 a. 4 b. 7 c. 2 d. 1 e. 5 f. 6 g. 3

5 b. 8 c. 5 d. 9 e. 7 f. 3 g. 10 h. 1 i. 6 j. 2

6 a. 1 b. 2 c. 1 d. 2 e. 1 f. 1 g. 2 h. 2

7 b. der Abend c. die Nacht d. der Süden e. das Land

8 c. Schnee d. Klima e. Sonnenbrille f. Fuß g. Gebirge h. Gramm i. Woche j. Passagier k. Wald l. Gold

9 a. hinauf b. hinaus c. hinein d. hinüber e. hinunter

10 a. das b. in dem c. deren d. mit der e. dessen f. die g. an die h. zu der i. über das

Lösungsschlüssel

Lerneinheit 33

1 b. regnerisch c. neblig d. sonnig e. gewittrig f. stürmisch g. bewölkt h. warm i. heiß j. kalt

2 a. 9. b. 10. c. 5. d. 8. e. 7. f. 3. g. 11. h. 1. i. 12. j. 4. k. 6. l. 2.

3 a. Frühling b. Winter c. Herbst d. Sommer

4 a. Norden b. Nordosten c. Osten d. Südosten e. Süden f. Südwesten g. Westen h. Nordwesten

5 b. Westeuropa, östlicher c. Osteuropa, nördlicher d. Mitteleuropa, westlicher

6 a. 2. b. 5. c. 1. d. 6. e. 8. f. 7. g. 3. h. 4.

7 b. Abreise c. Bewerbung d. Kündigung e. Rolle f. Wasserfall g. Größe h. Joghurt

8 b. 1. c. 3. d. 7. e. 8. f. 6. g. 2. h. 5.

9 a. die Metzgerei b. die Kneipe c. die Kartoffel d. das Abitur e. die Arztpraxis f. die Tomate g. das Brötchen h. das Krankenhaus i. die Treppe

10 a. die Eintrittskarte b. der Frisör c. der Sessel d. das Eis e. der Rock f. das Frühstück g. der Reifen h. die Straßenbahn i. das Fahrrad

Lerneinheit 34

1 b. Der Mann, der auf dem Sofa liegt, streichelt seinen Hund. Der Mann, der seinen Hund streichelt, liegt auf dem Sofa. c. Das Kind, das unter der Dusche steht, wäscht sich die Haare. Das Kind, das sich die Haare wäscht, steht unter der Dusche. d. Die Taxifahrerin, die am Meer spazieren geht, liest ein Buch. Die Taxifahrerin, die ein Buch liest, geht am Meer spazieren. e. Der Fisch, der im Wasser schwimmt, ist glücklich. Der Fisch, der glücklich ist, schwimmt im Wasser. f. Das Hotel, das direkt an einem See liegt, hat viele Zimmer mit Balkon. Das Hotel, das viele Zimmer mit Balkon hat, liegt direkt an einem See. g. Die Pferde, die in einem großen Park leben, müssen sich selbst ernähren. Die Pferde, die sich selbst ernähren müssen, leben in einem großen Park.

2 b. Nordsee c. Luft, Meer d. Buch, Bilder e. Tal, Fluss f. Versicherung, Reise g. Kurs, Ski h. Urlaub, Winter i. Fahrer, Taxi

3 a. was b. wovon c. was d. wofür e. was f. wohin g. woran h. worauf i. was j. womit k. worauf l. wofür

4 a. 3 b. 5 c. 7 d. 2 e. 1 f. 4 g. 6

5 c. – d. + e. – f. + g. + h. – i. + j. – k. + l. – m. – n. + o. – p. + q. – r. – s. + t. – u. +

6 a. irgendwo b. irgendwohin c. Irgendwann d. irgendwas e. irgendwie f. Irgendwer

7 b. woran c. wohin d. womit e. wo f. womit g. wo h. wohin

Lerneinheit 35

1 a. Klima b. Herstellung c. Besichtigung d. Messe e. Freizeit f. Ausflug g. Aussicht h. Seite

2 b. Mitternachtsmesse c. Wirtschaftsraum d. Holzleiter e. verlieren f. Acht geben g. danken h. abnehmen i. furchtbar j. langweilig

3 b. an einem c. nach einem d. in einem e. zu einem f. über ein g. für ein h. ein i. auf ein j. ein k. ein

Lösungsschlüssel

4 b. in der ... macht   c. in dem ... schwimmen   d. in dem ... dürfen   e. in dem ... wachsen   f. auf dem ... liegt   g. zu dem ... kommt   h. in denen ... ist   i. von dem ... hat

5 a. Ich wohne hier in einem sehr schönen Hotel, das direkt an einem großen See liegt.   b. Wenn ich auf dem Balkon stehe, kann ich bis hinüber nach Österreich schauen.   c. Meinen Kollegen und ich besuchen hier am Bodensee ein Seminar.   d. Wir machen jeden Tag interessante Ausflüge und besuchen auch Fabriken.   e. Natürlich haben wir auch genügend Freizeit und müssen nicht nur arbeiten.   f. Es gibt hier eine Insel mit einem milden Klima auf der sogar Zitronen wachsen.   g. Gleich treffe ich die anderen Teilnehmer, mit denen ich nach Bregenz fahren möchte.   h. Wenn ich nächste Woche wieder zu Hause bin, rufe ich dich an und erzähle dir mehr.

6 b. Das ist eine Fabrik, in der man Käse probieren kann.   c. Das ist ein See, über den man mit einem Schiff fahren kann.   d. Das ist ein See, an dem ein wunderbares Hotel liegt.   e. Das ist ein Haus, hinter dem ein kalter Bach fließt.   f. Das ist ein Bach, zu dem ein einsamer Weg führt.

7 a. angeln   b. Tennis spielen   c. grillen   d. segeln   e. Pilze sammeln   f. schwimmen   g. klettern   h. tauchen   i. malen   j. reiten   k. sich verlieben   l. spazieren gehen   m. fotografieren   n. Briefe schreiben   o. Karten spielen   p. Ski fahren   q. surfen   r. tanzen   s. wandern   t. lesen

8 b. Zuerst haben wir Kataloge angeschaut. Zuerst schauten sie Kataloge an.   c. Dann sind wir zum Flughafen gefahren. Dann fuhren sie zum Flughafen.   d. Wir sind durch viele Länder gereist. Sie reisten durch viele Länder.   e. Wir haben viele hohe Berge bestiegen. Sie bestiegen viele hohe Berge.   f. Wir sind einmal auf Kamele gestiegen. Sie stiegen einmal auf Kamele.   g. Wir sind bis zu einem großen Fluss geritten. Sie ritten bis zu einem großen Fluss.   h. Wir sind dem Fluss gefolgt. Sie folgten dem Fluss.   i. Wir sind nur einmal schwimmen gegangen. Sie gingen nur einmal schwimmen.   j. Wir haben später ein Krokodil gesehen. Sie sahen später ein Krokodil.   k. Wir haben eines Abends einen Tiger gehört. Sie hörten eines Abends einen Tiger.   l. Wir haben eines Morgens einen Schlange auf dem Schlafsack gefunden. Sie fanden eines Morgens eine Schlange auf dem Schlafsack.   m. Wir haben einmal drei Tage auf einen Bus gewartet. Sie warteten einmal drei Tage auf einen Bus.   n. Wir haben über fünfzig Städte besucht. Sie besuchten über fünfzig Städte.   o. Wir haben viele interessante Leute kennengelernt. Sie lernten viele interessante Leute kennen.   p. Wir sind mit vielen Fotos zurückgekommen. Sie kamen mit vielen Fotos zurück.

Quellenverzeichnis

Cover: © gettyimages/Jean-Pierre Pieuchot

Seite 9: mit freundlicher Genehmigung der Freiwilligen Feuerwehr Ismaning

Seite 10: von links © Roland Koch; © Photo Digital GmbH

Seite 11: © Roland Koch

Seite 12: © Hartmut Aufderstraße

Seite 14: von links: die ersten beiden © Roland Koch; © Hartmut Aufderstraße; © Bilderberg/Jörn Sackermann

Seite 16: © Roland Koch

Seite 26: © MEV

Seite 31: © Roland Koch

Seite 37: © Thomas Spiessl

Seite 39: © Thomas Storz

Seite 41: von links: © Irisblende/Iris Kaczmarczyk; © Hartmut Aufderstraße; 2 x © Thomas Spiessl

Seite 43: © Roland Koch

Seite 45: © Thomas Spiessl

Seite 47: © Heribert Mühldorfer; 2 x © Roland Koch; © Heribert Mühldorfer

Seite 48: © Roland Koch

Seite 51: Orangenmarmelade © Hartmut Aufderstraße; Rest © Roland Koch

Seite 54: © Martin Lange Design

Seite 55: © Roland Koch

Seite 57: © Roland Koch; Würstchen © Hartmut Aufderstraße

Seite 60: links + rechts © Roland Koch; 2. + 3. von links © Hartmut Aufderstraße

Seite 76/78: © Roland Koch

Seite 96: © Thomas Spiessl

Seite 97: © MHV-Archiv

Seite 107: links + rechts © Roland Koch; 2.+ 3. von links © Heribert Mühldorfer

Seite 109: MHV-Archiv/Jack Carnell

Seite 125/127: © Heribert Mühldorfer

Seite 128: links + rechts: MHV-Archiv; Mitte © Heribert Mühldorfer

Seite 131: © Heribert Mühldorfer

Seite 133: © irisblende.de

Seite 134: © Heribert Mühldorfer

Seite 149: © Corbis

Seite 150: © Thomas Spiessl

Seite 153: von links: © picture-alliance/dpa; © Thomas Spiessl; © Avenue Images/Index Stock; © Thomas Spiessl

Seite 156: © Roland Koch

Seite 164: © mauritius images/Ernst Grasser

Seite 174: alle © picture-alliance/dpa

Seite 177: © Roland Koch

Seite 179: oben © Tourismus + Congress, Frankfurt/Keute; unten © Weimar GmbH/Maik Schuck

Seite 181: von links: © Österreich Werbung/Mallaun; © Roland Koch; © Heribert Mühldorfer; © Hartmut Aufderstraße

Seite 182: Übung 1 von links © Köln Tourismus/Decker; © Stadt Trier, Amt für Presse- und Öffentlichkeitsarbeit; © Österreich Werbung/Diejun; Übung 2: oben + Mitte © MEV; unten © Dafydd Bullock

Seite 183: C. D. Friedrich – Kreidefelsen auf Rügen: © akg images

Seite 185: © Österreich Werbung/Herzberger

Seite 186: von links © Gitta Gesing, Marl; © Nordseeheilbad Cuxhafen; © MEV; © Glocknergemeinde Heiligenblut

Seite 192: von links: 3 x © Roland Koch; rechts © Thinkstock/ iStockphoto

Seite 198: Appenzeller Schaukäserei/Stein

Seite 200: © Roland Koch

Seite 201: links: © Herbert Haltmeier/www.haltmeier.ch; 2.– 4. von links © Roland Koch